STEP Ⅲ
Systematic Training for Effective Parenting

청소년의 부모 STEP

당신은 좋은 부모입니다

Don Dinkmeyer(Sr), Gary McKay, Joyce McKay, Don Dinkmeyer(Jr) 지음

황옥자 · 이지연 옮김

창지사

옮긴이의 말

부모는 누구나 될 수 있으며 부모 되기는 분명 우리에게 커다란 행복을 안겨 주는 일이다. 그러나 많은 부모들은 효율적이고 바른 부모 역할을 한다는 것이 얼마나 어려운지 자녀를 키우면서 곧 깨닫게 된다. 그만큼 좋은 부모가 되는 길은 쉬운 일이 아니다.

그러나 우리는 본래 좋은 부모의 성향을 가지고 있다. 다만 자녀를 사랑하는 마음이 너무 커서 집착하다보니 좋은 부모 역할수행을 잠시 인식하지 못할 뿐이다.

STEP은 우리가 가진 본래의 좋은 부모 성향을 발견하여 실천하도록 돕는 데 그 목적을 둔다. STEP이란 '효율적 부모 역할수행을 위한 체계적 훈련'(Systematic Training for Effective Parenting)을 의미한다. 인간은 자기가 잘 알고 있는 것에 대해서는 온갖 관심과 애정을 다 쏟으며 잘못되지 않도록 온 정성을 기울인다. 반면에 자기가 잘 모르는 것에 대해서는 그것이 어떻게 되든 말든 관심도 안보이며 함부로 대하는 속성이 있다.

이러한 사실은 자녀에게도 해당이 된다. 부모가 자녀에 대해 잘 알고 있을 때 그 자녀가 더욱 사랑스럽고 자녀가 가진 문제까지도 자녀 입장에서 생각하며 진정한 도움을 줄 수가 있는 것이며 자녀에 대해 잘 모르고 있다면 자녀보다는 부모 입장에서 그 문제를 바라보고 해결하려 하기 때문에 오히려 문제는 더 꼬여만 가고 관계만 나빠지게 될 수 있다.

STEP 프로그램은 부모가 자녀를 잘 알고 이해하여 서로 신뢰하고 행복하며 좋은 관계를 유지하사는 데 그 기본 배경을 두고 있다. 그리고 자녀를 보다 잘 알고 이해하는 방법으로 7가지의 주제에 따른 구체적인 내용들을 체계적이고 알기 쉽게 구성하였다.

내가 처음 STEP을 만난 것은 1985년 박사 논문을 쓰기 위해서였다. 그 당시 이화여대의 이경우 교수님께서 번역하고 있던 STEP 원고(당신도 유능한 부모가 될 수 있다)를 내게 보여주시며 부모들에게 직접 실험해 보겠느냐고 물으셨다. 그것이 바로 나와

STEP이 인연을 맺게 된 출발점이다.

이원영 교수님을 지도교수로 나는 STEP 실험을 통해 박사학위를 취득하였으며, 그 후로 부모를 대상으로 하는 특강에서 STEP을 많이 강의하게 된 인연으로 나의 제자들은 STEP을 주제로 논문을 써서 학위를 받고 있기도 한다.

그러나 이제 STEP이 새롭게 변화하였다. 21세기를 맞아 세대가 변하고 추구하는 가치관이 변한만큼 STEP도 주제와 내용을 새롭게 구성하여 우리 앞에 나타났다.

나는 개정된 STEP의 내용을 배우기 위해 2003년 12월 미국으로 건너가 연수에 참여하였으며, 그곳에서 이 연수를 지도하던 저자 Dinkmeyer를 만나 한국에서 STEP 개정판을 독점 번역하기로 구두 계약을 맺고 돌아왔다. 그 후 번역작업이 진행되던 중 2007년경부터 STEP은 자체적으로 출판사를 설립하여 운영하는 절차로 인해 본 역서도 출간이 늦어지게 되었다.

이전의 STEP 책에 비해 개정된 STEP은 우선, 발달 단계 및 연령에 따라 세 권의 책으로 세분화되어 각각의 내용을 담고 있다는 점을 들 수 있다.

- STEP 1권에서는 영유아기의 자녀를 둔 부모를 대상으로 하는 내용을 다루었고
- STEP 2권에서는 아동기의 자녀를 둔 부모를 대상으로 하는 내용을 다루었으며
- STEP 3권에서는 청소년기의 자녀를 둔 부모를 대상으로 하는 내용의 프로그램이다.

이들 세 권의 STEP은 각각의 시기에 맞는 발달 이론과 더불어 그 시기마다 발생될 수 있는 자녀의 문제점들을 구체적인 사례를 중심으로 다루었고, 이들 문제에 따라 부모들이 어떻게 대응해 가야 가장 효율적인지를 매우 알기 쉽고도 체계적인 방법으로 안내하고 있다.

본 세 번째 STEP 책인 『청소년의 부모 STEP』은 13세에서 19세까지의 청소년기 자녀를 둔 부모를 위한 효율적 부모 역할수행 훈련 프로그램이며, 총 7주간의 주제와 내용으로 구성되어 있다.

『청소년의 부모 STEP』은 중 · 고등학교에 다니는 10대 청소년들에 관한 발달 특성과 그 발달과정에서 일어날 수 있는 여러 문제들을 중심으로 다루고 있다. 이 시기는

자기의 정체성을 형성하는 때로서 많은 심리적 · 신체적 문제점들이 야기될 수 있다. 이러한 문제점들을 중심으로 부모와 자녀가 서로를 존중하고 인정하는 마음을 키우며 서로를 살리는 대화법을 익히고 민주적인 방법으로 문제를 해결해 나가는 기술을 훈련한다.

본 역자는 『청소년의 부모 STEP』의 원본을 그대로 번역하려고 노력하였다. 단지 일반적인 우리의 정서에 맞지 않는 이름과 단어들은 알기 쉽게 우리식으로 표현하였다. 아마도 부모들은 STEP 프로그램에 참여하여 7주간의 교육을 받음으로써 그간 잊고 있었던 자신의 본래 좋은 부모 됨의 성향을 깨닫고 나름대로의 각오를 다져가리라 믿는다.

본 번역판이 나오기까지는 많은 분들의 도움과 은혜가 있어 가능했다. 먼저 나를 학문의 길로 처음 인도해 주시고, 이 번역물이 언제 나오느냐며 관심을 가져주신 주정일 교수님의 은혜에 깊은 감사를 드리고 싶다. 본 책의 공동 번역자로 참여한 이지연은 교육학 · 국제관계학을 전공하고 현재 호주대사관에서 경제선임연구관으로 일하면서 번역은 물론 많은 용어 정립을 담당하였다. 그리고 미국에 체류하는 동안 저자와 연락하며 정보 교류를 대신해 준 아들 동훈에게도 깊은 사랑을 보낸다. 또한 원고를 준비하는 과정에 소리 없이 도와준 조교 등 많은 분들에게도 감사하다는 말을 전한다.

그리고 무엇보다도 STEP의 번역을 출판할 수 있도록 기꺼이 응해 주고 오랜 세월을 기다려주신 창지사 관계자 여러분께 마음속 깊이 감사를 드린다.

2012. 7. 진흥관 연구실에서

옮긴이 두 손 모음

저자서문

십대의 부모가 되는 일은 보람 있고 흥분되며 동시에 하나의 도전이기도 하다. 우리는 십대의 자녀가 아동에서 청소년으로 변해가면서 이제는 더 이상 아이가 아닌 모습에 서글픔을 느끼기도 하고 자녀의 성, 약물, 폭력, 섭식습관, 성적 또는 친구 문제로 노심초사할 수도 있으며 자녀의 급격한 가치관의 변화에 대해 충격을 받을 수도 있을 것이다. 반면 십대의 자녀가 나날이 성장하고 성숙해 가는 모습에서 흐뭇함을 느끼기도 한다. 많은 부모들이 점점 성숙해져 가는 십대 자녀를 전혀 새로운 한 인격체로서 '알아가는' 과정에서 큰 만족감을 갖게 된다.

우리는 십대 자녀를 키우는 데서 느끼는 보상이 어려움보다 훨씬 크다고 믿는다. 부모 되기 기술을 습득하고 십대의 자녀를 이해함으로써 우리는 십대 자녀의 책임감, 협동심과 독립성을 길러줄 수 있다. 또 그 가운데 자녀와 더욱 굳건하고 긍정적인 관계를 만들어 나갈 수 있을 것이다. 십대 자녀와 심각한 갈등을 겪고 있는 부모도 이 책에서 자녀와 잘 지내고 자녀를 도울 수 있는 보다 효과적인 방법을 찾을 수 있을 것이다.

『청소년의 부모 STEP』(Parenting Teenagers)은 이를 위한 실제적인 접근 방안을 제시한다. 이미 수백만 부모가 본 책에 제시된 기술과 정보가 효과적임을 증언하고 있기 때문에 본 책의 내용을 실천해 보면 십대 자녀와의 관계를 개선하는 데 도움이 될 뿐 아니라 독자 여러분을 최상의 부모로 만들어줄 수 있을 것이다.

많은 부모들이 십대가 가장 힘든 시기라고 말한다. 어떤 부모는 자신이 자녀 양육에 실패했다고 생각하고, 또 이들 중 많은 부모들이 자녀가 이제 외견상으로 어른의 모습을 하고 있기 때문에 더 이상 자녀에게 영향력을 미치거나 가족관계를 개선할 수 없다고 믿는다. 부모는 십대 자녀와 보람을 느끼는 관계를 맺고 십대 자녀는 가족의 일원으로서 보다 협력하고 기여할 수 있다고 믿는다. 이를 위한 첫걸음은 우리 부모가 합리적으로 차근차근 효율적인 부모 되기 단계를 밟아나가는 것이다.

이를 위해 본 책에 제시된 순서대로 1주에 한 Chapter씩 차근차근 읽어나갈 것을 권한다. 해당 주별로 수록된 활동과 도표를 학습하되 반드시 시간을 내어 '금주의 할 일', '자신을 위해 이렇게 해 봅시다'와 '가족을 위해 이렇게 해 봅시다'에 제시된 활동을 수행하기 바란다. 중간에 포기하지 않고 본 책의 처음부터 끝까지 꾸준히 배워 나가면 효율적인 부모 역할 행동과 기술을 습득할 뿐 아니라 행복한 가정을 만들어 나가는 데도 큰 도움이 될 것으로 믿는다.

Don Dinkmeyer(Sr), Gary McKay,
Joyce McKay, Don Dinkmeyer(Jr)

차례

Chapter 6. 효율적인 부모 역할 행동을 결정하기 : 1부 _ 179

Chapter 7. 효율적인 부모 역할 행동을 결정하기 : 2부 _ 211

Chapter 1

부모 자신과 십대 자녀 이해하기

본 장에서 배울 내용

- 부모 역할하기의 도전은 십대 자녀의 자신감, 책임감과 독립심을 기르는데 있다.
- 부모가 십대 자녀를 도우려면 관계 개선을 위한 부모의 노력이 중요하다.
- 존중은 십대 자녀와의 긍정적인 관계를 위해 매우 중요하다.
- 십대 자녀의 행동에는 목적이 있다.

금요일, 엄마가 퇴근 후 집에 돌아오자 열다섯 살 된 동이가 문간에서 그녀를 맞는다. 동이는 "오늘 밤 경기 후에 진수의 집에서 열리는 모임에 갈 거예요."라고 말한다. 엄마는 시장 봐온 것을 내려놓고 "진수가 누구니?"라고 물어본다. 동이는 짜증 섞인 한숨을 쉬더니 "학교 친구예요. 2학년이고요. 경기 전에는 혁이네 집에서 식사를 할 거예요. 엄마가 거기까지 태워주세요."라고 말한다.

엄마가 "잠깐 기다려 봐. 난 방금 집에 돌아왔어. 이 문제에 대해 얘기해 보자."라고 말하자 동이는 화가 나서 목소리를 높이며 "엄마, 난 지금 가야 해요. 혁이에게 6시까지 도착하겠다고 약속했단 말이에요. 우리가 경기에 지각하게 되면 다 제 잘못이에요."라고 말한다. 엄마는 평온한 태도를 유지하려 애쓰면서 "네가 저녁 먹으러 가는 걸 혁이의 엄마가 알고 계시니? 경기 보러 갈 때는 뭘 타고 갈 건데?"라고 묻는다. 동이는 기가 막힌다는 듯 눈을 굴리고는 "우리는 혁이네 집에서 버스를 탈 거예요. 그리고 지하철을 타고 진수의 집에 갈 거예요."라고 말했다. 엄마는 "진수의 부모님들이 집에 계실 거니?"라고 묻는다. 동이는 "엄마! 거긴 걔네 아빠 아파트예요. 그리고 걔 아빠는 집에 계실 거예요."라고 말한다.

엄마는 "그럼 이 문제에 대해 진수의 아빠와 얘기를 해 보는 게 좋겠다."라고 말한다. 동이는 화난 어조로 "엄마! 내가 집에 계실 거라 말했잖아요! 창피하게 전화하지 마세요! 왜 절 믿지 못하세요?"라고 말한다. 엄마는 "동이야, 물론 난 널 믿어. 다만?"이라고 대답하려는데, 동이가 끼어들며 "혁이네 집까지 태워주실래요, 말래요?"라고 묻는다. 엄마는 "동이야, 난 네 계획에 대해 더 자세히 알아야겠다."라고 말한다. 동이는 "왜 저에게 이러시는 거예요? 다른 애들 부모는 아무도 경기 관람이나 파티를 놓고 이렇게 난리치지 않아요!"라고 소리치면서 자기 방으로 달려가 문을 꽝 하고 닫아버린다.

엄마는 눈을 감고 한숨을 내쉰다. 엄마는 "항상 날 기쁘게 해 주던 그 귀여운 아들은 어디로 사라졌을까?"라고 혼잣말을 한다.

십대를 둔 부모라면 이 엄마의 심정을 이해할 수 있을 것이다. 과거에는 부모에게 협력하던 자녀가 지금은 부모에게 반항하고 버릇없는 말을 한다. 부모는 "왜 이렇게 됐을까? 어떻게 하면 십대인 내 자녀가 나를 존중하고 협력할까? 이제는 너무 늦어버렸나?"라고 자문할지 모른다.

아직 늦지 않았다

십대 자녀는 더 이상 어린아이가 아니고 또 아직 어른이 되지도 않았다. 자녀와 부모 둘 다 과거로 돌아갈 수는 없다. 그렇다면 십대 자녀의 자신감, 책임감과 협동심을 길러주기엔 너무 늦었는가? 답은 '아니다'이다.

많은 부모들은 자녀와의 사이에 일어난 문제를 '바로 잡으려' 든다. 그러나 부모는 십대 자녀를 바로 잡을 수 *없다(can't)*. 부모는 십대 자녀가 어떤 행동을 취하도록 *만들(make)* 수 없다. 부모가 *할 수 있는(can)* 유일한 행동은 자녀와의 관계를 개선하기 위해 노력하는 것뿐이다. 이 노력은 문제를 해결할 수 있는 긍정적인 분위기 형성에서부터 시작할 수 있다. 또 자녀와의 의사소통 방식을 변화시키는 것도 방법이 될 것이다. 이렇게 부모 역할의 접근 방식을 바꾸기 시작하면 이에 따라 십대 자녀와의 관계에도 변화의 조짐이 나타날 것이다.

아직 너무 늦지 않았다. 그러나 변화는 부모가 먼저 시작해야 한다. 부모가 변화시킬 수 있는 대상은 부모 자신뿐이다.

1. 효율적인 부모 역할 하기 기술은 배울 수 있다

부모는 십대 자녀를 변화하도록 만들 수는 없다. 단, 부모는 십대 자녀와의 관계를 변화시킬 수 있다.

효율적인 부모가 되려면 기술이 필요하다. 부모 되기 기술은 배우고 연습해서 개선할 수 있다. 부모 되기 기술에는 다음과 같은 것들이 포함된다.

- 존중감을 가지고 십대 자녀와 부모 자신을 대한다.
- 십대 자녀의 잘못된 행동 이면에 깔린 심리적 목표를 이해하고 부모 자신의 대응 방식을 변화시킨다.
- 십대 자녀를 격려하는 기술을 숙달한다.
- 십대 자녀의 감정에 귀 기울인다.
- 부모 자신의 감정을 표현함으로써 십대 자녀가 보다 기꺼이 부모의 말을 경청할 수 있도록 돕는다.
- 십대 자녀가 스스로 결정을 내리고, 그 결과에서 교훈을 얻을 수 있도록 격려한다.
- 긍정적이고 효과적인 방식으로 훈육한다.

『청소년의 부모 STEP』(*Parenting Teenagers*)은 십대 자녀를 둔 독자들이 부모 역할 하기의 과업을 수행하는 데 지침이 되어줄 것이다. 이 책에서는 십대 자녀와 한 번에 한 단계씩 관계를 개선해 가는 방법을 제시하고 있다.

이 책의 내용을 순서대로 한 단계씩 따르면서 연습하다 보면 이내 자신의 부모 되기 기술이 부쩍 향상되었고, 자신감도 커졌음을 느낄 수 있을 것이다.

2. 부모 역할에 대한 도전들

부모 되기 기술을 익히면서 항상 다음의 부모 역할 과업을 명심하여라.

- 십대 자녀가 건강하며 자신감이 있고 협동심을 기를 수 있도록 격려

3가지의 부모 역할 유형

- **명령형** : 이 유형의 부모는 십대 자녀에게 많은 제한을 부과한다. 십대 자녀를 통제하려 하고 자유는 거의 또는 전혀 주지 않는다.
- **양보형** : 이 유형의 부모는 십대 자녀에게 많은 자유를 준다. 그러나 제한은 거의 가하지 않거나 비일관적인 제한을 한다.
- **자율형** : 이 유형의 부모는 십대 자녀에게 자유와 한계를 적절하게 준다. 이들은 십대 자녀를 존중해 주며 자신도 존중받기를 기대한다.

한다.

- 십대 자녀와 평생 굳건한 유대관계를 형성한다.
- 십대 자녀가 책임감 있는 어른으로 성장하도록 돕는다.

어떤 부모 역할 유형이 목표 달성에 가장 효과적인가?

부모 모두는 각기 나름대로의 방식에 따라 자녀를 대하는데, 그 방법에 따라 부모 유형을 구분할 수 있다. 다양한 부모 유형이 있지만 대부분 명령형, 양보형, 자율형의 세 유형으로 분류될 수 있다.

일반적으로 한 가지 유형만을 고수하는 부모는 거의 없다. 그러나 대체적인 유형은 이중 한 가지로 분류될 수 있을 것이다. 자신의 부모 역할 수행 방식이 어느 유형에 속하는지 생각하면서 다음의 질문에 답해 본다.

- 나의 부모 유형은 부모 역할하기 과업을 달성하는데 어떤 도움이 될까?
- 나와 십대 자녀를 위해 내가 무엇을 바꾸어야 할까?

1. 명령형(Giving Orders)

어떤 부모들은 십대 자녀를 복종하게 만들 수 있다고 생각한다. 이들은 자녀를 '엄하게' 다스리고 부모의 명령에 절대 복종하게 만들어야 가정이 평안해진다고 믿는다. 이 유형의 부모는 가끔 자녀에게 소리치며 야단치거나 때리기도 한다. 이러한 부모 유형은 일명 *권위주의적(authoritarian)* 부모 유형이라고도 한다. 이 유형은 자녀에게 많은 요구를 하고 윽박지른다. 보상과 처벌을 통해 자녀를 통제하려 하고 과거의 잘못을 들추어내어 잔소리를 하는 경우도 있다. 또 십대 자녀의 과제물에 지나치게 개입하는 경우도 있다. 자녀를 신뢰하거나 존중하지 않는다.

십대 자녀는 무엇을 배우게 될까?

명령형 부모의 슬하에서 자라는 십대 자녀의 반응은 다양하게 나타난다. 어떤 십대는 분노를 느끼고 부모가 통제할 수 없는 분야를 통해 반항한다(예 친구, 흡연, 학교, 약물 복용 또는 이성교제 등과 같은 문제). 이렇게 되면 부모와 십대 자녀는 힘겨루기를 벌이게 되고 둘 중 한 사람이 얼마 동안 '승자'가 된다. 그러나 이 과정에서 존중감은 사라지고 서로의 관계는 갈등을 겪게 된다.

권위주의적 부모 슬하에서 자란 십대 자녀는 매우 좌절하게 된다. 이들은 부모가 '옳다'고 믿는다. 그리고 자신이 '잘못됐음'이 틀림없다고 믿는다. 이들은 부모의 비판을 받기 싫어서 부모를 기쁘게 해 주려 애쓰고 부모가 원하는 대로 행동한다. 이러한 가정은 겉으론 이상적으로 보일지 모른다. 일단 십대 자녀는 예의 바르게 행동하고 부모는 힘겨루기에서 승리한 것처럼 보인다. 그러나 부모는 이 승리를 얻기 위해 지나치게 큰 대가를 치러야 한다. 십대 자녀는 자아존중감을 상실하고 스스로 사고하는 능력을 배울 수 없게 된다.

- 권위주의적 방법은 신뢰나 존중감 형성에 도움이 되지 않는다.
- 권위주의적 방법은 자유도, 책임도 주지 않는다.
- 권위주의적 방법은 십대 자녀에게 스스로 사고하는 능력을 심어줄 수 없다.

2. 양보형(Giving In)

어떤 부모는 십대 자녀가 반항하는 것이 자연스럽다고 생각한다. 이들은 십대 자녀는 함께 어울려 살기 힘들다는 사실을 받아들이고 최상의 접근 방식은 간섭하지 않는 것이라고 생각한다. 따라서 이들은 십대 자녀에게 굴복해서 마음대로 하도록 내버려 둔다.

양보형 부모 유형은 *허용적(permissive)* 부모 유형이라고도 한다. 허

부모의 허용적인 태도는 십대 자녀에게 잘못된 행동을 하도록 자격을 주는 것이나 다름없다.

용적 부모 유형은 어떤 일이 있어도 자녀와의 갈등만은 피하려 한다. 이들은 자녀의 약물 복용, 십대의 성관계, 기물 파손 행위와 같은 문제에 대처할 능력이 없다고 느끼고, 이런 일들이 십대 자녀에게 일어나는 것을 막을 도리가 없다는 결론을 내린다.

어떤 부모는 죄책감을 느낀다. 이들은 일 때문에 자녀를 소홀히 했다고 생각하거나 이혼이나 재혼했다는 사실 때문에 자녀에게 미안해 한다. 또 자녀에게 어떤 방식으로든 이를 보상해 주어야 한다고 믿기 때문에 자녀의 문제에 맞서 대응하기를 꺼린다.

이처럼 자녀에게 양보하면 부모와 자녀 양쪽이 모두 존중감을 상실하게 된다. 이에 따라 십대 자녀는 자기 통제 능력, 남과 협력하는 능력과 자신을 변화시킬 능력이 자라지 못한다. 부모는 무력감을 느끼고 부모로서 해야 할 일을 제대로 할 수 없게 된다.

십대 자녀는 무엇을 배우게 될까?

십대 자녀는 부모의 양보를 나약함의 표시로 받아들이는 경우가 많다. 따라서 마음대로 반항하고 무례하게 굴어도 될 빌미를 얻었다고 생각하고 재빨리 자신에게 주어진 힘을 마음대로 휘두르려 할 수도 있다.

십대 자녀는 한동안 자신이 원하는 대로 할 수 있어 행복하겠지만 그 기분은 그다지 오래가지 못한다.

나진이는 학교 상담 선생님에게 아빠가 자신에게 너무 무관심하다고 불평한다. "제가 정해진 귀가 시간보다 늘 2시간씩 늦게 들어가도 아빠는 아무 말씀 안 하세요. 아빠가 날 사랑한다면 왜 잘못을 나무라는 말을 한 마디도 하지 않나요?"라고 말한다. 나진이의 아빠는 딸을 끔찍이 사랑할지 모른다. 그러나 허용적인 태도를 취했기 때문에 의도와는 다른 의미로 전달되는 결과를 낳았다.

부모가 너무 양보하면 십대 자녀는 부모가 자신을 존중하지 않는다는 것을 감지하여 자녀 스스로도 자신을 존중할 수 없게 된다.

- 아무런 제한이 없으면 십대 자녀는 남과 잘 어울리는 법을 배우기 어렵다.
- 아무런 제한이 없으면 십대 자녀는 책임감을 배울 수 없다.
- 아무런 제한이 없으면 십대 자녀는 스스로에 대한 좋은 느낌을 갖기 어렵다.

3. 자율형(선택권 주기형 : Giving Choices)

십대 자녀가 책임감을 갖도록 하려면 어떠한 부모 유형이 좋을까? *민주적(democratic)* 부모 유형을 고려해 보자. 민주적 부모 유형은 자녀에게 부여하는 권리와 책임에 적절하게 균형을 맞추어 나간다. 이 부모 유형의 목표는 다음과 같은 2가지 방식으로 십대 자녀가 책임감을 익힐 수 있도록 돕는다.

- 자녀를 존중해 준다.
- 자녀에게 스스로 결정할 기회를 준다.

민주적 부모 유형은 십대 자녀에게 자유롭게 의견을 말할 권리는 주지만 행동에는 어느 정도 제약을 가한다.

1) 상호존중이 중요하다

우리가 부모로서 할 일은 십대 자녀를 적절하게 지도하고 훈육하는 것이지만 이와 더불어 자녀에 대한 존중감을 가지고 지도할 책임이 있다.

부모들은 가끔 십대 자녀가 자신을 존중해 주지 않는다고 불평한다. 그러나 정작 부모들은 자녀를 존중해 주지 않을 때가 많다. 잔소리하며 소리 지르고 폭력을 사용하며 무시하는 말을 서슴치 않는다. 부모는 자녀가 스스로 할 수 있는 일을 대신 해주기도 한다. 너무 허용적이거나 이중 잣대를 적용하는 것 모두 자녀를 존중하지 않는 행동이다.

우리도 역시 부모가 있었다

우리가 자랄 때 양육 받았던 방식은 현재 우리가 부모 역할을 수행하는 방식에 영향을 미친다. 우리는 부모의 양육 방식을 우리의 것으로 받아들이거나 또는 거부한다.

- 우리가 모든 일에 최선을 다하도록 양육받은 경우에는, 우리 자신도 아이에게 노력을 강요할 수 있다. 우리는 지능, 재능 또는 체력 면에서 내 아이가 최고라고 남들이 생각해 주기를 바라는 경향이 있다.
- 우리 마음대로 할 가치가 있다고 믿고 성장한 경우에는 십대 자녀도 우리가 원하는 대로 행동하라고 강요할 수 있다. 또한 우리는 다른 사람에게 우리 아이가 원하는 대로 해줄 것을 기대할 것이다.
- 우리가 남을 존중하도록 양육받은 경우에는 다른 사람들도 우리를 존중해 주기를 기대할 것이다. 그리고 우리는 십대 자녀도 그들 자신이나, 부모 그리고 다른 사람들을 존중하도록 가르칠 것이다.

어른들의 이중 잣대는 십대가 존중감을 배울 수 없게 만든다.

민주적인 가정에서는 어느 누구도 다른 구성원보다 더 중요하거나 덜 중요한 존재로 취급받지 않는다. 부모가 십대 자녀를 대등한 인격체로 대하는 것이 자녀를 존중하는 행동이다.

- 그러나 이 말이 부모와 자녀가 똑같다는 것을 의미하는 것은 아니다. 부모는 십대 자녀보다 인생 경험이 풍부하고 보다 많은 책임을 진다. 그러나 부모와 자녀는 둘 다 하나의 인격체로서 존중되어야 한다.
- 또한 자녀가 부모에게 명령할 수 있다거나 부모가 통제를 하지 않는다는 의미는 아니다. 자녀를 훈육하는 것은 부모가 당연히 해야 할 일이며, 어디까지나 존중의 기반 위에서 자녀를 훈육하여야 한다.

13세인 이수는 벌써 20분째 전화통화를 하고 있다. 엄마는 전화를 하려고 이수에게 손짓으로 전화 쓸 일이 있다는 신호를 보낸다. 이수는 엄마에게 "알았어요. 잠깐만요."라고 말한다. 그리고 10분이 지났는데도 이수는 여전히 통화를 하고 있다. 엄마는 급한 전화는 아니라서 딸의 통화를 방해하지 않기로 한다.

마침내 이수가 전화를 끊었다. 엄마는 이수에게 "내가 전화할 데가 있다고 한 것 같은데."라고 말한다. 이수는 "끊을 수가 없었어요. 진미에게 문제가 있어서 상담을 해줘야 했거든요."라고 말한다.

엄마는 "네가 진미와 통화한 건 이해해. 하지만 30분은 너무 길잖니? 나도 필요할 때 전화를 쓸 수 있었으면 해."라고 말한다. 이수는 "어떤 때는 엄마도 내가 전화하려고 기다리는데도 계속 통화하신 적도 있잖아요."라고 말한다. 엄마는 "난 지금 전화를 해야 하니까. 이 문제에 대해서는 이번 주말에 진지하게 의논해 보자. 그때 우리 둘 다 받아들일 수 있는 전화 사용 규칙을 정하자."라고 말한다.

엄마는 이수가 통화하는데 방해하거나 전화를 끊으라고 강요할 수 있었다. 화를 내며 이수에게 "*내가* 전화요금을 내니까 *내가* 전화 사용 규칙을 정할 수 있어."라고 말할 수도 있었다. 또 이수의 용건은 엄마의 용건만큼 중요하지 않다고 말할 수도 있었다. 그러나 이렇게 했다면 과연 이수는 자신이 존중받는다고 느낄까? 엄마를 존중할까? 또 협력하는 마음이 생길까? 엄마는 딸을 존중해줌으로써 딸도 엄마를 존중할 수 있는 길을 터놓았다. 또 자녀가 협력하고 책임질 수 있는 발판도 마련했다.

"내가 존중받기를 원한다면 먼저 상대를 존중하여라."

그렇다고 해서 엄마가 굴복했다고 볼 수 있을까? 아니다. 엄마는 딸에게 둘 다 공평하게 전화를 사용할 수 있어야 한다는 점을 인식하게 해주었다. 또 이 문제를 함께 해결할 수 있는 방안을 수립하였다.

2) 십대는 스스로 의사결정 하는 법을 배워야 한다

십대는 어른이 되어가는 시기이므로 스스로 결정 내리는 법을 배워야 한다. 이들은 선택을 하고 선택한 결과를 감수하는 연습을 해야 한다. 부모가 명령을 내리면 십대 자녀는 어른이 되는 연습을 하지 못하게 된다. 부모가 굴복하는 경우에도 사정은 마찬가지이다.

현재는 열아홉 살이다. 그는 차를 사고 싶어서 아르바이트를 했다. 아르바이트로 번 돈은 차량보험료와 연료비는 댈 수 있지만 값비싼 정비는 할 수 없다. 현재의 부모는 아들이 원하는 것을 사려고 일을 하는 것은 좋지만 '고물차'를 사면 수리비를 감당할 수 없을 것 같아 걱정이 된다. 부모는 현재가 돈을 더 모아 좀 더 좋은 차를 구입하길 바란다. 그래서 부모는 아들에게 선택권을 주었다.

현재는 고물차를 구입해도 되지만 그 차의 수리비는 모두 혼자서 감당해야 한다. 만약 그 차가 고장이 난다면 부모 차를 얻어 타거나 다른 교통편을 구해야 할 것이다.

그래도 현재는 고물차를 사기로 결정했다. 얼마 지나지 않아 차는 고장이 났고 수리비가 만만치 않게 들었다. 그리고 더는 차도 몰 수 없게 되었다. 그는 친구 차나 부모 차를 얻어 타야 한다. 그러나 부모는 현재의 선택을 존중했다. "봐, 우리가 네게 그렇게 말했잖아."라고 말하지도 않고 또 차량 유지비를 보조해 주지도 않았다.

현재는 자신이 내린 결정으로 많은 경험을 하고 좋은 교훈을 터득하게 되었다. 부모가 현재에게 스스로 결정하도록 한 것은 그에게 도움이 되었다. 만약 부모가 현재에게 고물차를 사지 말라고 했다면 어떻게 되었을까? 현재는 화가 치밀었을 것이다. 또 스스로 올바른 선택을 하는 법을 배우지도 못했을 것이다. 만약 부모가 차량 수리비를 내주었다면 어떻게 되었을까? 현재는 자신의 선택에 따른 결과에 대해 책임지는 법을 배우지 못했을 것이다.

부모 유형에 관해 생각해 보기

우리 자신의 십대 시절을 회상해 보자.

- 나의 부모는 어떤 유형이었는가?
- 나 자신은 부모에 대해 어떻게 느꼈는가? 어떤 행동을 했는가?

이제 우리 자신과 십대 자녀와의 관계에 대해 생각해 보자.

- 나는 어떤 부모 유형인가? 나의 태도는 십대 자녀에게 어떤 영향을 미치게 될까?
- 나는 어떻게 변화를 시작할 수 있을까?

십대 자녀는 무엇을 배우게 될까?

부모가 십대 자녀에 대한 통제를 늦추어줄 때 자녀는 변하기 시작하나 자녀의 변화는 하루아침에 일어나지는 않을 것이다. 또 좋아지기 전에 더욱 악화될 수도 있지만 십대 자녀는 무관심하다고 여겼던 부모가 관심을 보이기 시작하면 자신이 보다 존중받고 사랑받고 있다고 느끼게 된다. 그러면서 십대 자녀는 서서히 부모를 보다 신뢰할 수 있게 된다. 변화는 하루아침에 일어나지는 않겠지만 시간이 흐르면 십대 자녀는 보다 책임감 있는 행동을 하게 될 것이다.

십대는 변화의 시기이다

자신이 십대였던 시절을 기억하는가? 더 이상 어린아이는 아니지만 아직 어른도 아니었던 시기, 급격한 신체적 변화와 정서적 혼란을 겪었던 시기라고 기억될 것이다. 오늘날의 십대도 마찬가지이다. 사실 그들에게는 어쩌면 십대가 우리보다 더 혼란스럽고 흥분되며 위험스럽고 흥미진진하게 느껴질지도 모른다. 오늘날의 십대는 잡지, TV, 라디오, 영화, 컴퓨터, 서적, 테이프, CD, 비디오 등 온갖 매체로부터 영향을 받으며 세상과 그 안에서 자신의 위치에 대해서 메시지를 받는다. 그뿐 아니라 십대는 다른 십대, 교사, 부모와 지역 사회의 주민들에게서 막대한 영향을 받고 있다.

1. 십대 : 혼돈, 문제, 그리고 가능성

대부분의 십대는 세상과 자신의 삶에 존재하는 많은 가능성과 문제를 인식하지 않을 수 없다. 그래서 한순간 어서 빨리 어른이 되고 싶다가도 다음 순간에는 그대로 유년 시절에 머무르고 싶어한다. 한편으로는 재미를 추구하고 싶지만 또 한편으로는 제대로 대접을 받고 싶기도 하다. 이들은 지루해할 수도 있고 짜릿한 흥분을 추구할 수도 있다. 또한 너무 바쁘고 할 일이 많을 수도 있고, 어떻게 모든 것을 다해낼 수 있을지 불안 초조해 하기도 한다. 그뿐 아니라 자신이 어떻게 보일지, 어떤 옷을 입을지, 외모와 복장에 신경을 쓴다. 또 자신의 장래를 놓고 번민하는 시기이기도 하다.

십대는 신체적으로 변화하는 시기이다. 이 외적 변화는 청소년의 생리적, 정서적, 심리적 면에까지 영향을 미친다. 대부분의 청소년은 자신의 외모에 대해 극도로 의식하고 신경을 쓴다. 또 자신이 남과 전혀 다른 특별한 존재라고 생각하지만, 친구처럼 되고 싶기도 한다. 기분의 변화도 극심하고 다양한 방식의 행동과 옷 입기를 '시도' 해 보며 모험을 감행할 수도 있다.

- 화니는 얼마 전까지 햄버거를 먹으러 가자고 졸라대었으나 지금은 채식주의자가 되기로 결심했다.
- 기림은 조용하고 예의 바른 아이였으나 이즈음에는 거친 말과 욕설을 입에 달고 다닌다.
- 지선이가 새로 사귀는 친구들은 쇼핑몰에서 시간 보내기를 좋아하는 아이들이다.
- 영민이는 고교 축구팀에 입단하기 위해 수년 동안 기다려 왔지만 지금은 입단심사에 응하지 않기로 결정했다.
- 로사는 한때 청소년 금연 선도 활동에 열심이었다. 그런데 지금 아빠는 로사의 호주머니에서 담배를 발견했다.

2. 부모 : 새로운 역할

아동의 부모 역할에서 청소년의 부모 역할 하기로 변화한다는 것은 어렵다. 게다가 부모는 아들이나 딸이 아동기를 벗어나 부모의 품안을 떠난다는 사실에서 서글픔을 느낄 수도 있다. 또 한편으로는 십대 자녀의 성, 약물, 폭력, 식사습관, 학업문제 또는 친구관계 등의 문제 때문에 노심초사해야 한다. 우리뿐 아니라 십대 자녀를 둔 부모라면 거의 대부분이 자녀가 점점 더 독립적으로 성장해 나가는 상황을 받아들이기 힘들어한다. 이처럼 자녀가 부모의 손길을 더 이상 필요로 하지 않는다는 느낌은 감당하기 어렵다.

그러나 십대 자녀는 성숙해 갈수록 더욱 독립적이 된다. 자신의 일은 스스로 결정을 내리고 자신의 삶을 주체적으로 경영하고 싶어한다. 십대 자녀가 자신의 친구를 선택하고 무엇을 하면서 시간을 보낼지 스스로 결정하고 싶어하는 것은 자연스럽고 건강하다는 신호이다.

1) 미묘한 균형 잡기

독립과 책임은 서로 불가분의 관계이다. 독립은 주면서 책임은 주지 않는다면 문제를 자초하는 일이다. 청소년들은 종종 독립을 주장하면서 책임은 염두에 두지 않는 경우가 있다.

난주는 열여섯 살이다. 난주는 저녁 늦게 라면을 끓여 먹은 후, 빈 그릇들을 그대로 놔두고 치우지 않아 부엌을 엉망으로 만들어 놓았다. 이튿날 엄마는 난주에게 "오늘 아침 어질러진 부엌을 치우느라 아침밥이 늦었다."라고 말했다. 난주는 "그릇 몇 개 사용했을 뿐인데요."라고 대꾸한다. 엄마는 "그릇을 사용한 후에는 바로 제자리에 잘 정리해 두는 것이 필요해."라고 말했다.

열세 살인 기호는 자신이 혼자 과제물을 하겠다고 한다. 그러나 기호는 과제물에 오랫동안 집중하지 못한다. 과제물을 하다 인터넷에서 무언가 검색할 일이 생기면 어느새 컴퓨터 게임에 빠져 있다. 오늘 기호는 시험에서 D를 받아왔다. 기호는 엄마에게 "이건 공정하지 못해요. 전 이번 시험 때문에 밤샘 공부했어요."라고 말한다. 엄마는 "네가 공부에 집중했다면 좀 더 나은 점수를 받을 수 있었을 텐데."라고 말하지 않는다. 대신 엄마는 평온한 어조로 기호에게 물어본다. "넌 왜 원하는 만큼 잘하지 못했다고 생각하니?" 이렇게 해서 엄마는 기호가 자신의 학습 방법에 대해 생각하도록 돕고, 이에 대해 대화할 수 있는 계기를 마련하였다. 또 기호가 더 나은 학습 방법을 생각할 수 있도록 도울 수도 있을 것이다.

십대 자녀가 스스로 더 많은 책임을 떠맡게 되면 부모는 더 이상 자녀를 통제하거나 책임을 지지 않아도 된다. 자녀가 이십대에 접어들기 전까지 이 미묘한 조율과정은 계속된다. 만약 부모가 십대 자녀와 신뢰관계를 맺는다면 자녀에게 보다 많은 결정권을 부여할 것이고 십대 자녀의 감정과 신념을 이해하기 위해 그들의 말에 더욱 귀를 기울이며, 또 부모 자신의 의견과 가치를 말해줌으로써 십대 자녀를 지도할 수 있을 것이다. 십대는 일정한 한계 내에서 스스로 결정할 능력이 있다. 물론 각 결정에는 그에 따른 *결과*(consequence)가 발생할 것이다. 부모는 십대 자녀가 결과를 받아들이고, 그 결과에서 배우는 법을 익히도록 도와야 한다.

열네 살인 안주는 친구들에게 방학선물을 사주려고 가을 내내 용돈을 모았다. 선물을 사러 가려고 안주는 돈을 전부 지갑에 넣은 다음 지갑을 배낭가방에 넣었다.

쇼핑몰에서 안주는 먼저 간식을 사먹으러 갔다. 그러나 안주가 배낭가방을 바닥에 내려놓고 화장실에 갔다 온 사이 지갑이 없어졌다. 안주는 울면서 아빠에게 전화를 했다. 아빠는 안주의 도난 신고를 돕기 위해 쇼핑몰로 오겠다고 약속하였다.

도난 신고 후 안주는 아빠에게 "선물은 거의 못 샀어요. 선물 값을 지불하는데, 아빠가 도와주실 수 있으세요?"라고 물었다. 아빠는 "안주야, 넌 그 돈을 모으려고 열심히 노력했지. 네가 얼마나 실망했는지 알아."라고 말했다. 안주는 울면서 "하지만 전 어떻게 해요? 제가 모은 돈을 몽땅 잃어버렸는데도 아빠는 신경도 안 쓰이세요?"라고 말했다. 아빠는 "네가 선물을 마련할 방법을 생각해 내도록 기꺼이 돕겠다."라고 말했다. 안주는 비참한 기분으로 "돈 한 푼 없는데, 제가 도대체 뭘 할 수 있다는 말씀이세요?"라고 물었다. 아빠는 "글쎄. 네가 한번 말해 보겠니? 아마 우리 둘이서 뭔가 생각해낼 수 있을 거야."라고 말한다. 안주는 버릇없는 태도로 "아빠가 집안일을 도왔다고 주신 그 바보 같은 '상품권' 같은 것 말인가요? 우리 친구들은 그런 선물 싫어해요."라고 말했다.

안주의 아빠는 존중하는 태도를 유지하면서 "나는 너를 기꺼이 돕고 싶지만 네가 그처럼 버릇없이 대한다면 어쩔 수 없구나. 네가 날 존중할 자세가 되면 알려줘. 그때 어떻게 할지 구체적으로 논의해 보자."라고 말했다.

안주의 아빠처럼 십대 자녀가 독립은 원하지만 그에 따른 책임은 지지 않으려는 것을 알게 된다. 본 책에서는 부모가 십대 자녀를 지도하고 훈육할 수 있는 다양한 방법을 다루고 있다. 본 책에서 익힌 내용을 통해 십대 자녀가 보다 강한 독립심과 책임감을 갖도록 도울 수 있으며, 본 책에서 배운 훈육 방법을 사용해 십대 자녀가 보다 나은 결정을 내릴 수 있도록 도울 수 있다.

2) 왜 그렇게 친구가 중요할까?

십대들은 *또래*(친구와 같은 연령의 다른 청소년들)에게 인정받고 소속되는 것이 중요하다고 여긴다. 많은 십대들은 부모에게 받아들여지는 것보다 또래의 인정과 수용이 더 중요하다고 생각하며 심지어는 *가장* 중요하다고 생각하는 경우도 종종 있다. 십대들에게는 친구들과 같은 옷을 입고 같은 음악을 들으며 같은 영화를 보고 같은 모임에 가는 것이 중요하다.

어떤 부모는 '왜 십대 아이들은 독자적으로 생각하지 못할까? 왜 다른 아이들과 똑같아지려고 할까?' 하고 궁금해 한다. 십대는 가정 밖에서 소속감을 느끼려고 방법을 찾아 갈구하는 시기이다. 이것은 어른이 되기 위해 꼭 필요한 과정이다.

우리의 십대 자녀가 걸음마기 유아였을 때를 기억하는가? 그때 자녀는 "내 거야!"라는 말을 자주 하지 않았던가? 두 살 난 아이는 남과 공유하는 법을 배우기 전의 과정으로 우선 *소유권(ownership)의 개념*을 이해해야만 했는데, 이것은 자녀가 거쳐가야 할 발달 단계이다. 십대의 발달 단계에서 거쳐야 하는 과정은 바로 독립심의 발달이다. 십대 자녀는 우선 가정 밖에서 소속감을 추구하기 시작한다. 시간이 지남에 따라 이들이 보다 독립적이고 유능해지면 그때에는 보다 독자적으로 사고하고 행동하게 될 것이다.

청소년들은 가정 밖에서 소속되는 방법을 찾으려 한다. 이것은 어른이 되기 위해 거쳐야 할 단계이다.

십대 자녀는 다양한 방식으로 또래 집단에 소속되는 길을 추구한다. 어떤 십대는 함께 공부하고 기술을 배우면서 소속감을 느끼거나 연극, 스포츠, 음악 활동을 함께하면서 소속감을 느끼는 십대도 있다. 또 동아리, 자원봉사 활동, 아르바이트를 같이 하기도 한다. 그 외에도 다른 방식으로 소속감을 추구하기도 하는데, 머리를 염색하고 귀를 뚫어 귀걸이를 하거나 문신을 원할 수도 있으며, 똑같은 방법으로 옷을 입기를 원할 수도 있다. 흡연, 음주, 약물복용이나 성적 행동을 같이 하면서 소속감을 느끼는 십대도 있고, 또 과속운전이나 무모한 모험도 십대의 소속감 추구 행동에 속한다. 더 나아가 가게 물건을 훔친다든지, 기물을 파손하는 행위, 기타 불법행위에 연루될 수도 있고 극단적으로는 폭력조직에 가담하기도 한다. 이처럼 십대는 소속감을 추구하기 위해 긍정적인 방식과 부정적인 방식 모두를 사용할 수 있다.

십대들은 소속될 수 있는 방법을 찾아 다양한 실험을 한다. 이들은 수많은 행동을 '시도' 해 본다. 부모가 이 행동에 어떠한 반응을 보이는가에 따라 십대 자녀는 계속 그 행동 방식을 고수할 수도 있고, 다른 행동 방식을 선택할 수도 있다. 본 장의 뒷부분에서 이 내용을 좀 더 자세히 다루기로 한다.

3) 누가 문제의 소유자인가?

십대 자녀는 과거에 부모가 자신을 위해 결정을 해 주던 것과는 달리 스스로 결정하는 법을 배우는 과정에 있다. 부모인 우리들도 과거에 이 과정을 경험했다. 십대 자녀들이 내리는 결정은 위험하거나 무책임한 경우보다 그렇지 않은 경우가 더 많기에 부모는 대개의 경우 개입하지 않고 그냥 지켜보면서 자녀의 말을 귀 기울여 듣고 이해하려 노력하는 것이 최선의 대응 방법이다. 이렇게 함으로써 부모와 십대 자녀 간의 갈등을 야기시키는 많은 문제들을 상당부분 피할 수 있다.

그럼 부모가 언제 개입하고, 언제 개입하지 않아야 할지 어떻게 결정할 수 있을까? 현재로서는 "이 문제는 누구에게 귀속되는가? 나인가, 아니면 십대인 우리 아이인가?", 즉 누가 이 문제를 '소유' 하느냐는 질문이 출발점이 될 수 있다.

누가 문제의 소유자인지 결정하기 위해 다음의 4가지 질문을 스스로에게 던져 본다.

1. 나의 권리가 무시되고 있는가?
2. 누군가 다칠 우려가 있는가?
3. 누군가의 소유물에 손해를 입힐 수 있는가?
4. 나의 십대 자녀가 이 문제에 대해 책임을 질 수 없는가?

- 이상의 질문들에 *하나*라도 '예' 라는 답이 나온다면 이 문제는 부모 자신이 소유하거나, 혹은 부모와 십대 자녀가 공동 소유한다.
- 이상의 *모든* 질문에 대해 답이 '아니오' 라면 십대 자녀가 이 문제를 소유한다.

대개 십대 자녀가 문제의 소유자이다 : 용돈을 어떻게 쓸 것인가, 머리 모양, 복장과 음악 취향 등의 문제는 십대 자녀에게 맡기는 편이 좋다. 십대 자녀는 이러한 문제에 관해 결정을 내리면서 자신의 목표와 가치관이 어떤 것인지 자아 정체성을 형성해 나간다.

가끔은 부모가 문제의 소유자이다 : 십대 자녀가 욕설을 하거나 집안 전체를 난장판으로 만들어놓아 부모의 기분이 불쾌하다면 부모가 이 문제의 소유자이다.

십대 자녀와 부모가 문제를 공유한다 : 십대 자녀가 우울증에 걸리거나 학교에서 낙제를 한 때, 십대 자녀가 약물을 복용하거나 폭력조직에 연루된 때, 또는 경찰에 체포될 수도 있다. 이때는 부모와 십대 자녀가 공동으로 문제의 소유자가 된다.

문제의 소유자는 문제를 해결할 책임이 있다. 이를 염두에 두고 십대 자녀가 소유자인 문제에 대해서는 개입하지 않도록 하면 십대 자녀와의 갈등을 피할 수 있다. 문제의 소유와 해결에 관한 내용은 Chapter 4에서 보다 자세하게 다루기로 한다.

십대 자녀의 변화에 대해 생각해 보기

우리 자신의 십대 시절을 기억해 보자.

- 아이도 아니고 어른도 아닌 상태는 어떤 기분이었던가?
- 가정 밖에서 소속감을 찾기 위해 어떤 행동을 했던가?

이제 십대 자녀에 대해 생각해 보자.

- 십대 자녀에게 어떤 변화가 일어나고 있는가?
- 십대 자녀와의 사이에 갈등을 일으키는 요인은 무엇인가?
- 그 갈등 요인들 중 '양보'할 수 있는 것은 어떤 것들인가? 양보할 수 없는 것은 어떤 것인가?

갈등 요인들 중 몇 가지는 양보하도록 노력하여라. 다른 갈등 요인들을 어떤 방식으로 접근할지 생각해 본다. 어떻게 하면 십대 자녀를 존중하는 태도를 유지할 수 있을까? 자녀가 더 나은 선택을 하도록 어떻게 도울 수 있을까?

부모 유형과 문제 소유에 대해 생각해 보기

- **명령형 부모** : 어떤 부모는 모든 문제가 자신의 소유라고 생각하는 경향이 있다. 특히 명령하기를 좋아하는 권위주의적 부모의 경우에는 더욱 그렇다. 만일 자신이 이런 식으로 느끼는 경우가 있다면 누가 문제의 소유자인지 결정함으로써 힘겨루기를 피할 수 있게 된다.
- **양보형 부모** : 허용적 부모는 문제를 회피하고 심각한 문제조차 무시하는 경향을 보인다. 만일 대부분의 경우 부모 자신이 양보하고 포기한다고 느낀다면 허용적 부모 유형이다. 이때에는 누가 문제의 소유자인지 결정함으로써 부모가 어떤 경우에 개입해야 하는지 여부를 선택하도록 한다.
- **자율형 부모** : 누가 문제의 소유자인지 결정하는 과정에서 자녀에게 선택권을 주는 부모에게도 도움이 될 수 있다. 모든 부모는 이 방법에 의해 어떤 경우에 무시할지, 도움을 줄지, 자신이 책임을 져야 할지를 결정할 수 있다. 이렇게 하면 십대 자녀와의 관계 개선에 도움이 된다.

왜 청소년들은 잘못된 행동을 할까?

십대들에게는 기본적으로 소속감을 느끼고 싶어하는 욕구가 있다. 그리고 이 욕구를 충족하기 위해 긍정적인 행동이나 또는 잘못된 행동을 하게 된다.

유명한 정신과 전문의 Rudolf Dreikurs는 잘못된 행동을 하는 아이들은 *좌절(discouraged)*된 상태라는 것을 발견하였으며, 이 연구 결과는 아동은 물론 청소년에게도 적용된다. 좌절한 십대들은 소속되고 싶지만 유익한 방법으로는 소속될 수 없다고 믿고서 잘못된 행동이 효과가 있다고 느끼게 되면 잘못된 행동을 통해 소속감을 추구하게 된다.

아동과 십대는 4가지 공통된 방식으로 소속감을 추구하려 한다. 이 4가지 방법은 일종의 잘못된 행동인데, Dreikurs는 이를 '*잘못된 행동의 4가지 목표*'라고 명명하였다. 이 목표를 이해함으로써 부모는 십대 자녀가 잘못된 행동을 할 때 그들이 무엇을 원하는지 이해할 수 있고 자녀가 보다 긍정적인 행동을 하도록 적절히 지도하는 방법을 결정하는데 도움을 줄 수도 있다.

1. 십대 자녀의 잘못된 행동의 목표

잘못된 행동의 4가지 목표는 다음과 같다.

- 관심 끌기(attention)
- 힘 과시하기(power)
- 앙갚음(revenge)
- 무능함 보이기(displaying inadequacy)

2. 심리적 목표 인식하기

십대 자녀를 지도하기 전에 우선 자녀가 어떠한 목표를 추구하고 있는지 파악해야 한다. 자녀의 심리적 목표를 파악하기 위해 다음의 3가지 단서를 관찰한다.

- 자녀가 잘못된 행동을 할 때 나는 어떠한 *감정*을 느끼는가?
- 나는 자녀의 잘못된 행동에 어떻게 *대응*하는가?
- 나의 행동에 자녀가 어떠한 *반응*을 보이는가?

본 장에서는 잘못된 행동에 대한 각각의 목표를 인식하는 방법에 대해 살펴보겠다. Chapter 2에서는 잘못된 행동의 목표를 좀 더 자세하게 알아보고 십대 자녀의 잘못된 행동에 대해 어떻게 반응할 것인지를 살펴보겠다.

1) 관심 끌기

모든 연령의 자녀는 부모의 *관심(attention)*이 필요하다. 관심 끌기의 심리적 목표는 어떤 십대들에게서는 더욱 두드러지게 나타나기도 한다. 만일 이들 십대가 유용한 방식으로 부모의 관심을 끌 수 없으면 잘못된 행동으로라도 관심을 끌려고 한다.

관심을 끌기 위해 잘못된 행동을 하는 십대 자녀는 일부러 부모를 자극하는 행동을 한다. 이때 부모가 반응을 보이고 잘못된 행동을 교정하려 하면 십대는 관심을 얻게 되어 일시적으로는 잘못된 행동을 멈추는 효과가 있을 수 있으나 얼마 지나지 않아 잘못된 행동을 반복하거나 관심을 끌 수 있는 또 다른 방법을 찾게 된다.

간혹 십대 자녀는 조용한 방식으로 관심 끌기를 추구할 때도 있다. 즉, 아무것도 하지 않거나 부모가 시중들어 주기를 기대할 수 있다. 이와 같이 보다 소극적인 방식으로 관심을 끌려고 하는 경우를 *소극적인(passive)* 관심 끌기라고 한다.

2) 힘 과시하기

많은 십대 자녀들이 *힘 과시하기(power)* 목표를 추구한다. 이들이 부

십대 자녀는 부모의 관심을 끌기 위해 다양한 방법을 구사한다.

모에게 주로 하는 말은 "나에게 억지로 시킬 순 없어요!" 또는 "내가 원하는 대로 해 주시는 게 좋을 거예요"이다. 부모에게 소리를 지르거나 부모와 싸울 수도 있고 규칙을 위반하기도 한다. 십대 자녀의 이런 행동은 독립심의 표현으로 볼 수도 있다.

수요일 밤 경서의 엄마는 아직 직장에서 돌아오지 않았고 아빠는 회의에 참석 중이다. 경서는 엄마와 아빠 두 분이 집에 없을 때에는 친구들을 집에 데려와서는 안 된다는 것을 알고 있다. 경서가 지난주 친구들을 데려왔을 때 아빠는 다시는 그러지 말라고 경고했다. 그런데 오늘 친구 두 명이 방문하자 경서는 또 그들을 집안에 들였다. 아빠는 집에 돌아와 경서의 친구들을 보자 화를 낸다. 그는 큰 소리로 "경서야, 넌 엄마와 내가 없을 때 친구들을 들이지 말라는 규칙을 알잖아!"라고 말한다. 경서는 "우리는 TV만 봤어요! 아무것도 건드리지 않았다고요!"라고 맞고함을 친다. 아빠는 얼굴을 찌푸리면서 "좋아, 다시는 이러지 마라. 알겠니!"라고 말한다.

십대 자녀가 힘 과시하기를 추구하면 부모는 화가 나게 된다. 이때 부모가 자녀와 맞서 싸우면 자녀도 반항하게 되지만, 부모가 양보하면 자녀는 부모와 힘겨루기에서 이겼기 때문에 일단 잘못된 행동을 중지한다.

흔히 십대와 부모 사이에 힘겨루기가 나타나는 문제는 친구의 선택이다. 부모는 자녀가 사귀는 부류의 친구들이 마음에 들지 않을 때가 있어 십대 자녀에게 다른 부류의 친구들을 사귀도록 유도하려 한다.

가끔 십대 자녀는 부모가 원하는 대로 따르기는 하지만 느릿느릿 건성으로 하는 경우가 있는데, 이것도 일종의 소극적인 힘겨루기이다. 십대 자녀는 말로 표현은 하지 않지만 "그래, 이렇게 하도록 시킬 수는 있지만 *내* 방식대로 할 거야. *엄마(아빠)* 방식대로 하도록 만들지는 못할걸."이라는 생각을 말없이 몸으로 시위하는 것이다.

3) 앙갚음

일부 십대 자녀는 부모와의 힘겨루기에서 이길 수 없다고 믿고서 소속감을 느낄 수 있는 방법으로 *앙갚음(revenge)*에 의존하게 된다. 앙갚음을 목표로 하는 십대 자녀는 자신이 사랑받을 수 없다고 믿기 때문에 다른 사람을 학대하거나 상처를 주어야만 가정이나 학교에서 자신의 위치를 확보할 수 있다고 생각한다.

다솜이는 엄마와 단둘이 산다. 다솜이는 진기라는 남자 친구와 데이트를 하고 싶어한다. 다솜이는 열여섯 살이고 진기는 열아홉 살이다. 엄마는 딸에 비해 진기가 너무 나이가 많다고 생각해서 데이트는 안 된다고 말하였다. 다솜이는 화가 나 펄펄 뛰었다. 그날 밤 엄마가 샤워하고 있을 때 엄마의 남자 친구로부터 전화가 왔다. 다솜이는 드디어 복수할 기회를 잡았다고 생각하고 엄마 남자 친구에게 "지금 샤워 중이에요. 다른 사람과 데이트가 있거든요. 전화 왔었다고 엄마에게 전해 드릴게요."라고 말했다.

나중에 엄마는 남자 친구에게 전화를 걸었고, 그는 다솜이가 한 말을 엄마에게 그대로 전했다. 엄마는 화가 나고 마음의 상처도 입었다. 엄마는 전화를 끊은

뒤 다솜이의 방으로 가서 "아저씨에게 그런 거짓말을 하다니 넌 참 못됐구나. 넌 외출금지야. 그리고 네 방에서 전화기를 가져가겠다. 진기와의 전화통화는 금지야. 더 이상 변명하지 마라!"라고 말했다.

십대는 앙갚음을 추구할 때에는 상처 주는 말이나 행동을 하거나 부모를 매섭게 노려보기도 하는데, 이것은 소극적인 앙갚음이다. 부모는 마음의 상처를 입고 보복하고 싶어하나 앙갚음을 추구하는 십대 자녀에게는 처벌이 더 큰 앙갚음을 추구할 빌미를 주는 셈이 되므로 이것의 결과는 '보복전'의 악순환이 될 것이 뻔하다. 또 십대 자녀와 부모 모두에게 남는 것은 분노와 마음의 상처뿐이다.

일부 십대들은 앙갚음을 추구하기 위해 무모한 모험을 감행하기도 한다. 스릴을 추구하는 것은 십대들에게는 자연스러운 현상이나 가끔 지나치게 흥분을 추구하는 경우가 있다. 이때 부모는 심한 정신적 충격과 더불어 마음의 상처를 입고 화가 난다. 또 다음에 십대 자녀가 어떤 위험한 행동을 할지 노심초사하게 된다. 부모가 충격을 받거나 걱정하

가끔 십대들은 스릴과 흥분을 추구한다.

는 반응을 보이면 십대 자녀는 더욱 스릴을 추구하는 경향을 보이게 되고 스릴 추구는 힘겨루기의 양상으로 변질될 수 있다.

4) 무능함 보이기

무능함 보이기(displaying inadequacy) 행동을 하는 십대는 4가지 행동 유형 중 가장 낙담한 상태이다. 자아존중감이 극히 약해서 자신이 아무것도 할 수 없다고 믿고 그냥 포기해 버린다. 이들은 부모(또는 자기 자신)에게 자신은 무능해서 친구 사귀기, 체중 늘리기나 줄이기, 과제물하기, 집안일 등을 못 *한다*고 시위하며 소속감 추구 방법으로 자신들에게 아무것도 기대하지 못하도록 하는 것이다. 자녀가 포기하면 부모도 포기하고 싶어진다. 만일 부모가 포기한다면 자녀에게 아무것도 기대하지 않게 되어 자녀는 목표를 달성하게 된다. 부모는 십대 자녀에게 아무것도 기대할 수 없다는 데에 '동의'한 것이다.

욕설과 거친 말은 힘 과시하기나 앙갚음을 추구하는 행동인 경우가 많다.

대부분의 청소년들은 모든 활동을 포기하지는 않는다. 주로 학업, 운동 또는 다른 활동과 같이 한 부분에서만 무력감을 경험한다. 성공할 수 없다고 느끼는 분야에서만 노력을 포기하는 것이다.

5) 동시에 여러 잘못된 행동 목표를 추구하기

십대 자녀는 한 번에 여러 가지 심리적 목표를 추구할 수 있다. 또 가정 밖에서의 행동이 부모-자녀 관계에 영향을 주는 일이 많다. 즉, 십대 자녀의 행동이 부모의 부정적인 관심을 받게 되면 본격적인 힘겨루기와 보복전이 일어날 수 있다.

- 음주 모임에 자주 가는 십대 자녀의 행동은 한편으로는 스릴을 추구하고 또래의 인정과 수용을 받으며, 또 한편으로는 앙갚음과 힘 과시하기를 추구하는 것일 수 있다.
- 폭력영화를 즐겨보는 십대 자녀의 행동은 한편으로는 또래의 수용을 받고, 또 한편으로는 힘 과시하기를 추구하는 것일 수 있다.

- 엄마가 싫어하는 친구를 선택해서 사귀는 십대 자녀의 행동은 엄마의 관심을 끌기 위해 또래의 인정과 수용을 사용하는 것일 수 있다.
- 아빠는 돈 계산도 제대로 못하는데, 수학 천재인 십대 자녀는 힘 과시하기나 앙갚음을 추구하기 위해 자신의 기술을 사용할 수 있다.
- 이성 친구의 인정을 받기 위해 성관계를 하는 십대 자녀는 한편으로는 스릴을 추구하면서, 또 한편으로는 부모가 통제하지 못하는 분야에서 힘 과시하기를 추구하는 것일 수 있다.
- 스릴을 추구하고 또래의 인정과 수용을 받기 위해 흡연을 하는 십대의 행동은 부모가 통제하려 할 때 힘 과시하기를 추구하는 행동일 수도 있다.
- 스릴을 추구하기 위해 약물을 복용하는 십대의 행동은 이를 탈출구로 사용하는 것일 수 있다. 즉, 힘든 삶의 문제들에 맞서 이겨낼 능력이 없다는 것을 시위하는 무능함 보이기일 수도 있다.
- 폭력조직이나 다른 특이한 집단에 가담하는 십대의 행동은 또래의 인정과 수용을 받고, 또 한편으로는 힘 과시하기를 추구하는 것일 수도 있다.

잘못된 행동의 심리적 목표를 논의하는 목적은 청소년들이 얼마나 '나쁜가'를 입증하기 위한 것이 아니다. 핵심은 잘못된 행동과 그에 대한 부모의 대응을 제대로 이해하기 위한 것으로 이러한 이해가 있어야만 이를 기반으로 과거의 행동 양식에서 탈피해 새로운 행동 양식을 수립할 수 있기 때문이다. 부모가 자녀의 행동에 대응하는 방식을 달리 할 때 비로소 십대 자녀에게 새로운 영향력을 미칠 수 있을 것이다.

6) 반대쪽 면 : 긍정적 신념

잘못된 행동의 심리적 목표에는 제각기 '반대쪽 면', 즉 보다 나은 행동 목표를 이끌어낼 수 있는 신념이 있다.

- **참여** : "나는 모든 일에 참여하고 싶어요. 나에게 어떻게 기여할 수 있을지 가르쳐 줘요."
- **독립심** : "나는 독립적이고 싶어요. 내가 스스로 결정하고, 그 결과에서 배울 수 있도록 해 주세요."
- **공평함** : "나는 모든 일이 공평하길 원해요. 나에게 협력할 기회를 주세요."
- **유능함** : "나는 내 스스로 생각할 시간이 필요해요. 나는 성공하고 싶어요. 내 자신에 대한 신뢰를 배우도록 도와주세요."

부모는 잘못된 행동의 4가지 목표의 반대쪽 면을 파악하고, 이 정보를 이용해서 자녀를 다음과 같은 방향으로 이끌 수 있다.

- 관심 끌기에서 참여로
- 힘 과시하기에서 독립심으로
- 앙갚음에서 공평함으로
- 무능함 보이기에서 사려 깊은 유능함으로

십대 자녀의 심리적 목표를 파악하는 관건은 부모가 느끼는 감정, 부모의 대응 방식, 자녀의 반응을 관찰하는 것이다.

십대 자녀와의 관계 개선을 위해 어떻게 해야 할까?

건전한 부모 자녀 관계는 존중을 기반으로 한다는 것을 알게 되었다. 그 밖의 3가지 요소를 들면 다음과 같다.

- 즐거운 시간 갖기
- 격려하기
- 사랑의 표현

1. 즐거운 시간 갖기

자녀가 십대에 접어들면 가족이 즐거운 시간을 함께하는 일이 점점 더 줄어들게 된다. 여기에는 여러 가지 원인이 있을 수 있는데, 부모와 자녀의 관계가 원만하지 못해서일 수도 있고 자녀가 친구들과 시간 보내는 것을 더 좋아하기 때문일 수도 있다. 가족의 모든 구성원들은 각자 나름대로 바쁘지만 십대 자녀와 함께 시간을 보내는 것은 더 중요한 일이다. 부모와 자녀가 함께 즐거운 시간을 보냄으로써 평상시 자신의 문제에만 집중하던 데서 떠나 초점을 관계 개선으로 바꾸는 계기를 만들 수 있다.

함께 즐거운 시간을 보내는 데는 많은 시간이 필요하지 않다. 어디에서부터 시작할까?

- 하루를 미소 띤 아침인사로부터 시작하여라. 부모의 미소 짓는 얼굴은 십대 자녀와 부모 자신의 하루를 밝게 해줄 것이다.
- 부모 스스로 기꺼이 자신을 농담거리로 삼아라. 부모가 자신의 문제를 유머감각을 갖고 대처할 때 십대 자녀들도 부모의 태도를 배우게 될 것이다. 부모가 자신의 실수에 대해 웃어넘길 수 있을 때 자녀들도 실수할 수도 있고 해도 괜찮다는 것을 깨닫게 된다.
- 식사를 준비하거나 찬거리를 사러 가는 시간은 서로 대화하고 얘기를 주고받거나 약간의 푼수 짓을 할 수 있는 좋은 기회이다. 버스나 차 안에서 십대 자녀에게 재미있었던 일을 얘기해 주거나 함께 세탁한 것을 개키면서 재미있는 쇼 프로그램을 보아라.
- 십대 자녀의 유머감각에 '주파수를 맞추어라' 함께 라디오를 들으면서 웃어보아라. 또 잡지에서 본 웃기는 이야기를 해줄 수도 있다.
- 즐거운 시간을 보내기 위해 *계획을 짜는 것*도 좋은 생각이다. 적어도 일주일에 한 번은 십대 자녀와 함께 시간을 보내도록 목표를 세워라. 이때에는 비디오 빌려 보기, 조깅, 영화 감상, 박물관 관람 등

의 활동이 적당할 것이다. 계획에 없었던 시간을 활용하는 것도 좋다. 단 한순간이라도 즐거운 시간을 함께 보낼 수 있다면 마음껏 즐겨라.

2. 격려하기

십대 자녀는 부모가 신뢰해 주어야만 스스로를 신뢰하게 된다.

- 십대 자녀가 자신이 능력이 있으며 사랑받고 있다고 느끼게 만들려면 부모가 많은 격려를 해 주어야 한다.
- 십대 자녀가 진심으로 협력하게 하려면 자기 자신에 대한 좋은 감정을 갖도록 해야 한다.

모든 사람은 제각기 독특한 존재이다. 십대 자녀는 여러 가지 특별하고도 뛰어난 자질을 갖고 있어 부모가 이러한 자질을 포착해서 인정해 주면 그 격려를 통해 자녀는 *용기를 얻게(encouraged)* 된다. 이처럼 작은 격려 한마디를 들을 때마다 청소년들은 조금씩 자긍심과 자신감이 쌓이게 된다.

격려란 십대 자녀의 실수에는 중점을 덜 두면서 자녀의 강점에 더 많은 중점을 두는 것을 의미한다. 부모의 격려는 십대 자녀의 노력에 초점을 맞추고 '난 너를 신뢰한다'라는 메시지를 전달한다.

3. 사랑의 표현

십대 자녀는 더 이상 어린아이는 아니지만 여전히 부모의 사랑을 받고 싶어한다. 부모는 십대 자녀에게 다음과 같은 말과 행동으로 사랑을 표현할 수 있다.

- "나는 너를 사랑해."라고 말해 준다
- 껴안아주고 등을 토닥거려 준다.
- 십대 자녀가 제일 좋아하는 것을 해 준다(예 좋아하는 요리를 만드

웃음을 잊지 마라!

유머는 긴장된 상황도 부드럽게 누그러뜨릴 수 있다. 또 십대 자녀도 부모가 재미있는 사람이라는 것을 깨닫게 될 것이다.

- 엄마는 딸에게 "그래, 맞아. 네가 설거지할 차례가 되면 나는 가능한 많은 그릇을 사용한단다. 설마 더러운 냄비 닦기가 네 취미가 아니라고는 말 않겠지?"라고 말한다.
- 웅기는 애완견 미미를 산책시키는 것을 잘 잊어버린다. 목요일에 미미는 더 이상 기다릴 수가 없어서 부엌에다 변을 보았다. 웅기는 불쾌해 하면서 그것을 치웠다. 금요일 오후 늦게 웅기는 미미를 산책시켜야 한다는 것이 기억났다. 그는 "미미, 이리 와."라고 부르면서 현관 쪽으로 달려가는데 전화가 왔다. 전화를 받은 웅기는 10분간 통화를 하고 다시 현관 쪽으로 갔는데 미미는 이미 문 옆에 쉬를 하여 물 웅덩이를 만들어놓고 기다리고 있었다. 할머니는 웅기에게 "그래도 저번보다는 나아졌네! 이번에는 미미가 거의 문간까지 갔잖아."라고 말해 준다.

십대 자녀가 언제 함께 시간을 보내고 싶어하는지는 예측하기 어렵다.

십대 자녀가 용기를 얻을 수 있는 가정 분위기를 만들어라.

는 것 등).

- 말과 행동으로 십대 자녀를 존중해 준다.
- 십대 자녀가 책임감 있고 독립적으로 성장할 수 있도록 배려한다.

본 장에서 배운 내용

Chapter 1에서는 부모 자신과 십대 자녀에 관해 다음과 같이 많은 것을 배웠다.

- 존중의 중요성에 대해 알게 되었다.
- 십대 자녀에게는 스스로 결정할 기회를 주어야 한다는 것을 배웠다.

- 십대 자녀가 어떻게 변화하고 있는지 살펴보았다.
- 십대 자녀는 소속되고 싶어한다는 것을 배웠다.
- 십대 자녀에게 존중, 격려, 사랑을 표현하는 방법을 살펴보았다.
- 부모와 십대 자녀가 함께 즐거운 시간을 보내는 것이 중요하다는 것을 알게 되었다.

이들 내용을 실천함으로써 부모는 부모 역할에 대한 도전을 달성하기 위한 중요한 첫걸음을 시작한 것이다.

금주의 할 일

십대 자녀의 행동과 그 행동에 대한 부모의 반응을 관찰한다. 자녀의 목표가 무엇인지 파악하고 스스로에게 다음의 질문을 한다.

1. 십대 자녀가 어떠한 행동을 했는가?
2. 그 행동에 대해 나는 어떤 감정을 느꼈는가?
3. 나는 어떻게 대응하였는가?
4. 그때 십대 자녀는 어떠한 반응을 보였는가?
5. 잘못된 행동의 심리적 목표는 무엇이라고 생각하는가?
6. 자녀가 보다 긍정적인 목표를 세우도록 내가 격려할 수 있는 한 가지 방법을 생각해 본다.

격려 STEP

나는 십대 자녀의 부모라는 사실을 어떻게 느끼는가? 지금 현재 나의 느낌을 생각해 보자.

- 만일 내가 좋다고 느낀다면 왜 그런 감정을 느끼는가? 그런 감정을 느낄 만한 어떠한 구체적인 행동을 했는가?
- 어떻게 하면 나의 좋은 감정을 계속 유지할 수 있을까?

부모 역할과 관련하여 오늘 격려가 되었던 행동을 적어도 한 가지 이상 생각해 보아라.

- 그 행동이 왜 격려가 되었는가?
- 어떻게 하면 그 행동을 더 많이 할 수 있을까?

격려에 관하여는 Chapter 3에서 보다 상세하게 다루겠다. 부모가 격려를 습관화할 수 있도록 본 책의 각 장에는 '격려 단계'를 삽입하였다. 또한 부모도 격려가 필요하기 때문에 본 책 전체를 통해 부모 자신에게 초점을 맞춘 활동도 제시되어 있다.

자신을 위해 이렇게 해 봅시다

스트레스 완화법

가족을 위해 이렇게 해 봅시다

다음은 시간이 별로 걸리지 않는 활동들이다. 식사 시간과 같이 가족이 함께 있을 때 해 보자.

- 그날 일어났던 일 중 즐거운 일에 관해 돌아가며 얘기한다.
- 처음에는 부모가 그날 있었던 일로 대화를 시작하거나 자녀들 중 한 명에게 요청할 수 있다. "오늘 네게 어떤 좋은 일이 있었니? 그것에 대해 우리에게 이야기해 주겠니?"
- 자녀가 좋은 일이 없었다고 얘기하면 "남을 위해 어떤 좋은 일을 했니?"라고 물어본다.

이러한 가족 간의 대화 시간을 될 수 있는 한 자주 가진다.

십대 자녀와의 문제를 해결하는 것은 힘든 일이기 때문에 부모는 많은 스트레스를 느낄 수 있다. *스트레스(Stress)*는 불쾌한 사건에 대한 반응으로 나타난다. 이 반응은 두통, 고혈압, 심장 박동의 증가와 같은 신체적 증상이나 걱정, 불면증과 같은 정서적 증상으로 나타날 수 있다. 스트레스가 심하면 비명이라도 지르고 싶어진다.

그러나 우리는 이러한 대응 방식이 스스로에게 좋지 않다는 것을 이미 알고 있다. 그렇다면 스트레스에 어떻게 대처해야 할까? 다음은 스트레스 해소에 이용할 수 있는 방법들이다.

1. **심호흡을 하여라** : 15초 동안 심호흡을 한다. 억지로 심호흡을 하지 말고 자신에게 맞는 속도로 심호흡을 한다. 숨을 들이쉬면서 '진정(calm)', 내쉬면서 '하자(down)'를 나직하게 말한다. '진정… 하자……'
2. **자신과 대화하여라** : '진정하자', '무리하지 말자', '넌 괜찮아' 또는 '곧 괜찮아질 거야'와 같은 간단하고 낙관적인 말을 자신에게 들려준다.
3. **미리 대비하여라** : 어떤 상황이 스트레스를 유발할 것 같으면 미리 대처하여라. 그 상황을 직면하기 전에 심호흡을 몇 번 하고 자신에게 용기를 주는 혼잣말을 해 준다.
4. **새로운 시각으로 보아라** : 어떤 힘든 상황을 극복할 수 없는 것으로 보지 말고 도전적으로 생각하여라. 내 자신을 강하게 만들어 줄 새로운 기회로 받아들여라.
5. **스스로를 격려하여라** : 자신을 있는 그대로 받아들이자. 매일 시

간을 내어 자신의 장점을 생각해 본다. 스스로에게 '난 능력이 있어', '난 가치가 있어'와 '난 스스로 결정할 수 있어' 등의 격려를 해준다.

6. **스트레스 일지를 써라** : 스트레스를 유발한 상황과 스트레스 완화를 위해 자신이 어떠한 행동을 했는지 기록하고 자신이 얼마나 잘 대처했는지 평가한다.

기억해야 할 핵심 사항

1. 부모 되기의 과업은 십대 자녀를 건강하고 자신감, 협동심, 책임감 있는 사람으로 키우는 데 있다.
2. 부모는 십대 자녀를 변화시킬 수 없다. 대신 부모는 자신의 태도와 접근 방식을 변화시키고 십대 자녀와 좋은 관계를 만들어 나갈 수는 있다.
3. 십대 자녀를 존중하는 태도로 대하여라.
4. 십대 자녀에게 스스로 결정 내릴 기회를 줌으로써 자녀의 책임감과 협동심을 북돋울 수 있다.
5. 십대 자녀는 신체적, 정서적, 심리적 변화를 겪고 있다. 이러한 변화는 십대 자녀의 행동에도 영향을 미친다.
6. 누가 문제의 소유자인지를 파악하면 어떠한 경우에 십대 자녀의 문제에 개입해야 하는지를 결정할 수 있다. 문제의 소유자가 문제를 해결할 책임이 있다.
7. 누가 문제의 소유자인지 결정하기 위해 스스로에게 다음의 질문을 한다.
   - 나의 권리가 무시되고 있는가?

- 누군가 다칠 우려가 있는가?
- 누군가의 소유물에 손해를 입힐 수 있는가?
- 십대 자녀가 이 문제에 대해 책임을 질 수 없는가?

이상의 질문들에 *하나*라도 '예' 라는 답이 나온다면 이 문제는 부모 자신이 소유하거나, 또는 부모와 십대 자녀가 공동으로 소유한다.

이상의 *모든* 질문에 대해 답이 '아니오' 라면 십대 자녀가 이 문제를 소유한다.

8. 십대를 포함한 모든 아이들은 소속감을 느끼고 싶어한다. 이들은 유익한 행동과 잘못된 행동 모두를 통해 소속감을 얻으려 한다.
9. 잘못된 행동의 목표는 다음의 4가지이다.
   - 관심 끌기
   - 힘 과시하기
   - 앙갚음
   - 무능함 보이기
10. 부모는 자녀와 좋은 관계를 형성하기 위해 다음의 방법을 취할 수 있다.
   - 상호존중
   - 즐거운 시간 갖기
   - 격려하기
   - 사랑의 표현

<표 1>

잘못된 행동의 4가지 목표 인식

부모의 느낌	부모의 일반적 행동	십대의 일반적 반응	잘못된 행동 목표	목표의 '반대쪽 면'
귀찮다. 짜증난다.	재삼 상기시키기, 잔소리하기	일시적으로 중단하기, 나중에 다시 잘못된 행동하기	관심 끌기	참여
화난다. 위협적으로 느낀다.	벌주기, 맞서 싸우기, 굴복하기	잘못된 행동을 계속하기, 부모에게 반항하기, 부모의 요구에 느리게 또는 아무렇게나 하기	힘 과시하기	독립심
매우 화난다. 몹시 상처받는다.	앙갚음으로 자녀를 벌주기	잘못된 행동을 더 많이 하기, 앙갚음을 계속 시도하기	앙갚음	공평함
무력감을 느낀다. 포기하고 싶어진다.	포기하기, 자녀가 무능하다는데 동의하기	반응하지 않기, 개선의 노력을 보이지 않기	무능함 보이기	유능함

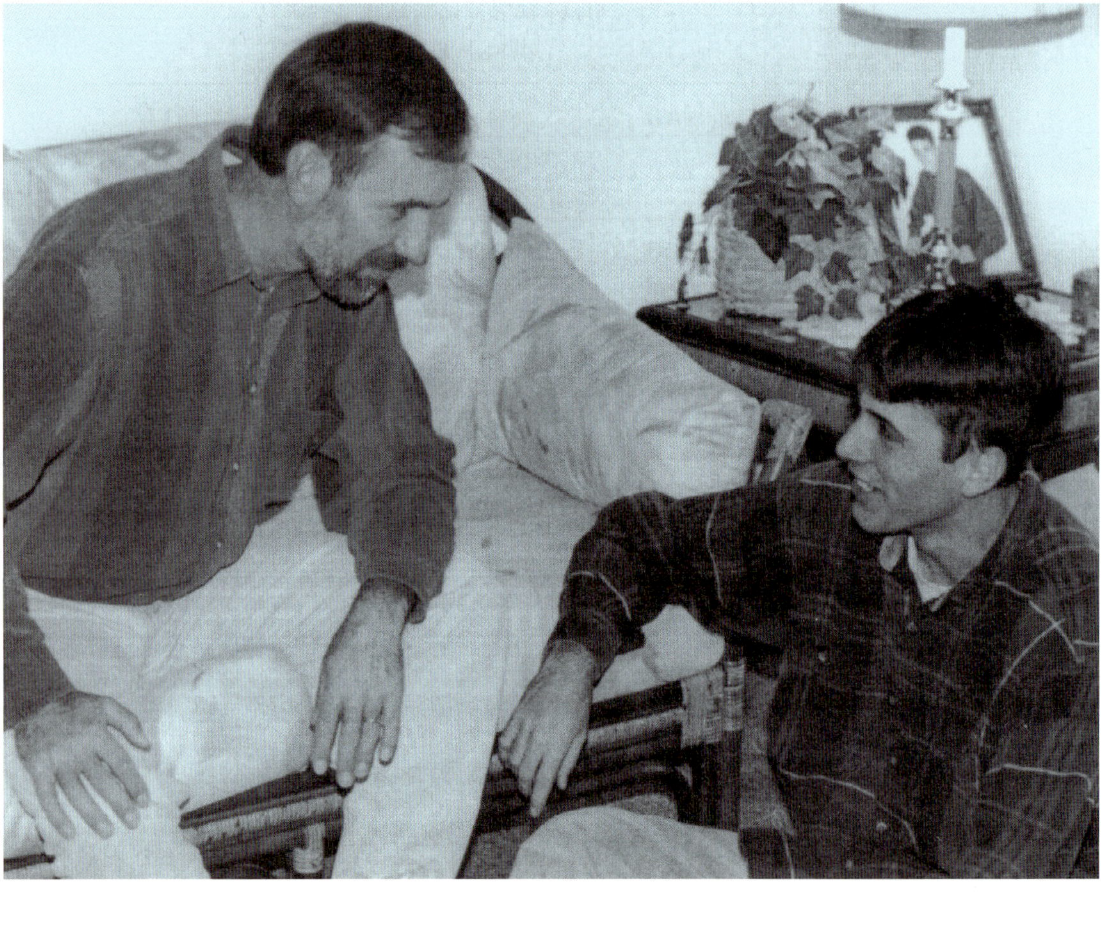

Chapter 2

십대 자녀에 대한 부모의 반응 바꾸기

우리는 십대 자녀가 소속감에 대한 욕구를 가지고 있다는 것을 배웠다. 잘못된 행동은 십대들이 소속감을 추구하기 위한 한 방법으로 이들은 잘못된 행동이 소득을 거두면 자신의 행동이 효과가 있음을 알게 된다. 어떤 소득을 거두었는가? 그렇다면 부모와의 관계에서 어떤 식으로든 부모가 반응을 보인 것이다.

본 장에서 배울 내용

- 십대 자녀는 소속되기 위한 방법에 관하여 신념을 갖고 있다.
- 십대 자녀가 느끼는 감정과 행동은 이러한 신념에서 나온다.
- 십대 자녀의 말을 경청함으로써 자녀의 생각과 감정을 이해할 수 있다.
- 십대 자녀에게 느낌에 대해 말하는 것은 자연스럽고 정상적임을 보여줄 수 있다.
- 십대 자녀에 대한 부모 자신의 반응을 변화함으로써 자녀와의 관계를 개선시킬 수 있다.

십대 자녀의 잘못된 행동에 부모는 어떻게 해야 할까?

십대는 스스로 선택해서 잘못된 행동을 한다. 그러나 이에 대한 반응(response) 방식은 부모에게 달려 있다. 십대 자녀가 기대한 대로 반응하면 자녀는 원하던 소득을 거두게 되나 부모가 기대와 다른 방법으로 대응한다면 전혀 다른 메시지를 전달할 수 있다. 다시 말해 부모는 십대 자녀가 원하는 소득을 안겨주지 않겠다는 뜻을 말과 행동으로 보여줄 수 있게 되고, 어느 정도 시간이 흐르면 자녀는 긍정적인 목표와 행동을 선택하게 될 것이다.

이 변화는 하루아침에 일어나지는 않는다. 본 책은 전체에 걸쳐 십대 자녀가 긍정적인 목표를 선택하도록 돕는 방법에 관해 다루고 있다. 가장 좋은 출발은 부모가 가진 기존의 행동 양식을 바꿈으로써 시작할 수 있다. 십대 자녀가 기대하는 부모의 대응 방식이 어떤 것인지 먼저 알아보고 그와 '*반대로 대응*' 하는 것이다. 몇 가지 예를 살펴보자.

1. 관심 끌기

금요일 아침이다. 열세 살인 보라는 주방으로 들어가 조리대 옆에 서서 엄마가 쳐다봐주길 기다렸다. 엄마는 보던 신문에서 고개를 들어 보라를 보자 짜증이 났다. 엄마는 "보라야, 넌 그런 차림으로는 학교에 갈 수 없어, 배꼽이 훤히 다 보이잖니!"라고 말했다. 보라는 "이건 영지의 옷이에요. 그애는 항상 이런 옷만 입어요. 내 생각엔 멋진데."라고 말했다. 엄마는 "당장 들어가서 갈아입어."라고 답했다. 보라는 한숨을 쉬며 "오, 알았어요."라고 대답했다.

잘못된 행동을 하는 청소년은 좌절한 상태이다.

5분 후 보라가 돌아왔을 때 엄마는 그녀를 보고는 기가 막혀 "너 그렇게 찢어진 청바지를 입고 어떻게 학교에 가니! 맙소사, 왜 넌 옷을 제대로 단정하게 입지 않니?"라고 말했다. 보라는 "알았어요, 알았어."라고 말하고는 서둘러 다시 자기 방으로 올라갔다 이번에는 깔끔한 청바지와 블라우스 차림으로 돌아왔다. 엄마는 "이제 좀 나아졌구나."라고 말했다.

보라는 시리얼을 좀 먹고 책을 가지러 자기 방으로 갔다. 보라가 다시 돌아왔을 때 엄마는 보라의 양 볼이 화장으로 붉게 칠해진 것을 보았다. 엄마는 한숨을 쉬며 "거울에 네 모습 좀 비춰봐, 볼연지가 얼마나 진한지!"라고 말하면서 화장지로 보라의 볼연지를 지웠다.

1) 보라의 목표에 대한 단서

1. 엄마는 *짜증이 난다.*
2. 엄마가 관심을 보인다 : 엄마는 보라에게 *잔소리를 하고 비판한다.*
3. 보라는 잠시 동안 *잘못된 행동을 중단했다가* 나중에 엄마의 *관심을 끌기 위해 다른 행동을 한다.*

보라의 심리적 목표는 *관심 끌기*이다.

2) 엄마는 어떻게 달리 반응할 수 있을까?

- 보라의 복장과 화장을 무시한다. 단지 "잘 잤니?"라고 말하고 다른 화제에 대해 얘기한다.
- 보라의 셔츠와 청바지가 복장 규정에 맞는지 학교에서 결정하도록 하고 개입하지 않는다. 학교의 복장 규정에 맞지 않는다 하더라도 엄마는 아무 말도 할 필요가 없다. 학교에서 입을 수 있는 복장을 찾는 것은 보라가 알아서 할 일이다.
- 보라의 복장과 화장에 관심을 보이는 대신 엄마는 보라의 긍정적인 어떤 것을 인정해 줄 수 있다. 예를 들어 "네가 이렇게 일찍 일어나서 보기 좋구나!"라고 말하든지 "오늘 학교에서 무엇을 할 거니?"라고 물을 수 있다.
- 부모는 다른 때에 딸에게 긍정적인 관심을 보여줄 필요가 있다.

2. 힘 과시하기

열여섯 살인 신수는 요즈음 새로 사귄 친구 피터와 많은 시간을 같이 보낸다. 피터는 신수네 집에 놀러오는 것을 별로 좋아하지 않는다. 내신 신수와 같이 밤에 여러 장소를 전전하길 원한다. 신수는 전보다 아빠에게 말도 잘하지 않고 거의 날마다 밤늦게 귀가한다. 아빠는 언제나 신수가 어디 있는지 알지 못하기 때문에 걱정이 된다.

어느 날 밤 신수가 외출하려는데, 아빠가 "너 지금 어디 가니?"라고 묻는다. 신수는 "밖에요! 제가 가는 곳을 일일이 아셔야 해요?"라고 말한다. 아빠는 화가 나서 "내게 그런 식으로 말하지 마! 나는 네가 누구랑 어디 가는지 알 권리가 있어."라고 말한다.

신수는 큰 소리로 "웃기지 마세요! 피터와 난 그냥 여기저기 돌아다닐 거예요. 큰일도 아닌데 뭘 야단이세요."라고 말한다. 아빠는 "난 네가 피터와 '돌아다니는' 게 마음에 안 든다. 오늘 밤에는 집에 있으면서 숙제를 해라. 네 성적을 보니 그렇게 해야 할 것 같더구나."라고 말한다.

신수는 "내 성적은 괜찮아요!"라고 말한다. 아빠는 화가 나서 "네가 공부하는 대신 피터 같은 친구랑 싸돌아다니면 성적이 떨어질 것이다."라고 말한다.

신수는 아빠를 노려보면서 "피터가 어때서요?"라고 묻는다. 아빠는 "그 아이는 너의 다른 친구들과 달라. 난 그 애를 신뢰할 수가 없다."라고 말한다. 신수는 "그런 바보같은 말이 어딨어요! 아빠는 그 애를 알지도 못하잖아요."라며 소리지른다. "만일 아빠 마음대로 제 친구를 고를 수 있다고 생각하셨다면 잘못 생각하신 거예요! 난 나가겠어요!"라고 신수는 말하고 서둘러 문을 꽝 소리 나게 닫고 나가 버린다.

잘못된 행동이란 무엇인가?

- 불손하거나 다른 사람의 권리나 안전을 무시하는 말 또는 행동
- 협력을 거부하는 행동
- 십대 자녀에게 위험을 초래하는 행동
- 불법적인 행동

1) 신수의 목표에 대한 단서

1. 아빠는 *화가 난다.*
2. 아빠는 규칙을 정함으로써 신수의 행동을 *교정*하려 시도한다.
3. 신수는 *맞서 싸우고 잘못된 행동을 계속*한다.

신수의 목표는 *힘 과시하기*이다.

아빠가 신수와 피터의 친구관계 때문에 걱정하는 것은 옳을 수도 있으나 힘겨루기를 벌이는 것은 도움이 되지 않는다. 싸움을 시작하거나 가담하는 것은 힘겨루기를 계속되게 할 뿐이다.

2) 아빠는 어떻게 달리 반응할 수 있을까?

- 아빠는 나중까지 기다렸다 둘 다 진정된 다음 다시 신수와 이 문제를 놓고 대화를 할 수 있다. 그리고 "난 피터를 부당하게 판단하고 싶지 않아. 우리가 이 문제를 함께 의논하는 게 어때?"라고 말할 수 있다.
- 다시 대화를 할 때에는 신수를 존중하는 태도로 시작할 수 있다. "피터가 우리 집에 전혀 오지 않는 게 신경이 쓰인다. 너는 피터가 우리 집에서 환영받지 못하는 걸 알고 있다고 생각하니?"

- 아빠는 명령하거나 비판하는 대신 "네가 피터와 함께 어울리기 시작한 뒤로 네가 좀 변한 것 같아 걱정스럽다."라고 말할 수 있다.
- 아빠는 신수가 *절대로* 피터와 함께 시간을 보내서는 안 된다고 금지할 수는 없다. 그러나 아빠로서 아들이 어디에 있는지 알 권리가 있다. 그리고 신수가 서로 합의된 한계를 지키거나 새로운 한계를 협상하기를 기대할 권리도 있다(Chapter 4에서 부모와 십대 자녀가 새로운 한계를 협상하는 법에 관해 자세히 다루겠다).
- 아빠는 안 된다고 말해야 할 때에는 비판이나 비난은 자제하고 평온한 어조로 말할 수 있다("네가 내게 어디에 가는지 알려줄 수 없다면 넌 외출할 수가 없다.")

신수에게는 새로운 친구를 선택하여 사귀는 것이 독립을 추구하는 방법이라는 것을 아빠는 잘 알고 있다. 아빠가 친구 문제를 힘겨루기로 변질시키지 않은 것은 현명한 행동이며 평온한 태도를 유지함으로써 신수가 스스로 친구 문제를 생각할 수 있는 길을 터놓았다. 이러한 행동은 신수의 체면을 살려주었고, 또 새로 사귄 친구의 문제가 진짜 문제로 비화되는 것을 막을 수 있었다.

만일 아빠가 첫눈에 피터의 복장이나 행동이 마음에 들지 않는다고 결정해 버린다면 피터는 그 감정을 눈치 챌 것이며 피터는 신수의 집에 오는 것을 꺼리게 될 것이다. 또 아빠가 유념해야 할 사실은 모든 청소년들은 성장과정에 있고 변화할 수 있다는 것이다. 신수 아빠는 피터에게도 많은 긍정적인 자질이 있다는 것을 발견할 수도 있다.

물론 아빠의 노력에도 불구하고 신수가 여전히 협력하기를 거부한다면 아빠는 한계를 정하고 신수가 그 결과를 경험하게 해야 할 것이다. 십대 자녀에게 한계를 정하고 그 결과를 경험하게 하는 방법은 Chapter 5에서 다루기로 한다.

3. 앙갚음

홍식이는 열네 살이다. 요즘 홍식이와 엄마 간에는 크고 작은 다툼이 끊이지 않는다.

엄마는 최근 안뜰에 울타리를 만들었다. 엄마는 그 일을 하는 데 힘이 들었다. 이제 홍식이에게 페인트칠을 해달라고 말했다. 홍식이는 그 일을 원치 않았기에 "우리 집에 무슨 울타리가 필요해요?"라고 말했다. 엄마는 몹시 화가 나서 "페인트칠 안 하려면 오늘 밤 외출은 금지다."라고 말했다.

그날 밤 홍식이가 모임에 갈 채비를 갖추고 나가려 하자 엄마는 문간을 가로막고 "오늘 밤의 외출은 안 된다. 네가 못 가도록 여기서 지키고 있을 거야!"라고 말했다. 홍식이는 엄마에게 욕설을 하며 "난 엄마가 싫어!"라고 소리치고는 자기 방으로 달려가 문을 꽝하고 닫는다.

그리고서 엄마는 잠자리에 들었고 아침에 일어나 홍식이가 안뜰 바닥에 페인트를 뿌려놓아 온통 페인트 천지로 만들어 놓은 것을 보았다. 그러나 울타리에만은 페인트가 단 한 방울도 묻어 있지 않았다. 엄마는 마음의 상처를 입었고 화가 났다.

1) 홍식이의 목표에 대한 단서

1. 엄마는 *마음의 상처*를 입고 *극도로 화*가 난다.
2. 엄마는 홍식이가 모임에 가지 못하게 함으로써 *앙갚음*하려 한다.
3. 홍식이는 안뜰을 망쳐놓음으로써 엄마에게 *다시 상처를 입힌다.*

홍식이의 목표는 *앙갚음*이다.

2) 엄마는 어떻게 달리 반응할 수 있을까?

- 엄마는 마음의 상처를 받지 않고 그리고 상처 줄 수 있는 어떤 말도 하지 않는다.
- 엄마는 아들에게 앙갚음을 하지 않는다.
- 엄마는 둘 다 진정된 후 홍식이에게 말할 수 있다 "얘야, 우리에겐 문제가 있구나, 난 네 도움과 협력이 필요하다. 그런데 지금 너는

나에게 매우 화가 난 것처럼 보이는구나. 왜 그런지 설명해 주렴."

앙갚음은 힘겨루기가 실패했을 때 일어나는 경우가 많다. 홍식이는 울타리에 페인트칠을 하지 않았고 친구들 모임에 가려 했던 자신의 시도가 실패로 돌아갔기 때문에 앙갚음을 추구했다. 앙갚음의 악순환을 끊는 데는 시간이 걸리지만 엄마가 싸우기를 거부한다면 홍식이는 보복전을 할 수 없다. 이것은 엄마와 아들 모두에게 마음을 가라앉히고 생각할 기회를 주게 된다. 또한 엄마는 홍식이와의 관계에서 신뢰와 존중 쌓기 방법을 찾을 필요가 있다.

4. 무능함 보이기

부모의 반응을 변화시키기란 십대 자녀가 기대했던 것과 정반대로 행동하는 것을 의미한다.

솔비는 열다섯 살이다. 솔비는 전학 온 후 생물과목에 대해 어려움을 겪고 있다. 아빠는 "솔비야, 너에게 무엇이 문제니? 전에 다니던 학교에서는 생물을 곧잘 했잖니?"라고 말한다. 솔비는 "이 학교에서는 생물이 전에 배웠던 것보다 훨씬 어려워요. 아빠는 생물과목이 얼마나 어려운지 상상도 못하실 거예요. 제발 오늘 제가 결석하게 허락해 주세요. 오늘 중요한 시험이 있는데, 아마 전 낙제점을 받을 거예요."라고 말하고 울기 시작한다.

아빠는 어쩌면 좋을지 난감하였다. 아빠도 솔비처럼 그녀가 생물시험을 잘 볼 수 없을 거라고 생각한다. 아빠는 딸에게 "그럼 오늘은 결석해도 될 것 같구나. 내가 학교에 전화할게. 아마 선생님이 너를 좀 더 쉬운 반으로 옮겨줄 수 있을 거야."라고 말한다.

1) 솔비의 목표에 대한 단서

1. 아빠는 *절망감*을 느낀다. 아빠는 솔비가 생물을 잘할 수 있다는 생각을 *포기하고 싶어진다.*
2. 아빠는 *포기한다*. 아빠는 솔비에게 생물이 너무 어렵다는데 동의한다고 말한다.
3. 솔비는 아빠에게서 실패해도 좋다는 허락을 받았다. 솔비의 생물

실력은 결코 *나아지지 않*을 것이다.

솔비는 "난 못해요."라고 말하고 아빠는 이에 동의했다. 솔비의 목표는 *무능함 보이기*이다.

2) 아빠는 어떻게 달리 반응할 수 있을까?

- 솔비에 대해 포기하기를 거부한다. "난 네가 학교 공부를 잘 해낼 능력이 있다는 걸 알아. 다만 약간의 도움이 필요할 뿐이야. 학교에 전화해서 상담 선생님께 도움을 부탁하도록 하자. 어쩌면 다른 학생이 네 생물 공부를 도와줄 수도 있을 거야."라고 말한다.
- 솔비를 동정하지 않도록 유의한다. 아빠가 자신을 동정한다고 생각하면 솔비도 자기 연민에 빠지게 될 것이다.
- 솔비가 학교 공부를 할 때 격려한다. 사소한 것이라도 노력과 개선된 점이 있다면 찾아 인정해 준다. "아하! 네가 그 법칙을 이해했구나!" 또는 "난 네가 계속 노력하기만 하면 잘할 수 있다는 걸 알아."라고 말해 준다.

가끔 십대 자녀가 무능함 보이기가 아니라 관심 끌기나 힘 과시하기를 추구하기 위해 "난 못해요."라고 말하는 경우가 있다. 부모는 이를 어떻게 구별할 수 있을까? 무능함 보이기 행동을 하는 십대 자녀는 포기하고 자신을 내버려 두거나 그 과업에서 면제되기를 바란다. 이때에는 부모 자신이 느끼는 감정을 잣대로 사용해 보아라. 짜증이나 화가 나는가? 그렇다면 십대 자녀의 목표는 관심 끌기나 힘 과시하기일 가능성이 높다. 절망감을 느끼고 포기하고 싶은가? 그렇다면 아마도 십대 자녀의 목표는 무능함 보이기일 것이다.

포기하는 십대 자녀는 *극도로 낙담한* 상태인데, 이러한 십대 자녀에 대해서는 많은 지원과 격려를 하는 것이 무엇보다 중요하다. 십대 자녀를 격려하는 법에 관하여는 Chapter 3에서 보다 자세히 다루겠다.

무능함 보이기는 심각한 우울증과는 다르다.
(청소년의 우울증과 자살에 관하여는 Chapter 6을 참조하여라.)

부모는 십대 자녀가 기대한 대로 반응함으로써 잘못된 행동을 강화하는 경우가 많은데, 이러한 과오를 피하기 위해 충동적으로 행동하지 않도록 결심해야 한다. 부모는 스스로에게 "어떻게 하면 최선의 대응이 될까?"라는 질문을 던지고 행동으로 옮기기 전에 *잠시 멈추고 한발짝 뒤로 물러서서 생각하여라(stop, step back, and think)*. 부모는 힘이 들더라도 십대 자녀가 잘못된 행동을 할 때에는 자신의 대응 방식뿐 아니라 감정도 바꾸어야 한다는 것을 알아야 하며 짜증, 분노, 상심 또는 낙담과 같은 정서는 버려야 한다. 이러한 정서는 단지 십대 자녀의 잘못된 행동을 강화시켜줄 뿐이다. 본 장 뒷쪽의 '자신을 위해 이렇게 해 봅시다'는 부모의 정서 바꾸는 법을 배우는 데 도움이 될 것이다.

십대 자녀는 왜 좌절하게 되는가?

우리는 십대 자녀가 잘못된 행동을 하는 것은 낙담하였기 때문이라는 것을 알게 되었다. 그렇다면 왜 낙담하게 되는가? 십대 자녀는 소속감을 얻지 못할 때 낙담한다. 소속욕구 저변에는 어떠한 행동을 해야 소속될 수 있는지에 대한 *신념(beliefs)*이 깔려 있다. 그 가운데 잘못된 행동으로 이끄는 신념을 '그릇된 신념(faulty beliefs)'이라 한다.

1. 십대 자녀의 그릇된 신념

- 관심 끌기 : "내가 소속되려면 아빠나 엄마가 곤란하게 되더라도 관심을 끌어야 해."

- **힘 과시하기** : "소속되려면 싸움을 해서라도 내가 대장이 되어야 해. 엄마나 아빠가 나와 싸우게 만들면 나는 힘이 있는 거야."
- **앙갚음** : "나는 사랑받을 수 없어. 내가 소속되려면 다른 사람에게 상처를 입혀야만 해. 아빠나 엄마도 나처럼 상처받기를 원해."
- **무능함 보이기** : "소속되려면 엄마나 아빠에게 내가 무능하다는 것을 확신시켜야 해. 사실 내가 뭔가 *시도*하다 실패하면 나는 소속되지 *못해*. 차라리 아무것도 시도하지 않는 것이 나아."

부모는 Chapter 1에서 각각의 그릇된 신념에는 반대쪽 면, 즉 보다 개선된 행동 목표로 이끌 수 있는 긍정적인 신념이 있다는 것을 배웠다. 부모는 십대 자녀가 긍정적인 목표를 추구하도록 격려하고 싶고, 또 자녀가 모든 긍정적인 신념을 발달해 가도록 돕고 싶다. 이를 구체적으로 나타내면 다음과 같다.

- 관심 끌기에서 참여로
- 힘 과시하기에서 독립심으로
- 앙갚음에서 공평함으로
- 무능함 보이기에서 사려 깊은 유능함으로

모든 잘못된 행동에는 '반대쪽 면'이 있다.

신념은 어디에서 나오는가?

우리의 기본적인 신념은 아주 어린 시절에 형성된다. 이 신념들은 우리가 아주 어릴 적 가정에서 겪는 경험들을 어떤 시각으로 보느냐에 의해 형성된다. 우리의 신념은 항상 논리적으로 설명될 수 있는 것은 아니지만 우리는 그 신념을 옳다고 확신한다. '좋은 행동을 해서 소속될 거야'라는 신념은 많은 긍정적인 행동을 낳을 것이다. 그러나 우리가 선택한 행동이 원하는 결과를 가져오지 못한다면 우리의 신념은 우리에게 문제를 야기시킬 수 있다. 어린 시절의 신념 중 상당수가 어른이 된 후에도 지속되고, 그 가운데는 우리 자신은 의식하지도 못하는 신념도 있어 가끔 이러한 무의식적이고 비합리적인 신념들이 문제를 야기한다.

우리의 신념과 마찬가지로 청소년의 신념도 아주 어린 시절의 경험을 어떤 시각으로 보느냐에 따라 형성된다. 우리는 이미 부모의 유형에 따라 자녀의 신념이 형성될 수 있음을 배웠으며, 그 외에도 신념은 다음의 3가지를 보는 십대의 관점에 의해서도 형성된다.

- 가족이 중요하게 생각하는 가치
- 십대 자녀의 가족 내 위치
- 부모의 말과 행동

신념에 대해 생각해 보기

십대 자녀의 긍정적인 행동에 주목한다. 이 긍정적인 행동 이면에 깔린 신념에 관해 생각해 본다.

또 자녀의 잘못된 행동에 주목한다. 그 이면의 신념에 관해 생각해 본 다음 그 그릇된 신념에서 '반대쪽 면'을 이끌어낼 방법을 생각해 본다.

1. 가족이 중요하게 생각하는 가치

모든 가족은 자체의 독특한 무드 또는 색깔을 가지고 있으며, 이를 *가족의 분위기(family atmosphere)*라 한다. 또한 모든 가족의 성인 구성원들도 나름대로 가치관을 가지고 있다. 가족 전체의 분위기와 성인 구성원들의 가치관이 어우러진 가운데 자녀는 그 가족에게 중요한 가치가 무엇인지를 은연중에 받아들이게 된다.

자녀는 가족 분위기를 주의 깊게 관찰하고 관찰을 통해 부모에게 예를 들어 교육, 종교, 스포츠 또는 미술이 중요하다는 것을 알아차리게 되는데, 그것은 부모가 자녀 앞에서 이러한 활동을 즐기거나 자녀에게 이것들을 가르치기 때문이다.

어떤 가치는 말로 가르치지 않아도 십대 자녀의 눈에 명백하게 드러난다.

- 부모가 어떤 문제를 놓고 함께 의논하는 모습을 본 십대 자녀는 협력의 가치를 배우게 된다.
- 부모가 자주 시끄럽게 다투는 모습을 본 십대 자녀는 싸움이 가치 있다고 여기게 된다.
- 부모가 타협하지 않는 모습을 본 십대 자녀는 자신의 방식만 우기는 것이 가치 있다고 생각하게 된다.

부모와 함께 살고 있는 십대 자녀를 위해서 가족의 가치관은 부모 모두에게 중요하다. 심지어 부부 사이에 그 가치관이 서로 일치하지 않을 때조차도 가치관은 중요하게 생각된다.

조부모나 다른 어른이 자녀 교육을 도와주는 경우에는 그 어른의 가치관도 가족의 분위기에 포함되게 된다. 또 어떤 경우에는 동일한 가치에 대해 가족 중 성인들 간에 의견 차이가 있거나 서로 다른 가치관을 갖기도 한다.

호수와 호영이는 열일곱 살 된 쌍둥이이다. 이들은 엄마, 할아버지와 함께 산다. 할아버지는 맥주와 위스키를 즐겨 마시지만 엄마는 종교적인 이유로 술을 마시지 않는다. 엄마 자신이 술을 한 방울도 마시지 않을 뿐더러 자녀들도 마시지 못하게 한다. 엄마는 할아버지에게 집에서는 술을 드시지 말라고 부탁한다. 그러자 엄마와 할아버지는 언쟁이 벌어진다. 할아버지는 엄마의 종교를 비웃으며 호수와 호영이에게 종교 규칙은 어리석기 짝이 없다고 말한다. 호영이는 할아버지의 말이 옳다고 생각한다. 그러나 호수는 그 반대이다. 그는 할아버지가 종교에 대해 험담을 늘어놓지 않았으면 하고 바란다.

이 가족은 엄마가 믿는 종교에서 가르치는 규칙을 놓고 어른들 간에 의견의 차이가 있다. 명백한 사실은 이 가족에게 종교와 음주 문제는 중요하다는 것이다. 호수와 호영이는 이 문제들에 대해 각각 나름대로 자신의 태도를 선택한다.

가족이 변화하게 되면 가족의 분위기에도 영향을 미친다.

- 한부모가족이 재혼하면 새아빠 또는 새엄마가 새로운 가족의 가치를 유입하기 때문에 가족의 분위기가 바뀌게 된다.
- 부모가 별거하거나 이혼하면 자녀들은 그 가족이 소중히 여기는 가치관에 대해 더욱 강렬한 반응을 보인다. 부모들끼리 서로 일치하지 않는 가치에 대해서는 이런 경향이 더욱 심해진다.
- 한부모가 새로운 관계를 찾거나 재혼하면 자녀는 서로 다른 분위기를 가진 두 가족의 구성원이 될 수 있다.

이때 바뀐 가족의 분위기에 따라 십대 자녀가 중요하게 여기는 가치를 비판하거나 변화시키려는 시도는 도움이 되지 못하므로 십대 자녀는 각각 하나의 인격체로 수용되어야 한다. 그러나 많은 부모들에게는 이것이 하나의 도전이 될 수 있다.

모든 십대 자녀는 가족의 중요한 가치에 대해 수용 또는 거부한다.

엄마는 최근 김상수라는 남자와 재혼했다. 김상수에게는 재민이라는 아들이 있다. 아빠의 아들 재민이와 엄마의 아들 인기는 동갑인 열여섯 살이다. 재민이는 친엄마네 집에 있을 때에는 정해진 귀가 시간이 없다. 재민이의 친엄마는 귀가 시간을 정하지 않아도 아무런 문제가 없다고 생각한다. 재민이는 아빠네 집에서도 귀가 시간을 자유롭게 해달라고 한다. 이제는 인기까지 자기도 귀가 시간을 없애야 한다고 생각한다.

이 가족에게는 이것이 문제가 된다. 그러나 두 사람은 재민이에게 가혹한 어떤 말도 하지는 않는다. 또 인기에게 재민이나 그의 친엄마가 '잘못'이라고 말하지도 않는다. 대신 두 사람은 재민이와 인기에게 "이 집에서는 자정까지 귀가해야 해. 그게 우리 집 규칙이야."라고 말한다.

만일 두 소년이 협력하기를 거절하면 어떻게 해야 할까? 여러 방법이 있을 수 있다. 재민이의 친엄마에게 연락해서 어른 세 사람이 함께 이 문제를 논의할 수 있다. 이때 부부는 이 문제에 대해 공동보조를 취해야 한다. 두 사람은 재민이나 인기에게 재민이 엄마의 험담을 하지 않아야 하며, 또 재민이가 새로운 가족과 협력하며 참여하고 싶은 마음이 들도록 방법을 찾는 노력을 기울여야 한다.

십대 자녀가 협력하도록 격려하는 방법은 Chapter 4에서 더 자세히 다루기로 한다. 각 장 마지막 부분의 '가족을 위해 이렇게 해 봅시다' 도 도움이 될 것이다. 여기에서는 부모의 가치관이 십대 자녀의 가치관에 어떠한 영향을 미치는지 살펴보기로 한다.

2. 십대 자녀의 가족 내 위치

십대 자녀의 신념에 큰 영향을 미치는 또 다른 중요한 요소는 출생순위이다. 십대 자녀의 출생순위는 이들의 가족 내 '위치' 와 자신을 보는 시각에 영향을 미치며 십대 자녀가 중요하게 생각하는 가치에도 영향을 미친다. 그뿐 아니라 출생순위는 십대 자녀가 생각하고 행동하는 방식에도 영향을 미친다. 십대 자녀는 외동일 수도 있고 맏이, 둘째, 가운데 또는 그 가족의 '아기' 인 막내일 수도 있다.

1) 외동 아이

외동 아이는 부모의 관심을 독차지한다. 이것이 외동 아이에게 어떤 영향을 미칠까? 외동 아이는 다른 아이들과 어울리는데 어려움을 느낄 수 있다. 많은 외동 아이들이 혼자 또는 부모나 부모의 친구들과 주로 시간을 보낸다. 그 결과 실제로 조숙하거나 적어도 겉으로는 조숙해 보이는 경향이 있으며, 또 창의성이 뛰어날 수도 있다.

2) 맏이

맏이는 한때 외동이었으나 동생이 태어나면서 모든 관심을 빼앗겼던 아픈 경험이 있다. 대개 맏이는 대장 노릇하기를 좋아한다. 맏이는 자라면서 지도력과 협동심을 배우는 경우가 많고, 또 동생을 돌보면서 책임감을 배울 가능성이 높다.

3) 둘째 아이

둘째는 한 번도 맏이처럼 부모의 관심을 독차지해 본 적이 없다. 따라서 맏이를 따라잡거나 능가하기 위해 열심히 노력하는 경향을 보인다. 가끔 둘째 아이는 맏이와 정반대로 행동하기도 한다. 예를 들어 맏이가 '착한' 아이라면 둘째는 '못된' 아이가 되기도 한다.

4) 중간 아이

형제자매의 가운데인 자녀는 자신이 형제자매 사이에 끼여 주목을 받지 못하는 존재라고 느낄 때가 많다. 중간에 낀 자녀는 외동 아이나 맏이만큼 자신감을 갖지 못하는 경향이 있으며, 이들은 매사 공평한 것을 좋아한다. 또 모든 부류의 사람들과 원만하게 지내는 법을 배울 가능성이 높지만 때로는 관심을 끌기 위해 잘못된 행동을 하는 '문제아'가 될 수도 있다.

5) 막내

막내는 다른 형제자매만큼 노력할 필요가 없기에 까다롭거나, 남 시키는 것을 좋아하거나 또는 귀엽고 정이 많을 수도 있다. 막내는 이 같은 자신의 매력을 이용하여 다른 사람의 도움을 얻어내는 경우도 있을 수 있다. 어떤 막내는 손위 형제나 자매가 다 할 수 있는 것을 자신은 못하기 때문에 포기를 잘하는 경향이 있는 반면, 어떤 막내는 그들의 손위 형제자매만큼 잘하기 위해 열심히 노력하는 특성을 갖기도 한다.

부모 자신의 가치관에 관해 생각해 보기

내가 십대였을 때 우리 가족 어른들에게 다음의 가치관은 중요한 것이었는가 : 종교, 교육, 일, 돈, 그 외에 다른 가치관들

- 나는 어떠한 가치를 받아들였는가?
- 나는 어떠한 가치를 거부했는가?

나는 자녀에게 어떠한 가치를 전수해 주고 있다고 생각하는가? 내가 자녀에게 전수해 주고 싶은 가치는 무엇인가?

6) 십대 자녀가 보는 시각

십대 자녀의 가족 내 위치는 언뜻 출생순위에 따른 것 같지만 사실은 그보다 조금 더 복잡하다. 십대 자녀의 가족 내 위치는 자신의 위치를 어떤 *시각으로 보느냐*가 기준이 된다.

열일곱 살인 소은이와 열다섯 살인 소영이는 자매지간이다. 소은이는 어렸을 때 병약했기 때문에 부모의 많은 관심과 도움을 받았으나 소영이는 어렸을 때 튼튼하고 강했다. 그래서 소영이가 맏이 역할을 하고 소은이는 '아기' 역할을 했다. 성장한 지금도 이러한 경향은 마찬가지다. 소영이는 책임감이 강하나 소은이는 나약하고 의존적이며 쉽게 포기하고 자신만 보호하고 대접해 주길 바란다.

부모 자신의 어린 시절 가족 내 위치를 생각하기

- 내가 어렸을 때를 생각해 본다. 실제 출생순위는 맏이였는가? 둘째였는가? 막내였는가?
- 내 자신이 느낀 위치는 어떠했는지 생각해 본다. 지도자였는가? 대장 노릇을 하려고 했는가? 아기였는가? 아니면 형제자매 가운데 낀 존재라고 느꼈는가?
- 어린 시절 나의 위치가 현재의 나에게 어떠한 영향을 미쳤는가?

7) 가족 내 위치는 변화한다

새로운 아기가 태어나면 자녀들의 가족 내 위치는 변하게 되고, 또 이혼이나 재혼으로 새로운 가족이 생기면 각 가족 내에서 자녀의 위치도 바뀌게 된다. 가족이 변화함에 따라 십대 자녀가 가족 내에서 어떻게 중요한 인물이 될 것인지에 관한 관점도 변한다.

각각 두 명의 자녀를 둔 두 사람이 재혼해서 새로운 가족을 만들었다면 두 명의 맏이가 생길 수 있다. 이 둘은 새로운 가족 내에서 '맏이'의 위치를 차지하기 위해 경쟁할 수 있다.

가끔 자녀들은 가족 내 자신의 위치를 지키기 위해 경쟁하기도 한다. 예를 들어 맏이는 '외동' 아이의 위치를 지키기 위해 노력할 수도 있는데, 이러한 경쟁은 자녀의 신념과 행동에 큰 영향을 미친다. 자녀끼리 경쟁할 때는 한 자녀가 그 경쟁에서 이기면 다른 자녀는 낙심하게 되거나 자신이 실패자라고 생각하게 된다.

형제자매 간의 나이 터울이 5~6살이 넘으면 두 '쌍'의 가족 내 위치가 생겨날 수도 있다.

어떤 부부가 열일곱 살, 열다섯 살, 열 살, 여덟 살인 네 명의 자녀를 두었다고 하자. 이때 열일곱 살 자녀와 열 살 자녀는 둘 다 자신이 맏이인 것처럼 느낄 수 있다. 또 열다섯 살 난 자녀와 여덟 살 난 자녀는 막내처럼 생각하고 행동할 수 있다.

가족 내 위치에 따른 장점

위치	신념	장점
외동 아이	"난 관심을 독차지해야 해."	독립적이고 창의적이다.
맏이	"난 대장이 되어야 해."	책임감과 협동심이 있다.
둘째	"난 경쟁해야 해."	노력한다.
중간	"난 중간에 끼인 존재야."	공정하다.
막내	"난 남에게 의존해야 해."	귀엽고, 자기 뜻대로 할 수 있다.

3. 부모의 말과 행동

자녀는 부모의 말과 행동을 보고 배우며, 이것은 십대에 접어들어서도 마찬가지이다. 부모의 말과 행동은 십대 자녀에게 부모가 중요하게 여기는 가치가 무엇인지 여실히 보여준다.

1) 가치관에 관해 말하여라

십대 자녀는 가정의 안과 밖에서 새로운 아이디어나 가치관을 실험하고자 한다. 부모는 중요한 어떤 가치관이 있다면 이를 자녀에게 명확히게 밝히고 공유해야 한다. 예를 들어 부모는 다음과 같이 말할 수 있다.

- "우리는 서로에게 정직해야 해. 그렇지 않으면 넌 날 믿을 수 없게 되고 나도 널 믿을 수 없게 된단다."
- "나는 우리 집에서는 서로 존중해 주길 바란다. 욕설은 존중하는 대화법이 아니야."

2) 자녀에게 바라는 행동을 부모 자신이 먼저 행동으로 보여줘라

십대 자녀는 부모의 말보다 행동에서 훨씬 많은 것을 배운다. 자녀는 부모의 행동, 태도, 부모 자신을 위한 노력 등을 주시한다. 그리고서 그 가운데 자신들이 가치 있다고 믿거나 원하는 특성을 스스로 선택한다. 이 선택의 과정은 오랜 시간에 걸쳐 진행된다.

십대 자녀에게 부모가 중요하게 여기는 가치와 이념을 명확히 밝히고 공유해라.

십대 자녀는 부모가 소중히 여기는 가치에 모두 동의하지는 않을 것이다. 십대 자녀가 나와 다른 방식으로 행동할 수도 있다는 사실을 받아들여라. 가끔은 십대 자녀가 부정적인 가치를 선택하는 것 같아 실망스러울 때도 있을 텐데, 이때에는 나의 행동에서 자녀가 어떤 가치를 배웠는지를 주의 깊게 생각해 보아라.

열다섯 살인 민영이는 새로운 아르바이트를 하게 되었다. 이제 민영이가 말하는 것이라고는 온통 자기가 얼마나 많은 돈을 버는지, 무엇을 사고 싶은지와 같은 화제뿐이다. 민영이는 옷과 CD를 사고 싶어한다. 또 상품 카탈로그를 보고 친구들과 함께 쇼핑을 하고 싶어한다. 민영이의 엄마는 민영이가 돈에만 관심이 있는 것 같아 염려스럽다. 어느 날 밤 엄마는 저녁 식사 시간 내내 가족의 화제가 돈에만 집중되었던 것을 깨닫는다. 그들은 자동차 수리, 부엌 싱크대 교체, 가족 여행하는데 드는 비용을 어떻게 조달할 것인가에 관해 얘기했다. 엄마는 당분간은 다른 화제에 초점을 두어야겠다고 결심한다.

부모는 자신이 말하는 대로 행동하는 것이 중요하다.

- 십대 자녀에게 거짓말하지 말라고 가르치려면 부모 자신도 자녀와 다른 사람들에게 진실만을 말해야 한다.
- 십대 자녀에게 예절 바르게 행동하라고 가르치려면 부모 자신도 자녀와 다른 사람들에게 예의를 지켜야 한다.

말과 행동

십대 자녀에게 전수해 주고 싶은 가치에 관해 생각해 본다.

- 자녀에게 그 가치가 진정으로 중요하다는 것을 보여주기 위해 어떤 행동을 할 수 있을까?
- 자녀에게 그 가치를 설명하기 위해 어떤 말을 할 수 있을까?

감정은 어디에서 나오는가?

십대 자녀는 자신의 *신념 체계*를 기반으로 소속되기 위한 방법을 스스로 선택한다. 또 *감정(Feelings)*도 십대 자녀의 소속되기 위한 결정에 영향을 미친다. 십대들은 가끔 심각하게 격정적인 것처럼 보일 때가 있는데, 이는 십대들이 급격한 성장과 변화를 겪는 과정에서 감정의 굴곡도 크게 나타나기 때문이다. 이 감정들은 어디서 나오는 걸까? 왜 우리는 행복하다, 화난다, 슬프다고 느끼는 걸까?

1. 감정은 신념에서 나온다

우리는 흔히 감정을 자신이 통제할 수 없는 마술적인 것으로 생각한다. 따라서 "그가 나를 화나게 만들었어!"라거나, "그 여자가 나를 화나게 해서 미치게 만들어."라고 말한다. 그러나 여기에서 생각해 봐야 할 것은 남이 아니라 우리 각자가 자신의 감정을 선택했다는 사실이다.

우리는 자신의 신념에 의거해 감정을 선택한다.

민우가 속한 농구팀이 경기에서 패배했다. 민우는 이기는 것이 가장 중요하다고 믿는다. 그는 경기에서 패배하자 세상이 끝장난 것처럼 느낀다. 반면 진석이는 노력하는 것이 중요하다고 믿는다. 그는 자기 팀이 더 강한 팀을 만났는데도 잘 싸워서 기분이 흡족하다.

하얀이와 가희는 둘 다 열심히 시험공부를 해서 '우'를 받았다. 하얀이는 자신이 최고가 되어야 한다고 믿기 때문에 '우'를 받자 크게 실망했다. 가희는 '우' 정도면 좋은 성적이라고 믿고 기분이 흐뭇하다.

2. 감정에는 목적이 있다.

어떤 청소년들은 협력함으로써 소속될 수 있다고 믿는다. 이들은 다른 사람에 대해 좋은 감정을 스스로 만들어내며 좋은 감정은 소속되려는 목표를 달성하는 데 도움이 된다.

십대들은 소속감을 추구하기 위해 잘못된 행동을 해야 한다고 믿을 때에는 부정적 감정을 만들어낸다.

한 십대 소녀는 아빠를 자신의 요구에 굴복시키기 위해 심하게 떼를 쓴다.

어떤 십대 소녀는 엄마가 안 된다고 하자 토라졌다. 엄마는 침묵의 대응 방식을 좋아하지 않기 때문에 자녀의 차가운 침묵 행위에 굴복한다.

물론 부정적인 감정이 잘못된 행동이 아닌 경우도 있다.

한 십대가 남자 친구 또는 여자 친구와 헤어졌다. 이때에는 마음의 상처를 입고 울고 싶어진다.

한 십대가 힘든 과제물을 열심히 하고 있는데, 친구가 그 위에 음료수를 쏟았다. 이때에는 화가 나거나 좌절감을 느낄 것이다.

부모는 십대 자녀가 잘못된 행동의 한 방법으로서 감정을 사용하는지 어떻게 판별할 수 있을까? 다음을 관찰해 본다.

- **부모의 감정** : 부모는 어떻게 느끼는가?
- **부모의 행동** : 부모는 어떻게 대응하였는가?
- **자녀의 반응** : 부모의 행동에 대해 십대 자녀의 반응은 어떠한가?

이상을 관찰함으로써 어떠한 행동을 취해야 할지 결정할 수 있다. 만일 십대 자녀가 잘못된 행동을 하면 그 감정을 '받아들이지' 않아야 한다.

그렇다면 십대 자녀가 잘못된 행동을 하면 항상 자녀의 감정을 무시하라는 말인가? 아니다. 대응 방식을 바꾸고 존중하는 태도를 취하겠다고 한 부모의 결심을 상기해 보아라. 가끔 십대 자녀의 잘못된 행동을 무시해야 할 때도 있지만 그보다 자주 십대 자녀에게 뭔가 도움이 되어 줄 수 있다. 십대 자녀의 말을 경청하고 감정에 귀 기울여 주어라. 또 잘못된 행동을 할 때만 제외하고 다른 때에는 항상 자녀의 감정에 대해 따뜻한 반응을 보여줄 수 있다.

가장 친한 친구를 대하듯이 십대 자녀를 대하여라.

3. 감정은 소통된다

의사소통은 인간관계의 핵심이다. 감정을 표현하는 것도 *의사소통(communicating)*의 한 방법이다.

친구에게 문제가 있거나 실수를 했을 때 그 친구는 우리에게 이 감정을 전달하는데, 그 방법은 말일 수도 있고 울음일 수도 있다. 그리면 우리는 이를 경청하고 도와주려 애쓰고, 또 우리는 친구의 감정에 대해 배려한다. 우리가 이렇게 하는 것은 친구를 존중하고 가치 있게 여기기 때문이다.

십대 자녀도 이와 같은 방식으로 대하여라. 이렇게 하면 더욱 친밀한 부모 자녀 관계를 만들어 나갈 수 있다.

부모는 십대 자녀의 모든 문제를 '해결' 해줄 수 없다. 또 자녀의 부정적인 감정을 사라지게 해줄 수도 없다. 그러면 부모가 할 수 있는 것은 무엇일까? 부모는 자녀에게 항상 관심을 두고 있으며 자녀의 감정을 수용한다는 것을 보여줄 수 있다. 부모는 수용을 보여주기 위해 어조와 표정을 사용할 수 있고 존중감을 보여줄 수 있다. 이때에는 경청이 조언보다 나은 방법이다. 조언을 하면 십대 자녀는 부모에게 의존하거나 또는 등을 돌려 버린다. 그러나 부모가 경청해 주면 십대 자녀는 스스로 생각할 수 있는 여지를 갖게 된다. 연구 결과에서도 부모가 자녀의 말에 귀 기울여 주고 정서적으로 친밀하다고 느끼는 십대 자녀들은 어른으로 성장해서 문제를 덜 겪는 것으로 나타났다.

어떻게 하면 좋은 경청자가 될 수 있을까?

우리는 화가 났을 때 친구에게 그것에 대해 말할 수 있다. 이때 친구가 내 말을 잘 들어주고 내 감정을 이해하며 수용해 주기를 바란다. 십대 자녀가 화난 때도 마찬가지이다.

1. 말 이면의 숨은 감정에 귀 기울여라

왜 십대 자녀의 느낌에 귀 기울여 주는 것이 중요한가? 우리가 경청해 주면 십대 자녀는 자신이 이해받고 있다고 느끼게 돼 쉽게 자신이 현재 어떤 감정인지를 파악하고, 그 이유를 분석해서 자녀 스스로 문제에 대한 해결책을 생각해낼 수 있도록 돕게 된다. 또 이런 과정을 통해 감정에 대해 말하는 것이 정상적이고 자연스럽다는 것을 배우게 된다.

2. 감정을 이해하기 위한 경청 방법 익히기

말 이면에 숨은 감정을 듣는다는 것은 특별한 기술이 요구된다. 이 기술은 *반영적 경청(reflective listening)*이라 한다. 반영적 경청은 자녀가 문제를 소유했을 때 도움을 준다. 반영적 경청 기술은 다음과 같이 3단계 과정으로 이루어진다.

1. 듣기 : 듣고 있다는 것을 자녀에게 몸으로 보여준다. 다른 하던 일을 모두 중단하고 십대 자녀를 정면으로 마주 쳐다본다.
2. 숨은 감정에 귀 기울이기 : 십대 자녀의 말을 들으면서 '내 자녀는 어떻게 느끼고 있는가?' 를 자문해 본다. 자녀의 감정을 구체적으로 서술하는 표현을 한 단어로 생각해 본 다음 '내 자녀가 왜 이렇게 느낄까? 무엇 때문에 이렇게 느끼게 되었을까?' 라는 질문을 스스로에게 던져 본다.
3. 반영적 경청을 사용하기 : 반영적 경청이란 부모가 생각하는 십대 자녀의 느낌과 말을 부모 자신의 언어로 바꾸어서 다시 표현하는 것이다. 부모는 자녀의 감정을 반영하는 거울이라고 가정하고 그 거울에는 자녀의 감정 '이면에 있는 이유도 반영' 된다고 생각해 본다.

반영적 경청을 위해 우선 감정에 대해서는 "네가 ~을(를) 느꼈구나."라는 표현을 사용하고 감정 이면의 이유를 분석할 때는 '~때문에' 라는 표현을 사용한다.

- "사라가 한수와 데이트를 했기 때문에, *네가* 상처받았다고 *느끼는구나.*"
- "그 경기에서 뛰지 못했기 때문에, *네가* 실망감을 *느끼는구나.*"
- "친구를 만나고 싶기 때문에, *네가* 조바심을 *느끼는구나.*"

얼마 후면, 반영적 경청 기술이 보다 자연스럽게 느껴질 것이며, 그때 부모는 자신의 말로 바꾸어 사용할 수도 있다.

- "테리가 장학금을 받아서 질투가 나니?"
- "오늘 밤 가족과 함께 있으려니까 지루한가 보구나."
- "새 일자리를 얻어서 매우 흥분했구나."

가능한 한 정확하게 자녀의 감정을 묘사하여라. '슬프다', '화나다' 또는 '반갑다' 외에도 감정을 나타내는 표현은 많다. 다음과 같이 '약간, 정말' 또는 '매우' 등의 표현을 사용하면 도움이 될 수 있다.

- "시험 성적이 어떤지 약간 걱정이 되나 보구나."
- "경기가 끝난 후 나이트클럽에 가지 말라고 말해서 매우 화가 났구나."
- "아무도 네게 관심을 안 주는 것 같아서 정말 소외감을 느끼는구나."

3. 눈으로도 감정을 찾아라

부모와 마찬가지로 십대 자녀들도 의사소통에 항상 언어적 표현만을 사용하는 것은 아니다. 그들은 어떤 때는 침묵하고 미소 지으며 얼굴을 찌푸리고 울기도 한다. 때로는 몸을 홱 돌리거나 고개를 떨어뜨리기도 한다. 귀로만 들으면 말로 표현되지 않은 감정의 의미를 찾을 수 없다. 이때에는 십대 자녀의 표정과 몸짓을 *지켜보면서* 그 이면의 감정도 찾아보아야 한다. 그런 다음 부모가 본 느낌을 말한다.

- "네 눈빛을 보니 나를 믿지 않는다고 말하는 것 같구나."
- "네 얼굴이 그렇게 밝아지는 걸 보니까 매우 행복한가 보구나."
- "너 정말 기운이 없어 보이는구나. 왜 그런지 말하고 싶니?"

십대 자녀는 자신의 느낌을 말할 때 항상 언어만 사용하는 것은 아니다.

'행복한' 느낌을 나타내는 표현

뿌듯하다	좋다	편안하다	흥분하다
감사하다	대단하다	행복하다	기쁘다
자랑스럽다	안심이다	만족하다	

'언짢은' 느낌을 나타내는 표현

분하다	지루하다	혼란스럽다	실망하다
답답하다	죄스럽다	마음이 상하다	소외되다
억울하다	비참하다	보잘것없다	

4. 빈드시 마음 깊이 새겨야 할 사항

반영적 경청은 부모와 십대 자녀에게 모두 생소한 경험일 수 있다. 처음 시작할 때는 다음의 정보를 알아두면 도움이 될 것이다.

자녀의 감정 찾기

부모들은 '좋다', '나쁘다', '언짢다'와 같은 3가지의 느낌에 관한 말을 자주 사용한다. 그러나 이 낱말들은 모든 감정을 있는 그대로 다 전달해 주지는 못한다.
위의 단어 목록을 훑어본 다음 느낌을 표현하는 다른 표현들을 생각해 보자. 가능한 한 많은 표현들을 찾아보도록 하자.

십대 자녀는 놀라서 경계하는 반응을 보일 수 있다 : 십대 자녀는 부모가 새로운 경청법을 사용하면 아마도 주목할 것이다. 그리고 이에 대해 자녀는 "그래, 잘해 보시지."하는 반응을 보이면서 피해버릴 수도 있다. 이럴 때에는 부모가 적극적으로 나가면 십대 자녀는 자신을 염탐하려 한다고 생각할 수 있으므로 감정표현을 강요하지 않아야 한다. 십대 자녀에게 대화를 강요하면 힘겨루기로 이어질 수 있다.

십대 자녀가 바로 반응을 보이지 않는다고 해서 실망하지 말자. 자녀의 느낌에 대해 잘 들어보고 다음 기회를 기다려 대화하도록 한다. 자녀가 말을 하고 싶어하면 그때 "더 말하고 싶니?"라고 물을 수 있다.

존중에 기반을 둔 가설이나 의문형을 사용하여라 : 부모는 십대 자녀가 어떻게 느끼는지 정확하게 알지 못한다.

나경이는 예정보다 30분 빠른 10시 30분에 귀가했다. 나경이는 울면서 문을 쾅하고 닫았다. 아빠는 "주영이와 무슨 일이 있었니?"라고 물었다.

나경이는 "주영이는 괜찮았어요. 적어도 시영이가 지난 여름 일에 대해 주영이에게 말하기 전까지는요. 그 애는 정말 또라이예요! 난 창피해 죽는 줄 알았어요!"라고 말했다. 아빠는 부드럽게 나경이를 바라본다. 그리고는 "넌 정말 창피했겠구나. 그 일에 대해 내게 말하고 싶니?"라고 말했다.

아빠는 나경이가 주영이와 싸웠다고 생각했지만 그 추측은 빗나갔다. 그러나 아빠의 부드러운 어조와 표정 때문에 나경이는 아빠가 자신을 생각하며 도와주고 싶어하는 것을 알 수 있다. 아빠는 울지 말라고 말하지 않았다. 또 시영이를 욕하지 말라는 말도 하지 않았다. 대신 그는 계속 반영적 경청을 사용하였다. 이러한 방식으로 아빠는 나경이에게 원한다면 자신에게 더 말할 수 있다는 것을 알려주었다.

부모 자신의 감정을 점검하여라 : 가끔 감정에 귀 기울이는 것이 한계를 넘어설 때가 있다. 이럴 땐 십대 자녀의 잘못된 행동 목표에 말려들 수도 있다. 이런 상황인 듯하면 자신이 짜증이 났는지, 화났는지, 또는 낙담하고 있는지 등 자신의 감정을 점검해 보아야 한다.

규수는 건물 벽에 몰래 스프레이로 낙서를 하다 걸려서 사회봉사 명령을 받았다. 규수는 엄마에게 노숙자 보호시설에서 의류 분류하는 일을 하러 가는 것이 싫다고 말한다. 엄마는 "넌 이 일을 좋아하지 않는구나."라고 말한다. 규수는 같이 들킨 다른 애들은 아무도 그렇게 힘든 일을 하지 않는다고 말한다. 엄마는 "너는 혼자만 그렇게 많은 일을 해야 하는 것은 불공평하다고 생각해서 화가 났구나."라고 말한다. 엄마는 규수가 안됐다고 생각해 주기를 바라는 것을 알고 있다. 엄마는 규수에게 "넌 네가 잘못한 것에 비해 지나치게 많은 일을 해야 하는 것 같아 낙심했구나. 난 네가 사회봉사를 무사히 끝낼 수 있으리란 걸 알아."라고 말하고는 더 이상 아무 말도 하지 않는다.

엄마는 규수가 동정해 주기를 바라는 것을 파악한 후 규수를 동정하지 않기로 결정했으나 존중하는 태도는 계속 유지했다. 규수는 아마 만족하지 못했겠지만 엄마가 자신을 존중한다는 것은 알 수 있다. 또 엄마는 규수를 도와주었다. 즉, 엄마는 규수에게 그러한 감정을 느끼는 것은 정상적이고 괜찮다는 사실과 기꺼이 자신의 행동에 책임을 져야 한다는 것을 깨닫게 해 주었다.

자녀에게 안 된다고 말할 때의 요령 : 가끔 십대 자녀에게 안 된다고 말해야 할 때도 있다. 이때에는 십대 자녀의 말 이면에 숨겨진 감정을 이해하고 반응을 보여줌으로써 십대 자녀는 부모가 자신의 감정에 귀를 기울여 주었다는 것을 알 것이다.

- "네가 화난 것은 알겠지만 고함 소리는 듣지 않겠다. 난 부엌에 있을 테니 그 문제에 대해 말하고 싶다면 부엌으로 오렴."
- "네가 실망했구나. 넌 내가 공평하지 못하다고 생각하겠지만 감독

할 어른도 없이 일박 여행을 보낼 수는 없어."

십대 자녀가 계속 자기주장을 하면 일단 그 자리를 떠나라. 그리고 나중에 긍정적인 관심을 보여주어라. 예를 들어 게임을 하거나 자녀가 제일 좋아하는 간식을 함께 만들자고 청할 수 있다.

부모가 이런 식으로 반응할 때 십대 자녀의 기분이 좋아지지 않을 수도 있다. 그러나 자녀는 자신이 부정적인 행동을 해서는 안 된다 하더라도 부정적인 감정을 느끼는 것 자체는 자연스럽고 아무런 문제가 없다는 것을 배우게 된다.

항상 피드백이 필요한 것은 아니다 : 십대 자녀의 말속에 항상 숨은 감정이 내포되어 있는 것은 아니다. 다음의 경우에는 반영적 경청이 필요하지 않다.

- "어이쿠! 설거지할 그릇이 산더미네!" 약간의 불평에는 굳이 피드백을 해 주지 않아도 된다.
- "자전거 수리는 월급날 이후에 하면 안 될까요?" 이 말은 직접적인 요청에 가깝다.

십대 자녀는 가끔 말하기 싫을 때나 말하고 싶을 때가 있는데, 부모가 말을 들어줄 수 없는 때가 있다. 이때에는 "네가 뭔가 걱정거리가 있어서 얘기하고 싶은가 보구나. 지금은 출근해야 하니까 나중에 얘기하면 안 될까? 7시까지는 집에 도착할 수 있어."라고 말할 수 있다.

전부를 알려고 기대하지 마라 : 십대는 가끔 대화를 나누기보다 위로받기를 원할 때가 있다. 이때에는 억지로 캐내려 하지 마라. 말없이 곁에 있어주는 것도 십대 자녀를 돕는 방법이다. 자녀가 울고 싶다거나 자신을 안아줬으면 할 때에는 따뜻하게 안아주어라. 자녀가 격한 감정을 토로하고 싶어한다면 말하지 않고 가만히 듣기만 하여라.

여유를 갖고 서두르지 마라 : 반영적 경청이 처음에는 어렵게 느껴질 수 있다. 이때에는 *왜* 반영적 경청이 도움이 되는지 되새겨본다. 반영적 경청은 부모가 십대 자녀의 말과 느낌에 귀 기울이고 이해하며 수용한다는 것을 보여주는 데 목적이 있다. 또 반영적 경청은 말하기 전에 생각할 시간을 갖고 의도하지 않았던 말을 미리 막을 수 있어 부모 자신에게도 도움이 된다.

모든 새로운 기술을 익힐 때와 마찬가지로 반영적 경청을 익히는데도 시간과 연습이 필요하다. 계속 꾸준히 노력하여라! 어느 정도 시간이 흐르면 보다 자연스럽게 느껴질 것이다. 또 반영적 경청이 십대 자녀와 보다 친밀한 관계를 맺는데 얼마나 큰 효과가 있는지 알게 될 것이다.

본 장에서 배운 내용

Chapter 2에서는 십대 자녀와 부모 자신에 대해 보다 잘 이해할 수 있게 되었고, 또 부모 역할 기술을 배우고 그 첫 단계를 연습해 보았다.

- 십대 자녀가 잘못된 행동을 하면 어떻게 대처해야 할지 생각해 보았다.
- 청소년들이 신념과 감정을 형성하는 과정에 관해 배웠다.
- 반영적 경청은 부모가 십대 자녀를 이해하고 있음을 나타내는 것이라고 배웠다. 또 십대 자녀는 자신의 감정을 말로 표현하고 생각하며 스스로 문제를 해결해 나갈 수 있는 기회를 가질 수 있다.
- 십대 자녀의 감정을 이해하기 위해서는 귀로 경청할 뿐 아니라 눈으로도 관찰해야 한다는 것을 배웠다.

격려 STEP

십대 자녀의 잘못된 행동에 대해 부모 자신의 반응을 바꾸는 것이 결코 쉬운 일은 아니다. 부모의 신념, 감정, 생각을 바꾸어야만 비로소 다른 방식으로 대처할 수 있기 때문이다. 그러나 노력하는 것이 무엇보다 중요하다. 부모의 반응이 십대 자녀의 생각, 행동, 학습 방식에 중요한 영향을 미친다는 사실을 생각하면 노력 그 자체에서 보람을 찾을 수도 있을 것이다.

또 이렇게 고려해 볼 수도 있다. 우리 자신이 비좁은 골목길을 걸어가고 있는데, 누군가 반대편에서 걸어온다고 생각해 보자. 둘 다 이대로 가면 부딪칠 수밖에 없는 상황이다. 이때 우리는 약간 옆으로 비껴줄 것이다. 십대 자녀와의 사이도 마찬가지이다. 부모는 '비켜서서' 달리 반응할 수 있다.

문제가 일어날 것 같으면 자신이 어떻게 달리 반응할 수 있을지 생각해 보아라.

가족을 위해 이렇게 해 봅시다.

십대인 자녀가 도와주거나, 협력하든지, 책임감 있는 행동을 하면 인정해 주고 '고맙다'는 표현을 한다.

- "내 옷을 빌려 입기 전에 물어봐줘서 고마웠어. 고맙다."
- "네 사촌이 악몽을 꾸었을 때 도와줘서 고마웠어."

가족 구성원 모두가 다른 사람의 도움을 받으면 그것을 인정하고 고맙다는 표현을 하도록 격려하여라.

금주의 할 일

잘못된 행동의 목표를 파악하는데 계속해서 관심을 기울인다. 십대인 자녀가 잘못된 행동을 할 때 그 목표가 무엇인지를 파악하기 위해 부모는 스스로에게 다음의 질문을 한다.

1. 내 자녀가 어떠한 행동을 했는가?
2. 그 행동에 대해 나는 어떻게 느꼈는가?
3. 나는 어떻게 대응하였는가?
4. 나의 대응 행동에 자녀는 어떠한 반응을 보였는가?
5. 그 잘못된 행동의 목표는 무엇이라고 생각하는가?
6. 자녀가 보다 긍정적인 목표를 세우도록 격려하기 위해 내가 할 수 있는 2~3가지의 방법을 생각해 본다.

십대인 자녀가 말을 걸거나, 잘못된 행동을 하든지, 방에 들어올 때 *제일 먼저* 하고 싶은 말과 행동이 무엇인지 관찰해 보아라. 아무 생각 없이 불쑥 말하지 않도록 하자. 항상 부모 자신의 감정을 잘 파악하고 자녀가 기대하는 방식으로 감정을 드러내지 않겠다고 결심하여라. 대신 자녀를 존중하면서 대화할 수 있는 방법을 생각해 보아라. 반영적 경청을 가능한 한 자주 사용하여라.

자신을 위해 이렇게 해 봅시다

부모의 혼잣말을 바꾸기

많은 부모들이 일정한 방식으로 '*혼잣말(self-talk)*'을 하는 습관이 있다. 이들은 "내 자녀는 예의 바르게 행동*해야 해.* 내 아이가 잘못된 행동을 할 때 난 *참을 수가 없어. 끔찍해!*"라고 혼잣말을 한다. 이 혼잣말을 면밀히 들여다보면 왜 우리가 화났는지 그 이유를 쉽게 발견할 수 있다.

그러나 우리는 혼잣말을 변화시킬 수 있다. 이를 위해 우리 자신의 목적, 감정, 신념을 살펴보자.

부모는 자신의 목적을 파악하기 위해 스스로에게 다음의 질문을 한다.

- 자녀에게 관심을 주고 싶은가, 아니면 자녀가 자립심을 키우도록 돕고 싶은가?
- 누가 대장인지 보여주고 싶은가, 아니면 독립적이고 책임감 있는 아이로 키우고 싶은가?
- 앙갚음을 하고 싶은가, 아니면 내가 아이를 이해한다는 것을 보여주고 싶은가?
- 내 자녀가 포기하기를 원하는가, 아니면 아이의 자신감을 키워주고 싶은가?

부모의 느낌을 파악하기 위해 스스로에게 다음의 질문을 한다.

'나는 짜증이 났는가, 화가 났는가, 마음의 상처를 입었는가, 좌절하였는가, 아니면 내 아이가 잘못된 행동을 그만두도록 돕겠다고 *결심했는가(determined)?*'

부모는 십대 자녀에게 화를 낼 필요가 없다. 부모 자신에게 다짐해 보자. 나 자신의 감정을 진정시키고 나의 반응을 변화시킬 수 있다고 스스로에게 말해 보자.

부모 자신의 신념을 파악하기 위해 스스로에게 다음의 질문을 한다.

- 지금 나 자신에게 무엇이라고 말하고 있는가?
- 그 대신 나는 어떻게 달리 말할 수 있을까?

위의 방법을 많이 연습할수록 십대 자녀의 잘못된 행동에 더 잘 대처할 수 있게 될 것이다.

기억해야 할 핵심 사항

1. 십대 자녀의 목표를 파악하기 위해 다음을 관찰한다.
   - 자녀가 잘못된 행동을 할 때 부모 자신의 느낌
   - 자녀의 잘못된 행동에 대한 부모의 대응 행동
   - 부모의 행동에 대한 자녀의 반응
2. 십대 자녀가 긍정적인 목표를 추구하도록 격려하기 위해서는 부모의 대응 방식을 변화시키는 데 노력을 집중해야 한다. 자녀가 기대하지 못한 말과 행동을 하여라.
3. 십대 자녀의 신념과 감정은 그가 소속감을 추구하기 위해 어떠한 행동을 할지 결정하는데 영향을 미친다.
4. 십대 자녀의 신념은 부모의 양육 태도 유형에서 나올 수 있다. 또 가족이 중요하게 생각하는 가치, 자신의 가족 내 위치와 부모의 말과 행동을 보는 자녀의 시각에서 나온다.
5. 감정은 신념으로부터 나온다.
6. 십대 자녀는 부모가 자신들의 느낌을 경청하고 이해해 주며 수용해 주기를 바란다.
7. 반영적 경청 기술을 사용하여 십대 자녀의 감정과 그 감정 이면의 이유를 반영한다. 부모는 우선 "네가 ~을(를) 느꼈구나."와 '~때문에' 라는 표현을 사용함으로써 시작할 수 있다.
   - "코치가 널 경기에 출전시키지 않았기 때문에, 너는 좌절감을 느꼈구나."
   - "해리에 대한 네 감정을 알 수가 없기 때문에, *네가* 혼란을 느끼는구나."

<표 2>

십대의 잘못된 행동과 부모의 대응 방법

십대 자녀의 목표가 무엇인지 결정하기 위해 기억해야 할 사항

1. 자녀가 잘못된 행동을 할 때 부모의 느낌
2. 자녀의 잘못된 행동에 대한 부모의 대응 행동
3. 부모의 행동에 대한 자녀의 반응

목표	십대의 잘못된 행동	부모의 대응 행동	긍정적인 목표와 신념을 갖도록 격려하는 방법
관심 끌기	*적극적* : 어릿광대 짓 하기, 사소한 장난, 독특한 복장을 하기 *소극적* : 자신이 할 일을 잊어버리거나 하지 않기, 시중들기를 기다리기	자녀의 요구대로 관심을 주지 않기, 가능한 한 무시하기, 자녀의 시중을 들어주지 않기, 나중에 올바른 행동을 했을 때 긍정적인 관심을 주기	자녀가 기여한 부분을 인정해 주기, 긍정적인 행동에 대해 고맙다는 표현을 하기
힘 과시하기	*적극적* : 부모의 말에 거스르기, 요구하기, 소리 지르기 *소극적* : 고집부리기, 부모를 무시하기	마주 싸우거나 굴복하지 않기, 힘겨루기에 말려들지 않기, 가능하다면 그 자리를 떠나기, 자녀가 자신의 행동에 따른 결과를 경험하게 하기	자녀 스스로 결정하게 하기, 자녀에게 신뢰를 표현하기

목표	십대의 잘못된 행동	부모의 대응 행동	긍정적인 목표와 신념을 갖도록 격려하는 방법
앙갚음	*적극적* : 무례하게 굴기, 상처 주는 말 하기, 폭력을 사용하기 *소극적* : 험악한 표정 짓기	기분이 상하거나 화를 내지 않기, 맞서 상처 주는 말과 행동을 하지 않기, 나중에 신뢰관계를 형성하도록 노력하기, 자녀가 사랑받는다고 느끼게끔 돕기	가능한 한 공정한 태도를 취하기, 자녀를 동등하게 대우하기, 다른 사람을 존중함으로써 자녀가 본받도록 하기
무능함 보이기	*소극적* : 쉽게 포기하기, 시도하지 않기, 도피 수단으로 약물 복용이나 음주	동정하지 않기, 모든 비난을 중단하기, 아무리 사소한 것일지라도 자녀의 모든 노력을 인정해 주기, 자녀에 대해 포기하지 않기	자녀의 장점이나 재능에 주목하기, 자녀가 현명한 선택을 했을 때 인정해 주기, 격려하기

Chapter 3

존중과 격려로 의사소통 하기

Chapter 2에서는 반영적 경청 기술에 관해 배웠다. 이처럼 자녀의 말을 경청하고 피드백을 주면 십대 자녀와 쉽게 소통할 수 있다. 본 장에서는 십대 자녀와의 의사소통을 돕는 2가지 또 다른 기술, 즉 나-전달법과 격려하기를 살펴보기로 한다.

본 장에서 배울 내용

- 특별한 기술을 사용하면 십대 자녀와 쉽게 대화할 수 있다.
- 문제에 관해 비난하지 않고 대화할 수 있다.
- 부모의 격려는 자녀로 하여금 사랑받고 수용되며 존중받고 가치 있다고 느끼도록 해 준다.
- 칭찬과 격려는 다르다.
- 부모도 자신을 격려할 필요가 있다.

십대 자녀가 경청하게 하려면 어떻게 말해야 할까?

우리는 이미 듣기와 말하기가 서로 연결된 관계임을 배웠다. 다시 말해 부모는 자녀의 느낌을 알기 위해 먼저 잘 들어야 하며, 그 다음에 반응을 한다. 이제 '*부모 자신의 느낌*'을 십대 자녀에게 어떻게 표현할 수 있는지 살펴보자.

1. 존중하는 태도로 말하여라

어떤 문제에 대해 십대 자녀와 대화할 때에는 존중하는 태도로 부모의 감정을 표현하도록 한다.

열네 살 된 다몬은 세 명의 친구와 함께 축구 연습을 하다 부엌으로 달려들어 왔다. 이들은 진흙투성이의 옷을 털지도 않고 또 진흙이 잔뜩 묻은 손으로 찬장을 연다. 아빠는 방금 바닥을 닦은 참이다. 아빠는 "너 이 녀석들, 무슨 일이냐? 꼭 짐승떼 같구나!"라고 소리 지르고 싶다.

그러나 아빠는 말하기 전에 잠시 생각한 다음 "너희들이 배고프고 피곤한 건 알아. 하지만 이렇게 부엌을 온통 더렵혀 놓으면 난 힘이 쭉 빠진다. 왜냐하면 방금 청소를 했거든."이라고 말했다.

아빠는 소리를 지르며 야단치고 싶은 심정이었다. 그러나 그렇게 하면 다몬과 친구들에게 소리 지르는 것이 문제해결 방법이라는 생각을 심어줄 수 있음을 알기 때문에 자신을 억제했다. 아빠는 대신 존중하는 태도를 선택하였고 비판하는 욕설을 자제했다. 또 자신의 감정을 알리기 위해 특별한 방식의 존중하는 표현법을 사용하였다. 이 표현법을 *나-전달법(I-message)*이라 한다. 나-전달법은 단순히 우리 자신의 느낌만을 전달하는 방법이다.

1) 나-전달법은 세 부분으로 나누어진다.

나-전달법을 사용하려면 다음의 3단계를 따라야 한다.

1. 어떤 일이 일어나고 있는지를 말한다 : 상황 설명
2. 부모가 어떻게 느끼는지를 말한다 : 느낌
3. 왜 그렇게 느끼는지 이유를 설명한다 : 이유

2) 너-전달법은 십대들에게 질책하는 메시지를 전달한다

십대 자녀(또는 다른 사람)에게 말할 때, 부모들은 *너-전달법(you-messages)*을 사용하는 경우가 많다. 주로 '*너*'로 시작하는 너-전달법은 상대방을 비하 또는 비난하거나 잔소리하는 데 사용된다.

- "너 그것 그만둬."
- "너는 부끄러운 줄 알아라."

- "너는 그것도 모르니?"

십대는 어떠한 반응을 보일까?

십대 자녀가 너-전달법의 표현을 자주 듣게 되면 자신이 쓸모없다는 느낌을 갖게 되거나 반항하게 될 것이다. 또 부모의 말에 더 이상 귀 기울이지 않을 것이다. 너-전달법은 기를 꺾고 협력하려는 마음도 사라지게 만든다.

3) 나-전달법은 존중하는 마음을 보여준다

어떤 문제에 대해 대화를 나누는 가장 좋은 방법은 나-전달법이다. 나-전달법은 자녀가 부모의 권리를 무시할 때 부모가 어떻게 느끼는지를 말하는 방법이다. 이 방법은 자녀가 아니라 부모 자신에게 초점을 두며 자녀를 판단하거나 비난하지 않는다.

나-전달법의 예를 들면 다음과 같다.

- "네가 전화를 하지 않으면 난 걱정이 된다. 왜냐하면 네가 어디 있는지 모르니까"

이 말은 다음의 3가지 표현을 사용하고 있다.

1. ~면	"네가 전화를 하지 않으*면*
2. 나는 (~을) 느낀다	*나는* 걱정이 *된다.*
3. 왜냐하면	*왜냐하면* 네가 어디 있는지 모르니까."

나-전달법의 예를 2가지 더 들어보면 다음과 같다.

- "우유를 냉장고 밖에 놔두면 나는 짜증이 난다. 왜냐하면 우유가 상하니까."
- "온종일 컴퓨터 앞에 앉아 있으면 나는 걱정이 된다. 왜냐하면 건

강에 해로울까 봐."

'*네가 ~면*' 과 같이 '*너*' 라는 표현을 사용할 때는 각별히 유의해야 한다. 이때에는 숨겨진 너-전달법일 가능성이 있기 때문이다.

일단 나-전달법의 구성 요소를 이해하게 되면 다음에는 보다 자연스럽게 느껴지는 표현을 사용할 수 있다.

- "네가 담배 피우는 것을 보면 난 마음이 상한다. 흡연이 네 폐에 매우 나쁘기 때문이야."

나-전달법의 3가지 구성 요소

나-전달법은 다음의 3단계 표현을 사용한다.

1. ~면-"가스레인지가 켜진 채 있으면
2. 나는 (~을) 느낀다-나는 *두려움을 느낀다.*
3. 왜냐하면-왜냐하면 불이 날 수도 있으니까"

부모는 자신의 느낌에 대해 말하기를 원하는지, 아니면 단지 문제에 대해서만 서술하고 싶은지를 결정한다

- "화장실을 비워주지 않으면 나는 출근 준비를 할 수가 없구나."

나-전달법의 가장 중요한 특징은 다음과 같다.

- 나-전달법은 내 자녀가 아니라, 나 자신에게 초점을 둔다.
- 나-전달법은 아무도 비난하지 않는다.

십대 자녀는 어떠한 반응을 보일까?

나-전달법을 사용하면 십대 자녀는 자신의 행동이 부모에게 어떤 영향을 미치는지 이해할 수 있게 된다. 또 비난하지 않으면서 문제에 관해 말하는 방법을 배우게 된다. 그뿐 아니라 부모가 문제해결에 도움이 되는 방식으로 느낌과 의견을 공유하는 것이 중요하다고 생각한다는 것을 자녀는 이해하게 된다.

2. 문제의 본질을 파악하여라

처음에는 나-전달법을 사용하여 자신의 느낌을 설명하는 것이 힘들게 느껴질 수 있다. 이러한 때에는 우리를 괴롭히는 문제는 대개 자녀가 하는 '*행동*' 그 자체가 아니라 행동의 '*결과*' 라는 것을 생각하면 도움

이 될 것이다.

노마는 식사를 제대로 하지 않는다. 아침 식사는 굶고 방과 후 가게에서 산 빵과 과자로 군것질을 한다. 따라서 식사 시간에는 배가 고프지 않다. 부모는 노마의 건강이 걱정된다. 노마가 쉽게 피로해지거나 아플까 봐 걱정이고 그렇게 되면 학업에도 지장이 있을까 봐 불안하다.

나-전달법이 너-전달법으로 변질되지 않도록 유의하여라.

노마는 건강에 좋은 식사를 해야 한다. 그러나 노마의 부모를 괴롭히는 진짜 문제는 무엇일까? 노마가 제대로 식사를 하지 않는 것일까? 아니면 제대로 영양을 취하지 않아 일어날 수 있는 문제들일까?

부모는 행동의 *'결과'* 와 *'이에 대한 부모 자신들의 감정'* 에 초점을 맞추면 문제에 관해 더 적절한 표현을 찾을 수 있다. 예를 들어 "아침 식사와 저녁 식사를 꼭 해라. 안 그러면 각오해."라고 말하기보다는 다음과 같이 말할 수 있다.

- "네가 아침 식사를 굶으면 우리는 네가 학교에서 쉽게 피로해질까

봐 걱정이 된다."

3. 화가 날 때는 각별히 신중해야 한다

나-전달법을 사용할 때는 화난 감정을 배제해야 한다. 부모가 화를 내면서 나-전달법을 사용하면 자녀는 자신이 비난을 받는다고 느낄 것이다. 우리에게 누가 화를 낸다면 우리는 어떻게 느끼는가?

물론 십대 자녀에게 화가 날 때가 있을 것이다. 그러나 지나치게 자주 분노를 표출하는 것은 힘겨루기, 앙갚음 또는 무능함 보이기로 이어질 수 있으며, 아니면 십대 자녀는 위협감을 느끼고 입을 닫아버릴 수도 있다.

분노를 다스리는 방법들

- 화가 많이 난다고 느끼기 '전에' 나-전달법을 사용한다. 예를 들어 첫 느낌은 걱정 또는 실망감일 수 있다. 이때 나-전달법을 사용하여 자녀에게 말을 하게 되면 나중에 화난 감정이 줄어들게 된다.
- 자신의 혼잣말을 변화시킨다. 이를 위한 방법은 Chapter 2의 '자신을 위해 해 봅시다'에서 다루고 있다.
- 화난 감정이 누그러진 다음에 자녀와 대화를 나눈다.

극도로 화가 날 때는 어떻게 할까?

1. **그 장소를 잠시 떠난다** : 일단 그 방에서 나간다. 산책을 하거나 친구에게 전화를 한다.
2. **긴급 상담전화를 한다** : 너무 화가 나서 자녀에게 심한 상처가 될 말과 행동을 할 것 같다면 당장 긴급 상담전화로 도움을 요청해야 한다. 긴급 상담전화에 전화를 하면 훈련을 받은 전문 상담원과 연결되어 극도로 화난 순간을 잘 넘길 수 있도록 도움을 받을 수 있다.
3. **자신을 위한 전문가의 도움을 구한다** : 화 조절하는 법을 배우도

록 도와줄 사람들을 찾을 수 있다. 명상수행자, 상담사, 사회복지사 또는 위기센터에 전화해 문의하여라.

4. 경청할 자세를 갖추라

나-전달법을 사용하여 문제에 대해 말하는 도중에 자녀가 끼어들어 말할 수도 있다. 이때에는 반영적 경청 기술과 나-전달법을 모두 사용하여라.

어느 날 오후 엄마는 여느 때보다 조금 일찍 퇴근하게 되었다. 집의 문을 열고 들어선 순간 열일곱 살 난 아들 현규와 여자 친구 은지가 거실 바닥에 누워 있는 모습을 보았다. 둘은 '진한' 애무를 하고 있었다.

은지는 당황해서 벌떡 일어나 옷을 고쳐 입고는 가버렸다. 현규는 얼굴이 벌개져서 화를 냈다. 그는 엄마에게 "왜 이렇게 일찍 오신 거예요!"라고 말하고는 쿵쾅거리며 자기 방으로 가버렸다.

엄마는 현규가 자기 방에서 마음을 가라앉힐 시간을 주었다. 엄마는 저녁 식사 준비를 한 다음 아들에게 식사하라고 불렀다.

엄마는 식사를 하면서 현규에게 "나는 오늘 너와 은지가 그렇게 같이 있는 모습을 보고 무척 근심스러웠다. 너희들이 선을 넘을까 봐 걱정돼. 은지가 임신을 하게 될 수 있어. 또 난 너희 둘 다 섹스를 하기엔 너무 어리다고 생각해."라고 말했다. 현규는 "제가 너무 어리다면 왜 내 몸은 절실히 원하는 거죠?"라고 말했다. 엄마는 "혼란스럽지, 그렇지 않니?"라고 말하자 현규는 "난 혼란스럽지 않아요. 난 내가 그걸 원한다는 걸 알아요."라고 말했다. 엄마는 "그럼 은지는 어떻게 생각하니?"라고 물었다. 현규는 "두려워해요……. 하지만 걔도 원한다고 생각해요."라고 말했다. 엄마는 "얘야, 쉽지 않다는 건 알지만 기다려야 하는 데는 많은 이유가 있어."라고 말했다. 현규는 "더 이상 이 문제로 얘기하고 싶지 않아요."라고 말했다.

이 문제를 놓고 대화를 하는 것은 *쉽지* 않으나 이것은 대화를 해야만 하는 중요한 문제이다. 엄마와 현규는 앞으로 지속적으로 대화를 해야

가끔은 직접 부탁하여라

부모는 항상 나-전달법을 사용할 수는 없다. 그렇게 한다면 십대 자녀는 부모의 말을 더 이상 귀담아 듣지 않을 것이다. 가끔은 간단한 부탁이 자녀의 협력을 얻는 최선의 방법이 될 수 있다.

- "상 좀 차려주겠니?"
- "네가 개를 목욕시켜 주면 정말 큰 도움이 될 거야."
- "잠자리에 들 때 창문을 닫고 잠가주겠니?"

하지만 어쨌든 대화의 첫시작은 성공적이다. 엄마는 나-전달법을 사용하여 현규가 엄마에게 말을 할 수 있는 문을 열어주었으며 엄마는 현규의 감정에 귀를 기울여 주었다. 또 엄마 자신의 감정도 표현하면서 내내 존중하는 태도를 유지하였다. 현규는 엄마가 자신에게 애정과 관심을 두고 있으며 자신의 감정을 어느 정도 이해한다는 것을 알게 되었다. 또한 엄마는 현규에게 까다롭고 힘든 문제에 대해서도 서로 대화를 나눌 수 있다는 것을 보여주었다. 부모가 십대 자녀와 성에 관해 대화하는 법에 대해서는 Chapter 4와 Chapter 7에서 더 자세히 다루기로 한다.

5. 다정한 나-전달법 표현도 사용하여라

십대의 자녀도 다정한 나-전달법 표현을 듣고 싶어한다.

- "집에 와서 네가 요리하고 있는 것을 보니 정말 기분 좋구나."
- "네가 쓰레기를 밖에 내다 놓았구나. 고맙다."
- "나는 너와 함께 운동하러 가는 게 즐거워."

십대 자녀의 자아존중감을 어떻게 키워줄 수 있을까?

나-전달법은 우리 자신에 대한 자존감을 보여주는 대화 방법이다. 나-전달법을 사용하면 우리 자신의 감정과 원하는 바를 솔직하게 표현할 수 있다. 또 자녀에 대한 존중도 보여줄 수 있을 뿐 아니라 자녀가 협력할 의향과 능력이 있다는 우리의 믿음을 표현하는 방법이기도 하다.

부모가 십대 자녀를 신뢰해 주면 자녀도 자신을 믿을 수 있게 된다. 자녀에게 존중과 신뢰를 표현하는 한 가지 방법은 격려해 주기이다.

1. 격려란 무엇인가?

격려(*encouragement*)는 십대인 자녀가 자아존중감을 갖고 성장할 수 있도록 돕는 기술이다. 자아존중감은 청소년들이 인생의 도전을 받아들여 성공을 거두고 문제를 해결해 나갈 수 있는 발판이 된다. 자아존중감이 있으면 '난 할 수 있어'와 '난 해낼 거야'라고 자신 있게 말할 수 있게 된다. 격려는 부모가 자녀에게 다음 3가지를 인식하게 만들어 주는 방법이다.

- 나는 받아들여지고 있다.
- 나는 유능하다.
- 나는 사랑받고 있다.

격려를 받은 십대 자녀는 협력하고, 새로운 것을 시도하며 책임질 용기가 생긴다.

영어에서 *격려하다*(encourage)와 *기를 꺾다*(discourage)는 모두 *용기*(courage)를 포함한다. 용기는 자아존중감의 중요한 구성 요소이다.

격려를 받은 십대 자녀는 강한 자아존중감을 갖게 됨에 따라서 타인과 협력하고 새로운 것을 시도하며 책임질 용기가 생긴다.

기가 꺾인 십대 자녀는 약한 자아존중감을 갖게 되고 소속감을 추구하기 위해 스스로 긍정적인 방법을 선택할 용기도 생기지 않는다.

십대 자녀를 어떻게 격려할 수 있을까?

격려는 존중의 개념을 그 기본 바탕으로 하며 청소년들은 항상 존중과 격려를 필요로 한다. 부모는 다음과 같이 '격려하는 습관'을 가져보자.

- 자녀를 사랑하고 있는 그대로 받아들인다.
- 자녀의 노력을 찾아 인정해 준다.
- 자녀에게 감사의 표현을 한다.

• 자녀를 신뢰한다.

이제 각각의 격려 방법을 자세히 살펴보자.

1. 십대 자녀를 사랑하고 있는 그대로 받아들인다

우리가 십대 자녀를 사랑하고 있는 그대로 받아들일 때, 그들의 장점과 단점을 모두 파악할 수 있게 되고, 또 십대 자녀가 느끼는 감정의 굴곡도 이해할 수 있게 된다. 격려를 받은 십대 자녀는 부모가 자신이 완벽하기를 기대하지 않는다는 것을 안다. 부모는 자녀를 있는 그대로 사랑하고 소중하게 여겨야 한다.

어떤 부모는 끊임없이 자녀의 실수를 지적해야야만 자녀가 발전한다고 믿는다. 그러나 부모의 이 같은 행동은 자녀를 좌절하게 만들 수 있다. 예를 들어 친구가 끊임없이 우리가 뭘 잘못했는지 지적한다면 어떨까? 또 직장 상사가 우리의 모든 행동을 꼬치꼬치 따지고 비판한다면 어떨까? 십대들의 기분도 마찬가지다.

모든 십대들은 어떻게 행동하든 간에 항상 부모의 사랑과 수용을 필요로 한다.

우리가 동료를 십대 자녀 다루듯이 한다면 과연 어떤 사태가 벌어질까?

열여섯 살 난 니키는 어제 아빠에게 친구네 집에서 하룻밤 자고 들어오겠다고 말했다. 그러나 사실은 노래방에서 담배를 피우고 술을 마시다 경찰에 체포되었다. 아빠는 경찰서에 찾아가 니키를 데려와야 했다.

오늘 집에서 니키는 "나는 형편없는 애예요. 나 자신이 싫어요!"라고 울면서 말한다. 아빠는 "니키야, 네가 한 행동은 잘못이지만 넌 형편없는 애가 아냐. 네가 선택을 잘못했을 뿐이지. 네가 거짓말한 문제에 대해 앞으로 어떻게 할 것인지 이야기를 해 보자. 또 다음에 그런 일이 있다면 넌 어떤 행동을 하겠니?"라고 말한다.

십대 자녀를 수용하기

- 십대 자녀가 잘못 선택한 행동에 대해 생각해 본다.
- 십대 자녀가 자신이 나쁜 사람이 아니라는 것을 믿게 해 줄 방법을 생각해 본다.
- 자녀가 앞으로 더 나은 선택을 할 수 있도록 도울 방법을 생각해 본다.

2. 십대 자녀의 노력을 찾아 인정해 준다

행동을 개선하는 데는 시간이 걸린다. 우리가 익힌 모든 기술은 작은 노력과 단계가 쌓인 것인데, 십대 자녀들이 배우는 과정도 이와 마찬가지이다. 이들은 기술을 습득하고 행동하는 방식을 배우는 과정에 있기 때문에 하나하나 경험을 통해 체득하고 있는 것이다. 이 과정은 한 번에 조금씩 서서히 일어난다.

열여섯 살인 용완이는 방학 동안 가게 종업원으로 아르바이트를 하려고 이곳저곳을 알아보고 있는 중이다. '구인광고'를 보고 지원서를 수십 장 냈지만 면접 보자고 연락 오는 곳은 별로 없고 아직 한 곳도 채용하겠다는 소식을 받지 못했다.

용완이의 부모는 무엇이 문제인지 알 것 같다. 용완이는 옷차림이 단정하지 못하고 지저분한데다 귀걸이를 하고 있다. 또 머리는 길고 기름이 줄줄 흐른다. 부모는 "네가 난성히 하고 귀걸이를 뗀다면 누군가 널 채용할지도 모르지!"라고 말하지 않는다.

대신 부모는 용완이를 격려해 주기로 한다. 아빠는 "넌 왜 일자리를 못 구한다고 생각하니?"라고 묻는다. 용완이는 "잘 모르겠어요! 나는 면접 때 지각한 적도 없고 겸손하게 행동했어요."라고 답한다. 엄마는 "너는 천성적으로 친절하고 겸손해. 그리고 난 네가 언제나 약속 시간을 잘 지키는 것도 알고 있어."라고 말한다. 용완이는 "제 생각에는 면접관들이 겉모습에만 치중하는 것 같아요. 내 머리 모양과 귀걸이가 마음에 들지 않나 봐요."라고 말한다. 아빠는 "다음 면접에는 그 '외양'을 좀 달리해 보면 어떨까? 효과가 있을지 한번 해보렴."이라고 말한다.

용완이는 "난 왜 그 사람들이 날 있는 그대로 받아들이지 못하는지 모르겠어요."라고 말한다. 엄마는 "네 말이 무슨 뜻인지 알겠다. 나도 직장에서 청바지를 입는 게 훨씬 편하지만 그럴 순 없거든. 직장이란 게 그런 거란다."라고 말한다.

용완이의 부모는 격려 방법을 사용해서 존중하는 태도로 대화를 했고, 이런 방법은 십대 자녀를 돕는 데는 더 효과가 있다. 자녀가 변화를 위해 노력하기로 결심한다면 부모는 이것도 인정하고 격려해 줄 수 있다. 그렇다면 어떻게 해야 할까?

- 부모는 자녀의 노력과 노력하는 과정에서 얻은 작은 발전을 인정해 준다. "너는 지원서를 매우 상세하게 잘 작성했구나. 이 지원서는 네 면접을 위해 도움이 될 거야."라고 말해 준다.
- 부모는 자녀가 배워가는 과정에서 의견을 제시해 줄 수 있다. "네가 옷을 이것저것 입어보고 있구나. 가게 지배인은 아마 단정한 긴 바지차림을 좋아할 거야."라고 말해 줄 수 있다.

배우고 개선된 점을 인정해 주기

십대 자녀가 배웠거나, 개선된 어떤 것이 있는지를 생각해 보자. 또 자녀가 어떠한 노력을 했는지도 생각해 본다. 예를 들면 다음과 같다.

- 자녀의 학업 태도가 개선되었는가?
- 자녀가 어떤 사려 깊은 행동을 하였는가?

자녀의 노력이나 발전을 적어도 한 가지 찾아본다. 그리고 부모가 그 노력이나 발전을 알고 있다고 말해 줄 기회를 찾는다.

3. 십대 자녀에게 감사의 표현을 한다

십대에 접어든 자녀는 독립심이 강해지긴 하지만 여전히 가족의 일원으로 받아들여져야 한다. 이들에게는 아직 가정에 대한 소속감이 필요하다. 부모가 자녀에게 고맙다는 마음을 말과 행동으로 표현할 때 자녀의 소속감과 협력하는 마음을 키워줄 수 있다.

열네 살인 동현이는 친구들이 집에 놀러오면 동생 승현이에게 못되게 군다. 엄마는 동현이가 동생에게 좀 더 친절해지도록 격려하고 싶다. 그렇지만 비판을 하고 싶지는 않다. 엄마가 보기에 동현이가 승현이와 단둘이 있을 때면 동생에게 잘해줄 때가 많았다. 어느 날 밤 승현이가 잠든 다음 엄마는 동현이에게 "오늘 밤 네가 승현이에게 책을 읽어줘서 고맙다. 네 동생은 형을 정말 사랑해."라고 말한다.

엄마는 동현이가 동생에게 잘해준 것을 가능한 한 자주 알아주고 고맙다고 말하기로 한다. 엄마는 이렇게 하면 동현이가 친구들이 집에 와 있을 때 동생을 대하는 자신의 태도도 되돌아보지 않을까 생각한다.

또 엄마는 동현이가 최근에 했던 고마운 일들을 생각해 본다. 동현이는 방과 후 사주 엄마 곁에 앉아 대화 상대를 해 주었다. 또 식사 준비를 잘 도와주었다. 게다가 고양이에게 밥을 주고 털도 빗겨주었다.

몇 분 동안 엄마는 동현이에게 고맙게 여겨야 할 일을 많이 생각해낼 수 있었다. 엄마는 동현이에게 협력해준 데 대해 고마워해야겠다고 결심한다.

감사를 표현하는 또 다른 방법은 십대 자녀에게 중요한 것이 무엇인지를 찾아 인정해 주는 것이다. 일반적으로 부모는 십대 자녀의 흥미와 관심사를 무시하거나 간과하기 쉽다. 특히 부모가 자녀의 흥미나 관심거리를 하찮게 여길 경우에는 이런 경향이 더욱 심해진다. 그러나 인간이란 제각기 다른 흥미를 갖기 때문에 개개인 모두가 특별한 존재가 될 수 있는 것이다. 부모가 자녀의 관심사에 대해 같이 대화할 기회를 만들면 자녀는 부모가 자신을 인정해 주었다고 느낄 것이다. 혹시 부모 자신이 새로운 흥밋거리를 발견하게 될지도 모르는 일이다.

십대 자녀에게는 제각기 긍정적인 자질과 재능 등의 장점이 있다. 이 장점들을 찾아 인정해 주고 북돋워 주어라.

엄마는 샛별이에게 "네 머리 모양은 어쩜 그렇게 항상 보기가 좋으니? 넌 머리 땋는데 특별한 재능이 있는 것 같다."라고 말한다. 샛별이는 "내가 새로 배운 머리 땋는 방법이 있는데, 엄마에게 어울릴 거예요. 원하시면 그렇게 해드릴게요."라고 말한다. 엄마는 "그럼 좋지."라고 말한다.

4. 십대 자녀를 신뢰한다

십대 자녀는 자신이 성공할 수 있다고 굳게 믿어주는 부모가 있다는 것을 알거나 느낄 필요가 있다.

열여덟 살 난 마르크는 운전을 배우고 있는데, 이제 막 도로주행 연습을 끝냈다. 마르크는 아빠가 동승해서 면허시험 연습을 지도해 주기를 부탁했다.

아빠가 처음으로 동승한 날 마르크는 붉은 신호등을 그냥 지나칠 뻔했다. 마르크는 급제동을 하고는 자신에게 화가 나 견딜 수 없는 듯한 어조로 "미안해요!"라고 말했다. 아빠는 "네가 운전 경험이 좀 더 쌓이면 신호등과 교통표지를 보는데 익숙해질 거야."라고 말씀하셨다. 그러나 이번에는 골목길로 들어서다 나무에 차체를 거의 긁힐 뻔하였다. 그는 "제기랄, 왜 이러는 거지?"라고 소리쳤다. 아빠는, "얘야, 운전을 하려면 많은 것을 배워야 한단다. 이제 천천히 후진해서 차를 똑바로 세우거라." 하며 안내하셨다.

아빠는 마르크와 동승해서 운전을 지도해 주기로 약속하였고, 또 실제로 그 약속을 지킴으로써 마르크는 자신이 운전을 배울 능력이 있다고 아빠가 믿어주는 것을 알게 되었다. 이런 사실로 인해 마르크는 다른 어떤 일도 시도해 볼 수 있다고 느낄 것이며 '난 할 수 있다'는 용기를 얻게 되었다.

기대는 큰 힘을 발휘한다. 십대들은 부모가 마음속으로 어떻게 느끼고 생각하는지를 알아차린다. 부모가 자녀를 믿어주지 않으면 자녀는 자신감을 배우기 어렵다.

십대 자녀에 대한 신뢰를 보여주는 방법은 큰 그림을 보는 것이다. 자녀가 과거에 저지른 사소한 실수는 잊어버려라. 대신 자녀가 앞으로 잘할 수 있는 많은 것들에 대해 생각해 보아라. 또 자녀가 앞으로 저지를 수 있는 실수를 놓고 미리 걱정하지 마라.

부모 자신도 많은 실수를 저질렀지만 지금 이렇게 잘살고 있지 않은가? 십대 자녀도 마찬가지로 실수에서 배울 수 있는 기회를 필요로 한다.

성장이란 수십 년이 걸리는 하나의 긴 과정이다. 지금은 십대가 된 자녀이지만 어렸을 때는 신발 끈도 맬 줄 모르고 읽기나 자전거 타기도 못하였었다. 하지만 그런 기술들을 모두 배워 이제는 잘하고 있지 않은가? 이 점을 기억한다면 시간이 지남에 따라 자녀가 많은 기술을 배우리라는 것을 믿을 수 있을 것이다.

신뢰의 효능

부모는 십대 자녀가 부모를 믿어주길 원하며, 또 자녀를 진심으로 신뢰할 수 있기를 바란다. 그러나 이러한 욕구와 실제로 자녀를 신뢰하는 것은 조금 다르다. 신뢰는 노력해서 획득할 때가 많다. 특히 십대 자녀가 과거 부모에게 자주 거짓말을 했거나 약속을 깨뜨린 때에는 더더욱 그렇다.

자녀가 과거에 실수를 했다고 해서 자녀에 대한 신뢰를 무너뜨릴 수는 없다. 그렇다고 항상 자녀를 확고하게 믿을 수도 없지만 배우고 굳건한 관계를 쌓아가는 과정은 신뢰할 수 있다.

신뢰를 쌓는 간단한 방법은 '마치 ~인 것처럼(as if)' 생각하고 행동하는 것이다. 기대는 강력한 의지를 전달할 수 있다. 예를 들어 십대인 자녀가 책임감이 있는 '것처럼' 행동하여라. 또 자녀가 협력할 '것처럼' 생각하여라.

우리가 믿어주지 않으면 청소년들은 스스로를 믿지 못하게 될 것이다.

만일 자녀가 거짓말을 하거나 약속을 어긴다면 깨어진 신뢰는 자녀가 배우고 성장할 수 있는 기회가 되기도 하며 두 사람이 관계를 회복하기 위한 기회가 되기도 한다. 자녀를 존중하는 태도로 대하고 자신의 감정에 솔직하며 자녀의 신념과 느낌에 귀 기울여라. 자녀가 부모의 신뢰를 깨뜨린 결과에 대해 책임을 지도록 도와라. 십대 자녀에 대해 결과를 사용하는 방법에 관하여는 Chapter 5에서 보다 자세히 다루기로 한다.

칭찬과 격려는 무엇이 다른가?

많은 부모들이 실제로는 십대 자녀를 칭찬하면서 자신은 격려하고 있다고 생각한다. 부모는 자녀가 칭찬으로 인하여 좌절될 수 있다는 사실을 깨닫지 못하고 있다.

칭찬과 격려는 같지 않다. 칭찬과 격려는 그 목적이 다르다.

1. 칭찬은 보상이다

칭찬은 자녀가 노력해서 획득하는 일종의 보상이다. 칭찬은 자녀가 경쟁에서 이긴 때나 남과의 비교를 근거로 하여 주어진다. 부모의 칭찬은 자녀에게 부모가 가치 있게 여겨준다는 보상을 주는 것이다.

방과 후 중요한 고교 대표 소프트볼 경기기 열렸다. 트래시는 홈런을 친 다음 2점을 더 올렸다. 또 투구에 나서서 삼진을 세 개나 솎아냈다. 트래시의 친구 현수는 경기가 제대로 풀리지 않았다. 두 번 삼진을 당하고 공을 놓쳐 중요한 안타를 내주었다. 어쨌든 트래시와 현수의 팀은 승리를 거두었다.

경기가 끝난 후 아빠는 트래시에게 "대단한 경기였어. 다 네 덕분이야!"라고 말했다. 트래시는 "정말 기분 좋았어요! 하지만 현수는 오늘 운이 없었어요. 안됐어요."라고 말했다. 아빠는 "현수가 좀 더 경기에 집중했어야지. 네가 1~2가지 기술을 가르쳐 줘야겠더라."라고 말했다. 트래시는 '내가 현수처럼 경기를 망쳤더라면 어떻게 됐을까? 아빠는 어떻게 생각하셨을까?' 라고 생각한다.

칭찬은 십대 자녀의 마음에 무엇을 심어줄까?

십대 자녀는 칭찬을 통해 남을 기쁘게 해 주는 것을 학습한다. 남을 기쁘게 해 주고 싶어하는 것 자체는 잘못된 점이 없다. 그러나 많은 칭찬을 받다 보면 자녀는 다른 사람들을 기쁘게 해야 한다는 강박감을 갖게 되며 칭찬을 자신의 가치를 느낄 수 있는 유일한 수단으로 여기게 된다.

또한 십대 자녀는 점점 더 많은 칭찬을 원하게 된다. 부모가 칭찬을 해 주지 않을 때는 초조감과 자신에 대한 의구심에 시달리게 되고 심지어는 칭찬을 받지 못하면 자신이 비판받고 있다고 생각하는 경우도 있을 수 있다.

청소년들이 칭찬에 익숙해지면 점차 모든 활동을 '승리' 나 '패배' 로

끝나는 경기로 보게 될 수 있다. 또 한 사람이 다른 사람보다 '우월할' 수 있다는 신념을 학습하게 되고, 더 나아가 칭찬이라는 보상을 얻기 위한 경쟁이 중요하다는 신념을 갖기 시작한다. 심지어 어떤 십대들은 부모의 칭찬이 그들을 통제하기 위한 수단으로 이용된다고 생각하기도 한다.

2. 격려는 선물이다

격려는 조건 없이 주어지는 선물이다. 칭찬처럼 대가로 획득하는 보상이 아니다.

격려는 노력하거나 발전한 데 대해 주어지는 것이다.

십대 자녀가 무용 작품 속의 까다로운 스텝을 배우고 있다면 부모는 "네 스텝이 며칠 전보다 한결 매끄럽게 보인다."라고 말할 수 있다.

격려는 자녀의 특별한 점을 찾아 인정해 주는 방법으로 사용할 수 있다.

나중에 부모는 "네가 잔디 위에서 연습하는 것을 보는 것은 기분 좋은 일이야. 일하는 동안 창밖으로 네가 연습하는 걸 볼 수 있거든."이라고 말할 수 있다.

격려는 자녀가 잘하지 못할 때나 실수를 했을 때에도 해줄 수 있다.

"네가 동작을 놓쳤지만 그럴듯하게 잘 넘어갔어. 그리고 너는 다시 제자리를 찾더라. 긴장된 상태에서는 당황하지 않는 게 힘들 텐데. 그건 정말 중요한 기술이야!"

부모의 격려는 십대 자녀에게 있는 그대로의 모습이 소중하게 여겨진다는 느낌을 갖게 한다. 이 느낌은 자녀가 자신을 받아들이고 자신이 유능하다고 느끼게 하는 데 도움이 된다. 격려는 자녀의 자아존중감을 높여준다.

격려는 십대 자녀의 마음에 무엇을 심어줄까?

십대 자녀들은 격려를 통해 다음과 같은 것들을 배우게 된다.

- 자신의 특별한 자질을 올바르게 인식하게 된다.
- 자신이 유능하다고 느끼게 된다.
- 자신이 있는 그대로 가치 있는 존재라고 느끼게 된다.

또한 십대 자녀는 스스로를 격려할 수 있다는 것을 배우게 된다. 따라서 더 많은 자신감을 갖게 된다. 격려받은 십대는 남과 경쟁하기보다는 협력하는 것에 더 많은 관심을 두게 된다.

3. 칭찬은 판단하는 표현을 사용한다

"넌 정말 착한 아이야!" : 이 말처럼 높은 기준에 맞춰 살기란 쉽지 않다. 이 말을 들으면 자녀는 '나는 항상 착해야 하나? 만약 내가 착하지 못하면 어쩌지? 그럼 난 나쁜가? 아빠가 원하는 걸 하지 않으면 나는 가치가 있을까?' 라고 생각할 수 있다.

"네가 팀에 뽑혔구나. 난 네가 너무나 자랑스럽다!" : 이 말을 들으면 자녀는 "네가 내 체면을 살렸구나! 내가 원하는 걸 해서 날 기쁘게 해주었어."라고 해석할 수 있다. 자녀는 '내가 팀에 뽑혀야만 가치가 있는 걸까? 내가 팀에 뽑히지 못했다면 어땠을까? 엄마는 나에게 실망하셨을까?' 라고 생각하게 된다.

4. 격려는 인정하는 표현을 사용한다

격려는 자녀가 어떻게 도움이 되었는가에 초점을 맞추고 어떻게 느끼는가에 관심을 둔다. 부모는 다음과 같이 격려의 말을 할 수 있다.

- "백화점에 네 친구들에게 나를 소개시켜 줘서 고맙구나."
- "너는 그 일을 정말 자랑스러워하는 것 같구나."

➲ 격려를 할 것인가, 아니면 칭찬을 할 것인가?

- 십대들은 남보다 '더 잘하는' 것이 아니라, 남과 협력하는 법을 배워야 한다.
- 십대들은 어떤 대단한 일을 했을 때만이 아니라, 항상 수용되고 있다는 느낌이 필요하다.
- 십대들은 누군가를 기쁘게 하는 것이 아니라, 자기 스스로 생각하는 법을 배워야 한다.

격려는 하지 않고 칭찬만을 사용한다면 부모 됨의 과업을 달성하는데 도움이 되지 못한다.

- 격려는 십대 자녀가 신념을 가진데 도움이 된다.
- 격려는 십대 자녀가 "난 할 수 있어."와 "난 해낼 거야."라고 말할 수 있게 한다.
- 격려는 십대 자녀가 남과 협력하고 남을 배려할 수 있게 한다.
- 격려는 십대 자녀가 자발적 동기를 갖게 한다.

과잉 칭찬은 부담과 실망을 줄 수 있기 때문에 격려가 부모 됨의 과업을 충족시키는 데는 더 도움을 주는 방법이다. 대부분의 경우 칭찬보다는 격려를 선택하는 편이 더 효과적이다.

그렇다고 해서 자녀를 절대로 칭찬하지 말라는 의미는 아니다. 상황에 따라서는 칭찬이 더 필요할 때가 있다.

자녀가 속한 합창단이 방금 합창경연대회에서 1등을 했다. 그 합창단의 노래 실력은 정말 뛰어났다. 이때 자녀에게 "넌 네 노래 실력이 자랑스럽게 느껴지겠구나."라고 말하겠는가? 물론 아니다. 이때에는 자녀를 꼭 껴안으면서 "우와! 대단한 공연이었어! 잘했다!"라고 말해 주는 게 당연하다.

우리는 누구나 보상을 좋아한다. 십대의 자녀가 열심히 노력해서 뭔가를 성취했을 때에 칭찬을 하는 것은 괜찮다. 다만 격려표현을 집중해서 연습한다면 보다 효과적으로 자녀의 동기를 유발할 수 있을 것이다.

5. 격려의 표현 사용하기

격려에는 고유한 표현이 있다. 격려표현의 예를 들면 다음과 같다.

- "고맙다. 네가 큰 도움이 됐다."
- "너의 판단을 믿는다."
- "어려운 일이지만 너는 잘할 수 있을 거라 생각해."
- "그 일을 정말 열심히 했구나!"
- "너는 갈수록 기하가 좋아지고 있구나."
- "넌 할 수 있어."

격려표현의 또 다른 예는 본 Chapter의 마지막 부분에 있는 차트에 있다.

격려에 대해 생각해 보기

자녀가 달리기 경주에 나갔다고 상상해 보자.

- 부모가 결승점에서 하는 말은 칭찬이다.
- 달리는 도중 부모가 해 주는 말은 격려이다.

반드시 유념해야 할 사항

가끔 부모들은 격려의 말을 하고는 실망시키는 말을 덧붙이는 경우가 있다. 예를 들어 부모의 "네가 그 일을 정말 열심히 한 것 같구나"라는 말에 자녀는 용기가 나겠지만 부모가 다음과 같은 말을 덧붙이면 어떻게 될까?

- "너는 그 일을 열심히 했구나……. 네가 좀 더 자주 그러면 좋으련만……."
- "나는 너의 판단을 믿는다……. 그러니 날 실망시키지 마."
- "넌 할 수 있어……. 그러니까 불평하지 말고 일을 시작해."

이와 같은 말은 격려를 주었다 다시 뺏는 말이다. 격려의 효과는 사라지고 자녀는 오히려 의기소침해질 것이다. 부모의 목적은 자녀가 완벽하게 되는 것이 아니라 자녀의 자아존중감을 키워주려는 것임을 잊지 말자.

격려에 대한 또 다른 방법이 있을까?

자녀를 격려하는 2가지 중요한 방법은 노움이 되는 말을 사용하고 과잉 칭찬을 피하는 것이다. 그 외에 부모는 다른 방법도 사용할 수 있다.

1. 행동으로 격려하는 방법

격려는 말로 하는 방법 이외에 행동에 의한 것도 좋은 격려가 될 수 있다.

고개를 끄덕이기, 미소 짓기 또는 엄지를 들어 보이는 행동은 격려의 뜻을 전달한다. 자녀의 말을 가로막지 않고 경청하는 것도 마찬가지이며 껴안아주거나 등을 토닥거려 주는 것도 모두 격려하는 행동이다.

자녀가 어떤 도전적인 일을 해 보도록 수용하는 것도 자녀에 대한 신뢰를 보여주는 행동이다.

카라는 고교 3년생이다. 그는 멀리 떨어진 H대학에 진학하고 싶어하는데, 그 대학에서는 농구 장학금을 탈 수 있을 것 같다. 그 대학의 농구 코치는 카라에게 H대학을 방문하라고 초청했다. 대학 기숙사에서 2명의 대학생과 주말을 보내는 것이다. 카라는 가고 싶긴 하지만 대학생들에게 '어리고 멍청하게' 보일까 봐 불안하다.

부모는 카라가 H대학에 갈 수 있기를 바라지만, 카라가 매우 불안해하므로 걱정이 된다. 또 카라가 더 나이 많은 학생들과 어울리면 담배나 술을 접하게 될까 봐 걱정스럽기도 하다.

부모는 카라의 자신감을 북돋워주기로 하였다. 아들의 감정이 어떤지 경청해 주고 "너는 H대학 학생들보다 나이는 어리지만 똑똑하고 유능해. 우리는 네가 잘 지낼 걸 알아."라고 말해 주었다. 그리고 담배와 술에 관한 자신들의 우려도 말해 준다. 세 사람은 문제가 발생한다면 카라가 어떻게 대처할지 논의하였다. 이러한 과정을 통해서 카라는 자신이 존중받는다고 느끼고, 그의 부모는 카라가 주말에 대학을 방문할 자세가 되어 있다고 확신을 한다.

칭찬을 격려로 바꾸기

부모 자신이 언제 자녀를 칭찬하는지 관찰해 본다. 예를 들어 다음과 같은 말은 칭찬이다.

- "넌 정말 착한 아이야!"
- "정말 대단한 일을 했구나!"

자녀를 격려하기 위해 사용할 수 있는 다른 표현들을 생각해 본다.

2. 타인에 대한 존중감을 가르치기

자아존중감은 지극히 중요하다. 마찬가지로 '사람들에 대한 존중', 즉 다른 사람들에 대해 존중하는 마음과 태도도 극히 중요하다. 남을 존중하지 않으면서 자신을 진정으로 존중하기는 어렵다.

따라서 부모가 타인에 대한 존중감을 가르치고 보여주는 것은 자녀를 격려하는 방법이 될 수 있다. 타인에 대한 존중감을 가르치고 보여주는 방법은 여러 가지가 있다.

- **친구와 이웃을 돕기** : 남을 도울 때 십대 자녀에게도 동참할 것을 권유한다. 남을 돕는 일은 이사 돕기처럼 큰 일일 수도 있고 이웃이 출장이나 휴가를 간 동안 이웃집 정원에 물을 주는 것과 같이 작은 일일 수도 있다.
- **가족이 함께 자원봉사할 기회를 찾아보기** : 자녀의 학교에서 의류 나누기 운동을 벌이면 자녀가 의류 수집하는 것을 도울 수 있다.
- **예절을 지키기** : 예의를 지키는 것은 고리타분한 일이 아니다. 누구나 상대방이 예의 바르게 대해 주면 기분이 좋을 것이다. 자녀에게 '부탁한다'와 '고맙다'라고 말하는 것을 습관화하여라. 예를 들어 "식사 후 네가 먹은 그릇은 싱크대에 넣어주길 부탁한다." 또는 "장보기를 해줘서 고맙다."라고 말한다.
- **사람들이 제각기 다르다는 것을 인정하고 이해하기** : 세상은 서로 다른 사람들로 가득 차 있다. 대가족에서 자란 사람도 있고 소가족에서 자란 사람도 있다. 인종, 종교와 가치관도 다르고 선호하는 활동도 다르다. 흥미와 관심거리, 재능과 능력도 제각기 다르다. 우리 자신이 이러한 차이를 인정하고 이해하는 모습을 보여줌으로써 자녀에게 다른 것을 이해하고 인정하도록 가르칠 수 있다.

3. 부모 자신을 격려하기

모든 일에는 시간이 걸리기 마련이다. 자녀가 자아존중감을 갖고 성장하도록 돕는 것도 긴 시간이 걸리는 일이다. 우리 자신도 새롭게 부모되기 기술을 배우고 있고, 이 과정도 시간이 걸린다. 또 우리 자신의 말과 행동도 이에 따라 변화시켜 나가고 있으니 노력하는 우리 자신에게 격려의 선물을 주자.

1) 내 자녀는 내가 아님을 기억하여라

십대 자녀가 하는 일이 잘될 때가 있다. 이때에는 득의양양하기보다는 자녀가 좋아하니 자신도 기쁘다고 생각하어라. 자녀가 하는 일이 잘 안 될 때도 있다. 이때에는 부모가 자녀를 이해하고 있음을 보여주어라. 결코 자신이 실패한 부모라고 생각하지는 마라.

2) 현실적인 목표를 설정하여라

부모 자신이나 자녀가 좌절할 정도로 높은 목표를 설정하지 마라. 자녀가 모든 과목에서 힘들어하고 있는데, 전 과목 A라는 목표를 세워서는 안 된다. 자신의 부모 유형을 바꾸고 싶다면 한꺼번에 모든 기술을 배우겠다는 목표를 설정하지 마라. 한 번에 한 단계씩 차근차근 밟아나가야 한다.

효율적인 부모 역할 하기의 목표를 향해 나아가면서 될 수 있는 대로 자주 혼잣말을 함으로써 소금씩 자신을 격려할 수 있다.

- "나는 쇼핑몰에서 일어난 일을 자녀가 내게 말했을 때 평온한 태도를 유지하였다."
- "나는 오늘 큰 소리를 지르지 않았다."
- "나는 오늘 자녀의 말을 경청했다."

나 자신을 수용하고 가치 있게 생각하기

내 자신에 관해 좋아하는 점이 무엇인지를 잠시 시간을 두고 모두 생각해 본다.

- 내가 갖고 있는 독특한 장점은 무엇인가?
- 언제 나 자신이 가장 유능하다고 느끼는가?
- 언제 가장 행복한가?
- 내가 가진 어떠한 특성이 가장 마음에 드는가?

위의 목록을 지갑이나 호주머니에 넣고 자신의 좋은 점이 생각날 때마다 기록하여라. 지속적으로 목록에 자신의 좋은 점을 추가해 나간다.

그리고 의지가 흔들릴 때마다 이 목록을 꺼내 읽어본다.

가끔 자신만을 위한 시간을 가져라.

4. 부모 자신의 건강을 돌본다

건강을 유지하기 위해 노력하면 부모 자신의 감정과 자녀의 잘못된 행동에 대해 보다 잘 대처할 수 있다. 또 자녀에게도 스스로 건강을 돌보는 것이 중요하다는 것을 보여줄 수 있다.

- **균형 잡힌 식사를 하고 매일 운동을 하여라** : 매일 산책을 하거나 집에서 10분간 운동을 해도 좋다. 자녀에게 함께 운동하자고 권유하여라.
- **가족 전체가 즐길 수 있는 운동을 찾아보아라** : 가족이 함께 산책이나 자전거 타기를 하여라. 농구를 할 수도 있다. 또 볼일 볼 때 가까운 길은 걸어 다닌다.
- **시간을 지혜롭게 사용하여라** : 귀중한 시간을 뺏는 남들의 요청을 다 들어줄 수는 없다. 건강 유지를 위한 방안의 하나로 안 된다고 말하는 법을 배워야 한다.

5. 부모 스스로가 인내심을 가져라

우리는 종종 배우는 과정을 자동차가 언덕을 올라가는 것처럼 직선으로 올라가는 과정이라고 생각한다. 그러나 실제로 학습과정은 바다의 조수가 밀려왔다 물러가는 것처럼 전진과 후퇴를 반복하는 양상을 보인다.

이처럼 후퇴할 때에는 노력하겠다는 의지도 약해질 것이다. 그러나 전진과 후퇴를 반복하는 동안 매번 조금씩 전진하고 있음을 잊지 말자.

가족을 위해 이렇게 해 봅시다

가족이 함께 즐거운 시간을 보내기 위해 브레인스토밍 아이디어를 낸다. 브레인스토밍을 할 때에는 모든 사람이 의견을 제시한다. 열린 마음을 갖고 제안된 아이디어에 대해서는 섣불리 시시하다거나 불가능하다고 판단하지 않도록 한다. '시시한' 아이디어가 다른 누군가에게는 정말 좋은 아이디어를 생각해내는 자극제가 될 수 있다.

가족이 함께 즐길 수 있는 방법을 한 가지 이상 선택한 후 자신이 할 일과 언제 할지를 계획한다. 그리고 실행에 옮긴다. 즐거운 시간 보내세요!

본 장에서 배운 내용

Chapter 3에서는 부모 자신과 자녀를 돕기 위한 다양한 방법을 배웠다.

- 비난이나 판단을 하지 않으면서 부모 자신의 느낌을 표현하는 방법을 배웠다.
- 자녀와의 관계에서 부모가 자녀를 존중하는 방법에 관해 생각해 보았다.
- 자아존중감과 격려는 서로 연결되어 있음을 배웠다.
- 칭찬과 격려의 차이점에 관해 배웠다.
- 격려의 표현을 배우고 연습하였다.
- 십대 자녀와 부모 자신을 격려하는 다양한 방법을 알게 되었다.

격려 STEP

금주에는 특히 십대 자녀에게 수용하는 태도를 보여주는 데 노력을 집중하여라. 이러한 태도가 자녀의 자신감을 기르는데 얼마나 도움이 되는지 관찰하여라.

자녀를 판단하거나 비판하고 싶은 때가 언제인지 알아보고 비판 대신 지지를 보여줄 방법을 찾아보아라. 예를 들어 다음과 같이 말할 수 있다.

- "난 네가 생물 선생님과 사이가 좋지 않다는 걸 알아. 네가 어떻게 하면 선생님과의 관계를 좋게 할 수 있다고 생각하니?"
- "난 네가 할머니 댁을 방문하는 것이 힘들다는 걸 알아. 그런데도 노력해줘서 고맙다."

금주의 할 일

금주에는 자녀를 격려하는 방법을 찾아본다. 가능한 한 많은 방법을 찾고 격려를 할 때마다 다음 사항을 관찰한다.

- 어떠한 일이 일어났는가?
- 나는 어떠한 방법으로 십대 자녀를 격려했는가?
- 나의 격려에 십대 자녀는 어떤 반응을 보였는가?

아무 생각없이 말하지 않도록 자신을 통제하는 데 노력을 집중하여라. 대신 자녀와 대화할 때 존중하는 태도를 보여줄 수 있는 방법을 생각해 보아라. 나-전달법과 반영적 경청을 가능한 한 자주 사용하여라.

자신을 위해 이렇게 해 봅시다

유머를 효과적으로 활용하여라!

십대 자녀와 부모의 관계를 개선하는 가장 좋은 방법 중 한 가지는 유머감각을 발휘하는 것이다. 우리는 Chapter 2에서 자신의 혼잣말을 변화시키는 방법을 살펴보았다. 일단 이 방법을 사용해 보면 사물의 유머러스한 면을 볼 수 있는 시각이 생길 것이다. 또 희망이 보이기 시작하고 화가 누그러질 것이다. 유머가 있는 곳에는 화가 끼어들 여지가 없다.

다음의 3가지 질문은 우리 자신의 유머감각을 발견해서 활용하는 데 도움이 될 것이다.

- **"이것이 TV 코미디 프로그램이라면 과연 어떻게 될까?"** TV 시트콤에는 종종 부모 역할 중 우스꽝스러운 장면이 등장한다. 십대 자녀와의 문제로 고민이 될 때 스스로에게 "이것이 TV 시트콤이라면 웃기겠지? 왜 웃길까? 이것이 TV 코미디의 한 장면이라면 나는 다음 장면에서 어떻게 할까?"라는 질문을 던져보아라.
- **"왜 나는 완벽한 부모가 아니라서 다행인가?"** 그 이유는 많다. 앞으로 발전할 여지가 있다. 마음 놓고 울어도 된다. 다른 부모들이 나를 두려워하지 않아도 된다. 또 친구와 함께 내가 어떤 실수를 했는지 웃으면서 얘기할 수 있다.
- **"어떻게 하면 유머감각을 키울 수 있을까?"** 긴장을 푼다. 익살스런 행동을 한다. 이게 힘들다면 친구에게 같이하자고 해 본다. 느긋하고 익살스럽게 행동하기 시작했을 때 자신의 감정이 어떻게 변하는지 느껴보아라. 그리고 부정적인 마음상태일 때 즐겁고 익살스러운 감정을 되살려보아라.

기억해야 할 핵심 사항

1. 나-전달법은 자녀를 비하하거나 비난하지 않는다. 나-전달법은 상대방을 비난하지 않으면서 자신이 어떻게 느끼는지를 표현하는 방법이다.
2. 나-전달법을 사용할 때는 무슨 일이 일어나고 있으며, 우리 자신이 어떻게 느끼는지 그리고 왜 그렇게 느끼는지를 표현하여라.
   - ~면 — "네가 전화를 하지 않으*면*
   - 나는 (~을) 느낀다 — *난* 걱정이 *된다.*
   - 왜냐하면 — *왜냐하면* 네가 어디 있는지 모르니*까*."
3. 화난 상태에서 나-전달법을 사용하지 마라.
4. 존중과 신뢰가 쌓이기까지는 시간이 걸린다. 포기하지 마라.
5. 격려는 자녀가 자아존중감을 갖고 자랄 수 있도록 돕는 기술이다. 격려는 자녀가 중요하고 유능하며 사랑받는다는 것을 보여준다.
6. 십대의 자녀를 격려하는 부모의 태도는 다음과 같다.
   - 자녀를 사랑하고 수용한다.
   - 자녀의 노력을 알아준다.
   - 자녀에게 감사한다.
   - 자녀를 신뢰한다.
7. 칭찬은 자녀가 노력해서 획득하는 보상이다. 칭찬은 자녀가 독자적으로 생각하는 대신 타인을 기쁘게 해 주어야 한다고 가르친다.
8. 격려는 선물이다. 누구나 격려를 받을 수 있다. 격려는 자녀의 노력에 대해 주어질 수 있지만 잘하지 못한 때에도 해줄 수 있다.

단순히 자녀가 존재하고 있다는 그 자체만으로도 격려해 줄 수 있다.

9. 가능한 한 자주 자녀를 격려해 주어라.
10. 또 부모 자신과 다른 사람들에게 존중하는 태도를 보여줌으로써 자녀를 격려할 수 있다.
11. 부모 자신과 자녀 모두에게 격려가 되기 위해서는 현실적인 목표를 설정하여야 한다.

<표 3>

격려의 표현

"난 널 수용해."의 표현	"난 네가 할 수 있다는 걸 알아."의 표현	"난 네가 노력하고 또 발전하고 있는 걸 알아."의 표현	"난 네게 감사해."의 표현
"넌 추리소설을 무척 좋아하는 것 같구나."	"넌 할 수 있어. 벌써 어느 정도 했잖니?"	"정말 열심히 했구나!"	"네 도움이 필요했는데, 네가 도와줬어."
"넌 그걸 어떻게 생각하니?"	"넌 발전하고 있어."	"갈수록 방정식을 잘하고 있구나."	"고맙다. 큰 도움이 됐어."
"그렇게 되어 네가 정말 기분이 좋은 걸 알겠다."	"난 네 판단을 믿는다."	"네가 얼마나 발전했는지 한번 보렴."	"그렇게 하다니 정말 사려가 깊구나."
"네가 불만인 걸 알겠다. 네가 기분이 나아지기 위해 어떤 일을 할 수 있다고 생각하니?"	"이건 힘들긴 하지만, 난 네가 잘 해낼 수 있을 거라 생각해."	"그걸 해결해 내다니 많은 시간을 생각한 것 같구나."	"날 도와줘서 정말 고맙다. 덕분에 빨리 쇼핑을 하였구나."
"넌 그게 재미있었나 보구나."	"난 이걸 하는데, 네 도움이 필요해."	"네가 발전하고 있는 게 보여."	"소풍 계획을 짜는데, 네 도움이 필요해."
"넌 최선을 다했어. 누구라도 더 이상은 못해."	"넌 방법을 생각해낼 거야."	"너 자신은 목표를 달성하지 못했다고 생각할지 모르지만 네가 얼마나 많은 걸 해냈는지 한번 보렴."	"넌 ＿＿＿＿＿을 잘해. 가족을 위해 그걸 해 주겠니?"
"네 유머감각 덕분에 즐겁다."	"난 널 아니까 잘할 거라 믿어."		"게임 정말 즐거웠어. 고맙다."
"네가 배우는 걸 즐기니 좋구나."			

불완전함을 받아들이는 용기 기르기

이제 어느덧 십대 자녀의 유능한 부모 되기 과정의 중반에 이르렀다. 이 시점이 되면 부모들은 자녀를 '잘못' 키우고 있다는 자책감을 느낄 수도 있다. 그러나 자신에 대해 조금 더 인내심을 발휘하여라. 다시 한 번 우리의 부모 되기 과업을 되새겨보자.

- 십대 자녀를 행복함, 건강함, 자신감, 협동심, 독립적인 사람이 되도록 격려한다.
- 십대 자녀와 굳건하고 평생을 이어갈 유대관계를 형성한다.
- 십대 자녀가 책임감 있는 성인으로 자라도록 도와준다.

여기에 부모 되기 과업을 달성하도록 도와줄 아이디어 하나가 더 있다. 이 아이디어를 Dreikurs는 '*불완전함을 받아들이는 용기(the courage to be imperfect)*' 라고 명명하였다. 이 말의 의미는 우리가 과거에 일어났던 일에 대해서는 걱정을 하지 말고, 그 대신 오늘 일어나고 있는 일에 초점을 두라는 것이다.

불완전함을 받아들이는 용기를 가지고 다음의 9가지 사항을 실천해 보자.

1. 십대 자녀가 완벽하기를 기대하지 않고, 노력하도록 격려한다.
2. 실수를 실패로 보지 않고, 배우는 과정의 일부라고 생각한다. 모든 사람들은 실수를 한다.
3. 남보다 우월해야 한다고 생각하지 말고, 남에게 도움이 되도록 노력한다.
4. 최선을 다한 다음 자신의 노력에 대해 만족한다.
5. 그다음 좋은 단계(차선책)를 택한다.
6. 하루아침에 전혀 새로운 나를 만들려 하지 않고, 조금씩 바꾸어 나간다.

7. 자기 자신을 소중히 여긴다.
8. 자기 자신의 장점과 좋은 자질을 인정한다.
9. 부모 되기는 극복해야 할 문젯거리가 아니라, 달성해야 할 도전이라고 생각한다.

본 책을 읽고 있다는 사실 자체가 우리 자신이 새로운 생각을 기꺼이 받아들일 강한 의지가 있음을 나타낸 것이며, 또 앞으로 성장 · 발전할 수 있는 확실한 가능성도 보여준다. 이제부터 계속 STEP 과정을 진행해 감에 따라 이 점을 깊이 명심하고 자기 자신을 늘 격려하여라.

Chapter 4

협력과 문제해결을 위한 격려 방법

십대 자녀의 부모인 우리는 종종 힘든 도전에 직면하게 된다. 이러한 도전에 부딪히면 우리는 십대 자녀에게 다음의 2가지 사항을 지키도록 지도할 수 있다.

- 자신의 문제에 대해 책임을 진다.
- 문제해결을 위해 다른 사람들과 협력한다.

본 장에서 배울 내용

- 십대 자녀는 자신의 문제 중 많은 부분을 책임질 능력이 있다.
- 부모와 십대 자녀는 대화로 많은 문제를 해결할 수 있다.
- 가족회의를 하면 자녀와 함께 즐거운 시간을 보내면서 문제를 해결해 나갈 수 있다.

문제를 어떻게 다루어야 하나?

우리는 Chapter 1에서 누가 문제의 소유자인지 결정하는 방법을 배웠다. 문제를 소유한 사람이 문제를 해결할 책임을 진다. 그렇다면 십대 자녀가 문제를 해결해 나가는 것을 도와서는 안 된다는 뜻인가? 그건 아니다. 가끔은 십대 자녀를 도와야 할 때도 있다. 그러나 문제의 소유자가 자녀라면 문제해결의 주도권은 어디까지나 자녀에게 있다.

1. 십대 자녀가 문제를 소유한 때

십대 자녀가 문제의 소유자인 경우의 사례 2가지를 살펴보자.

사례 1 : 남자 친구 문제

열일곱 살 난 한지와 그녀의 남자 친구 석이는 거실에서 다툰다. 부엌에 있던 아빠는 그 소리를 듣는다. 한지는 석이에게 "그건 너무 못된 말이야! 네가 나에게 어떻게 그런 말을 할 수 있어?"라고 말한다. 한지는 마음의 상처를 입고 화가 난 것 같다. 그렇지만 아빠는 석이와의 관계에 관한 문제는 한지가 소유자임을 알고 있다.

아빠는 어떻게 할 수 있을까?

- 현재로서는 아빠는 아무것도 할 수 없고 또 해서도 안 된다. 아빠는 거실에 가서 "왜 그러니?"라고 말하지 않는다. 만일 다투는 소리가 아빠를 방해했다면 아빠의 권리가 무시된 것이다. 이때에는 아빠가 문제의 소유자이다. 만약 한지와 석이가 물건을 던지거나 누군가 다친다면 역시 아빠가 문제의 소유자가 된다.
- 만일 한지가 아빠의 도움을 원한다면 한지의 말을 듣고 아빠의 의견을 제시할 수 있다. 그러나 스스로 나서서 문제를 해결하려 해서는 안 된다. 한지가 주체적으로 자신의 문제를 해결해야 한다.

사례 2 : 공부습관

열다섯 살인 해수는 금요일에 역사 시험이 있다. 월요일 아침에 해수는 엄마에게 "시험 때문에 걱정이 돼요. 이번 주에 복습하는 걸 도와주실래요?"라고 물었다. 엄마는 "오늘 밤이나 수요일 밤이라면 도와줄 수 있어."라고 답했다.

월요일 밤 엄마가 기다리는데도 해수는 시험공부를 하지 않고 다른 일을 했다. 또 수요일 밤에는 핑계를 대며 학교에서 늦게 귀가했다. 이제 목요일 밤이 되자 해수는 엄마에게 "지금 제 역사 복습을 도와주실래요?"라고 말했다. 엄마는

"해수야, 오늘 밤은 안 돼. 중요한 약속이 있어."라고 말했다. 해수는 투덜거리며 "하지만 절 도와주기로 약속하셨잖아요!"라고 말했다.

해수의 학업 문제는 해수가 알아서 해야 할 일이다. 해수는 엄마가 도와주려 할 때 도움을 받지 않았다. 또 한 주 내내 공부를 하지 않았다. 이 문제는 해수가 소유자이다.

엄마는 어떻게 할 수 있을까?

- 현재 상태에서 엄마는 해수에게 도움을 줄 수도 없고 도와줘서도 안 된다. 해수는 공부를 안 해서 낮은 점수를 받는 결과를 경험해야 한다. 만약 엄마가 지금 회의에 불참하고 해수의 복습을 도와준다면 해수는 무엇을 배우게 될까? 해수는 스스로 책임을 지지 않아도 된다는 것을 배우게 될 것이다. 또 엄마의 일정은 존중하지 않아도 된다고 생각하게 될 것이다. 나아가 자신이 잘못 선택하면 엄마가 자신을 구해줄 것이라고 생각하게 될 것이다. 이렇게 되면 학업 외의 다른 문제에 있어서도 해수는 엄마가 언제든지 자신을 도와주어야 한다고 생각하게 될 것이다.
- 엄마는 후일 공부 습관에 대해 해수와 대화할 수 있다. 엄마는 "시험공부는 매일 조금씩 하는 것이 효과적이야. 체계적으로 공부하는 방법에 대해 얘기하고 싶니?"라고 물어볼 수 있다. 해수가 그렇다고 말하면 두 사람은 몇 가지 아이디어를 검토해 볼 수 있을 것이다.
- 엄마는 해수의 행동 이면에 어떠한 목표가 숨어 있는지 생각해 볼 수 있다. 만약 엄마 자신이 짜증이 난다고 느낀다면 해수의 목표는 관심 끌기일 수 있으므로 엄마는 해수가 원하는 대가를 주지 않아야 한다. 엄마가 포기하고 싶다고 느낀다면 해수의 목표는 무능함 보이기일 수 있다. 이때에는 해수와 엄마가 문제의 공동 소유자가 된다. 무능함 보이기를 하는 십대 자녀는 극도로 낙담한 상태이므로 엄마는 아들을 격려할 방법을 찾아야 한다.

2. 부모가 문제를 소유한 때

이제 부모가 문제의 소유자인 경우의 사례를 살펴보자.

사례 : '무례한 말'

소리는 열네 살이다. 엄마가 1박 여행과 쇼핑몰에서 배회하는 것을 금지한 후 엄마에게 무례하게 굴기 시작했다. 어젯밤에는 엄마에게 거친 말을 하면서 "엄마는 내게 뭐라고 할 권리가 없어요."라고 말했다. 소리는 또 친구와 전화통화를 하면서 엄마에 대해 나쁜 말을 했다. 엄마는 그 말을 듣고 마음의 상처를 입고 화도 났다. 엄마는 존중받을 권리가 있다. 따라서 이 문제는 엄마가 소유자이다.

엄마는 어떻게 할 수 있을까?

- 엄마는 소리의 목표에 대해 생각해 볼 수 있다. 소리의 목표는 앙갚음일까? 그렇다면 엄마는 마음의 상처를 입지 않도록 노력해야 한다. 또 소리가 기대하지 못했던 행동을 할 수 있다. 당분간은 소리의 무례한 말과 행동을 무시해야 한다.
- 엄마는 나-전달법을 사용하여 소리에게 자신의 감정을 전달할 수 있다. "네가 내게 무례하게 굴고 함부로 말하면 난 실망하게 돼. 왜냐하면 네가 나를 존중하지 않으니까."라고 말할 수 있다.
- 엄마는 반영적 경청 기술을 사용하여 소리에게 피드백을 줄 수 있다. "네가 내게 무척 화가 난 것 같구나. 그 문제에 대해 얘기해 보겠니?"라고 말하고 소리가 대화를 나눌 의향이 있다면 두 사람은 대화로 문제를 해결할 수 있다.
- 엄마는 소리에게 선택권을 제시할 수 있다. "네가 존중하는 태도를 보인다면 주방에 있어도 돼. 그렇지 않다면 나가다오. 네가 결정해."라고 말할 수 있다.

어떤 부모들은 자녀의 거친 말을 들으면 극도로 분노를 느낄 것이다.

이때에는 대개 아무 말도 하지 말고 그 자리를 떠나는 것이 최선의 방법이다. 이런 행동은 자녀에게 강력한 메시지가 될 수 있다.

형제자매가 다툴 때에는 대개의 경우 그들이 문제의 공동 소유자이다.

3. 부모와 십대 자녀가 문제의 공동 소유자인 때

부모와 십대 자녀가 문제의 공동 소유자인 경우의 사례 2가지를 살펴보자.

사례 1 : 미성년 음주

열다섯 살 난 배용이는 학교 축제에 갔다가 술을 마신 것이 교사들에 의해 발각되어 부모에게 연락이 왔다. 이때에는 배용이의 부모가 문제의 소유자이다. 미성년자기 술을 마시는 행위는 불법이며 위험한 행동이다. 그러나 배용이는 지금 자유와 책임을 어떻게 조화시켜 나가야 하는지 배우고 있는 과정이므로 자신의 행동에 책임이 있다. 따라서 배용이도 이 문제의 소유자이다.

누가 문제의 소유자인지 생각해 보기

십대 자녀에게 일어나는 문제에 관해 생각해 보고 스스로에게 다음의 질문을 해 본다.

- 내 권리가 무시되고 있는가?
- 누군가 다칠 우려가 있는가?
- 누군가의 소유물에 손해를 입힐 수 있는가?
- 자녀가 문제에 대한 책임을 질 수 없는가?

누가 문제의 소유자인지 결정하여라. 문제의 소유자는 부모, 자녀 또는 양측 모두일 수 있다.

엄마와 아빠는 어떻게 할 수 있을까?

- 부모는 배용이의 목표에 대해 생각해 볼 수 있다. 배용이의 목표는 관심 끌기와 친구들의 인정과 수용을 받는 것일 수 있다. 또 무모한 행동을 하거나 잘난 척 으스댐으로써 힘 과시하기와 스릴을 추구하는 것일 수도 있다. 그렇다면 엄마와 아빠는 배용이가 추구하는 스릴은 법을 위반하는 행동임을 깨닫도록 도와주어야 한다.
- 부모는 학교에서 정한 음주 금지규정에 따른 결과를 배용이가 경험하도록 해야 한다. 배용이는 아마 유기정학을 받거나 스포츠, 음악 또는 연극과 같은 과외활동 참가 금지 처분을 받게 될 것이다. 만약 음주와 관련하여 학교와 경찰이 상호 협조 체계를 갖추고 있는 곳이라면 배용이는 소년법원에서 재판을 받거나 사회봉사 명령을 받을 수도 있다.
- 배용이의 부모는 반드시 자신들의 음주습관을 되돌아보아야 한다. 혹시 자신들이 아들에게 나쁜 본보기를 보이고 있지 않은지 반성해 보아야 한다.
- 또 부모는 배용이의 음주량과 음주 횟수를 파악해야 한다. 이번 일이 일회성 단순음주인가? 아니면 자주 술을 마시는가? 이 질문에 어떠한 답이 나오는가에 따라 부모는 다른 문제해결 방법을 모색해야 한다. 경우에 따라 전문가의 도움을 구할 수도 있다.

십대의 음주 문제와 도움을 받는 방법에 관하여는 Chapter 7에서 자세히 다루겠다. '음주와 약물 복용에는 어떻게 대처해야 할까?' 를 참조하여라.

사례 2 : 십대의 성관계

세희는 열일곱 살이다. 엄마는 세희의 상의를 세탁하던 중 호주머니에서 콘돔을 발견했다. 엄마는 이 문제를 놓고 세희와 대화를 했다. 세희는 엄마에게 남자 친구와 여러 번 성관계를 했다고 말했다. 엄마는 충격과 노여움에 어쩔 줄 몰랐다. 엄마는 세희가 좀 더 나이가 들 때까지 순결을 지켰으면 하고 바랐었다.

엄마는 성관계를 한 것은 결국 세희의 마음에 달린 문제라는 것을 알고 있지만 엄마는 딸에게 가르치고 싶은 가치관이 있었다. 엄마는 또 세희가 임신이나 성병에 걸릴까 봐 걱정이 된다. 따라서 이 문제는 세희와 엄마가 공동 소유자이다.

엄마는 어떻게 할 수 있을까?

- 엄마는 나-전달법을 사용하여 세희에게 자신의 감정을 전달할 수 있다. "네가 성관계한 것을 알고 난 정말 걱정이 된다. 네가 상처를 입을 위험이 너무 커."라고 말할 수 있다.
- 엄마는 반영적 경청 기술을 사용하여 세희의 감정을 파악할 수 있다. 세희가 "나는 상처를 입지 않을 거예요. 진호와 나는 서로 사랑해요!"라고 말한다면 엄마는 "진호가 널 사랑하니까 안전하다고 느끼는구나."라고 피드백을 줄 수 있다. 또 세희가 "걱정하지 마세요. 우리는 콘돔을 쓰고 있어요."라고 말한다면 엄마는 "콘돔을 사용하기 때문에 안전하다고 확신하는 것 같구나."라고 답할 수 있다. 엄마가 존중하고 배려하는 태도를 유지한다면 세희는 계속 대화를 이어나갈 것이다. 엄마는 딸의 말을 경청함으로써 많은 것을 알게 될 것이다. 다시 말해 세희가 자신은 이제 성숙했다고 느끼는지, 진호를 기쁘게 해 주고 싶어하는 것인지, 아니면 세희의 마음이 갈피를 못 잡고 있는지를 파악할 수 있을 것이다.
- 엄마는 계속 나-전달법을 사용하여 세희에게 엄마 자신의 감정을 이해하도록 도울 수 있다. 이와 동시에 엄마는 세희가 성관계를 계속할 수도 있다는 사실을 인식해야 한다. 이때 엄마는 세희가 임신

이나 성병의 예방 방법을 제대로 알도록 해 주어야 한다. 엄마는 세희에게 성병과 임신이 가져올 수 있는 모든 결과를 말해 주어야 한다. 또 만약 나중에 진호와 헤어지는 일이 생긴다면 어떻게 느낄지에 대해서도 대화를 해야 한다.

십대 자녀를 둔 부모에게는 음주와 성관계가 가장 큰 문제이다. 부모는 이런 문제들에 관하여 십대 자녀의 말을 경청하고 존중해 주며 협력해 나가는 계기로 만들도록 하여라 .

십대 자녀와 부모는 문제를 어떻게 해결해 갈 수 있을까?

격려를 받은 십대 자녀는 협력하고 새로운 것을 시도하며 책임을 질 용기를 갖게 된다.

문제의 소유자를 결정하는 것은 부모가 어떠한 행동을 취할 것인지에 도움을 준다. 또 자녀에게는 독립심과 책임감을 갖도록 해 준다. 만일 부모 혹은 부모와 십대 자녀가 문제를 공동 소유했다면 부모 자신이 행동을 취해야 한다. 반면 자녀가 문제의 소유자라면 자녀가 스스로 해결하도록 맡기고 부모는 자녀가 해결해 나가도록 도울 수도 있다. 우리는 이미 앞에서 문제가 있을 때 대처하는 방법을 여러 가지 배웠다. 이를테면 우리는 그 문제 행동을 무시할 수도 있고 반영적 경청 기술이나 나-전달법을 사용할 수도 있다. 아니면 자녀에게 선택권을 주고 일어날 수 있는 결과를 설명해 줄 수 있다. 그 외에 문제를 해결하기 위한 또 다른 방법은 자녀와의 대화를 통한 방식으로 충분한 시간을 갖고 자녀의 말을 경청하고 대화하며 문제해결 방안에 대한 합의를 이끌어 내는 것이다. 이러한 과정을 *대안 탐색(exploring alternative)*이라 한다.

1. 대화를 통한 문제해결 : 대안 탐색의 5단계

누가 문제의 소유자이든 다음의 5단계를 통해 대안을 탐색할 수 있다.

1. **문제를 정확히 이해한다** : 부모 자신과 십대 자녀 모두가 문제와 이에 대한 양측의 감정을 정확히 인식하도록 한다. 반영적 경청 기술을 사용하여 자신이 제대로 이해했는지 질문을 한다. 존중하는 태도로 문제를 명확하게 설명한다. 그리고 나-전달법을 사용하여 자신의 감정을 정확하게 설명한다. "네가 ____________ 면 나는 _______ 을 느낀다. 왜냐하면 ________."라고 말할 수 있다.
2. **브레인 스토밍으로 여러 가지 대안을 찾아본다** : 여러 가지 아이디어를 내기 위해 자녀에게 문제를 해결하기 위한 방법을 물어본다. 그 다음에 부모 자신의 생각도 제안한다. 부모가 "만일 네가 ____ 라면 어떤 일이 일어날까?"라고 물어보면 도움이 될 것이다.
   이 아이디어들을 '*대안(alternatives)*'이라 한다. 이 단계에서는 열린 마음을 가져야 한다. 제안된 아이디어 중에는 엉뚱하다거나 불가능하게 보이는 것도 있을 수 있다. 그러나 이에 대해 섣불리 판단하지 않도록 한다. '엉뚱한' 아이디어가 다른 사람이 정말 좋은 아이디어를 생각해 내는 자극제가 될 수 있다. 이 단계에서는 '*어떤 생각이든 관계없이*' 될 수 있는 대로 많은 아이디어를 생각해 본다.
3. **여러 아이디어를 놓고 토의한다** : 이제 제안된 여러 가지 아이디어에 대해 자유롭게 시험해 본다. 아이디어 목록을 읽어 내려가면서 십대 자녀를 동등하게 대하며 아이디어를 하나하나 논의한다. 부모와 십대 자녀는 여러 아이디어를 자유롭게 '가상 시험해 볼' 수 있어야 한다. 만약 자녀의 아이디어에 동의할 수 없다면 존중하는 태도를 유지하면서 반박해야 한다. "그 아이디어는 소용이 없을 거야."라고 말하지 마라. 대신 "난 그 계획이 네가 지켜 나가기엔 힘들 것 같아서 걱정이 된다."라고 말한다.
4. **하나의 아이디어를 선택한다** : 부모와 자녀가 모두 받아들일 수 있는 한 가지 아이디어를 선택한다. 십대 자녀가 문제의 소유자

라면 자녀가 아이디어를 선택한다. 부모는 그 아이디어가 자녀나 다른 사람에게 위험을 초래할 우려가 있을 때에만 개입하도록 한다. 부모와 자녀가 문제를 공동 소유한다면 양쪽이 모두 합의하는 아이디어를 선택해야 한다.

5. **선택한 아이디어를 실천한다** : 합의된 아이디어를 시험해 보기로 합의한다. 함께 어느 정도의 기간이면 아이디어를 충분히 실험할 수 있을지 의논하여 정한다. 대개 1주일 정도면 실험하기 적절한 기간이다.
   또한 그 아이디어가 효과가 있는지 재논의할 시기를 정한다. 아이디어가 효과가 없는 경우에는 원점부터 다시 위의 5단계를 밟아 대안을 탐색하거나 처음의 대안 탐색에서 나온 아이디어 중 하나를 시험해 볼 수 있다.

대안을 탐색하는 과정에서 십대 자녀와 부모 자신의 감정상태를 눈으로 관찰하고 귀로 경청하도록 노력하여라. 이렇게 하면 서로 이해하는 데 도움이 된다. 또 양쪽이 모두 문제해결에 주의를 집중하는 데도 도움이 된다.

2. 개방형 질문을 사용하여라

십대 자녀와 대화를 할 때에는 자녀에게 질문도 할 것인데, 이때에는 *폐쇄형(closed)* 질문이 아니라 *개방형(open)* 질문을 하여라. 폐쇄형 질문은 *한 가지* 답만 요구하므로 대화가 토의로 이어질 여지가 없다. 어떤 폐쇄형 질문은 '예' 나 '아니오' 로만 대답할 수 있다. 또 다른 폐쇄형 질문은 힐책이나 비판이 담겨 있다.

- "너는 우리가 돈 만드는 기계라고 생각하니?"
- "넌 오늘 밤에 공부를 해야 한다고 생각하지 않니?"

- "왜 그런 짓을 했니?"
- "넌 언제쯤 성숙해질래?"

개방형 질문은 자녀가 대화를 이어가도록 유도한다. 개방형 질문은 자녀에 대한 존중감을 보여준다. 또 부모가 자녀의 생각을 듣고 싶어한다는 것을 보여준다.

- "너는 어떻게 돈을 벌 수가 있었니?"
- "왜 생물 실험 실습 과목이 어렵게 느껴지니?"
- "너는 그것에 대해 어떻게 생각하니?"
- "너라면 무엇을 더 하고 싶니?"

십대 자녀의 입장이 되어보아라.
지나치게 많은 폐쇄형 질문을 듣게 된다면 과연 어떤 기분이 들겠는가?

개방형 질문하기

자녀가 가지고 있는 문제에 대해 생각해 본다. 자녀가 이 문제를 어떤 시각으로 보고 있는지 이해하기 위해 사용할 개방형 질문을 생각해 본다. 개방형 질문을 시작할 때는 다음의 단어를 사용한다.

- 어디에서?
- 언제?
- 무엇을?
- 누가?
- 어느 것을?
- 어떻게?

개방형 질문하기를 연습하여라. 부모 자신과 자녀에 대한 존중감을 보여주기 위해 존중하는 어조, 몸짓과 표정을 유지하도록 노력한다.

3. 대안 탐색 : 2가지 사례

대안 탐색의 2가지 사례를 살펴보자. 이미 앞에서 소개된 바 있는 첫 번째 사례는 한지와 석이의 문제이며, 두 번째 사례는 소리와 엄마 사이의 문제이다.

사례 1 : 한지의 문제 : 남자 친구와의 다툼

한지와 남자 친구 석이는 자주 다툰다. 아빠는 이를 알고 있지만 개입하지 않았다. 오늘 밤 아빠가 TV를 보는데, 한지가 들어와 옆에 앉는다. 한지는 슬픈 표정으로 한숨을 쉰다. 아빠는 한지가 대화를 원하는 것을 느낄 수 있다. 아빠는 대안 탐색을 제안해 보기로 한다.

1. **문제를 정확히 이해한다** : 우선 아빠는, "네가 좀 우울해 보이는구나."라고 말한다. 한지는 "전 괜찮아요."라고 대답하지만 전혀 괜찮아 보이지 않는다. 아빠는 "네 눈을 보니 슬픈 것 같은데, 하지만 네가 말하고 싶지 않다면 그렇게 해."라고 말한다. 한지는 "석이 때문에요. 석이와의 사이가 어떤지 헷갈려요."라고 말한다. 아빠는 아무 말 않고 다음 말을 기다린다. 한지는 "제 말은 우리가 단둘이 있을 때는 그렇게 잘해 주다가도 자기 친구들 앞에서는 저를 함부로 대해요."라고 말을 계속한다.
   아빠는 한지가 문제를 인식했음을 알게 된다. 한지는 계속 말하고 싶은 것 같다.
2. **브레인 스토밍으로 여러 가지 대안을 찾아본다** : 아빠는, "정말 당황했겠구나, 응?"이라고 말한다. 한지는 "얼마나 상처를 입었는데요!"라고 소리친다. "내가 석이에게 만일 나도 너처럼 똑같이 대한다면 기분이 어떨까라고 물어봤어요." 아빠는 "그래서 석이에게 네 기분을 얘기했니?"라고 묻는다. 한지는 "그러려고 했어요. 그런데 그 애는 제가 아무것도 아닌 일을 갖고 법석을 떠는 것으로 생각해요."라고 말한다.
   아빠는 "석이에게 할 말을 아빠와 연습해 보겠니?"라고 묻는다.

한지는 "아뇨. 난 연습할 필요 없어요! 제 친구 희영이가 제게 충고하길 석이가 내 말을 끝까지 듣도록 요구하래요. 아, 나도 모르겠어요."라고 말하고 한숨을 쉰다. 아빠는 신중한 태도를 취한다. 한지가 스스로 생각하고 있음을 알기 때문이다. 따라서 아빠는 경청하는 것이 한지를 도울 수 있는 가장 좋은 방법이라고 생각한다. 아빠는 "넌 상당히 낙심한 것 같구나."라고 말한다.

한지는 "그래요. 나는 석이와 헤어질까 생각 중이에요. 문제는 우리 단둘이 있을 때는 그렇게 다정하다는 거예요."라고 말한다. 아빠는 "석이와 당장 헤어지지 말고 며칠간만 만나지 않으면 어떨까?"라고 물어본다. 한지는 "그 생각은 못해 봤어요."라고 말한다.

3. **여러 아이디어를 놓고 토의한다** : 아빠와 한지는 대화를 계속한다. 아빠는 주로 듣기만 하고 가끔 질문을 던진다. 이렇게 해서 아빠는 한지가 자신의 감정을 제대로 정리할 수 있도록 돕는다. 한지가 이쯤에서 대화를 중단하고 싶어한다면 그렇게 해도 좋다. 이 문제는 한지가 소유자이기 때문에 아빠와 합의할 필요가 없다. 그러나 한지는 대화를 끝내지 않고 아빠와 대화를 계속한다.
4. **하나의 아이디어를 선택한다** : 한지는 아빠에게 "제가 희영이에게 전화해서 며칠간 만나지 않는 것에 대해 어떻게 생각하는지 물어볼래요."라고 말한다.
5. **선택한 아이디어를 실천한다** : 아빠는 한지에게 "언제든 네가 내게 얘기하고 싶을 때는 얘기하렴."이라고 말한다. 한지는 희영에게 전화를 하기 위해 나간다.

나중에 아빠는 한지에게 어떤 결정을 내렸는지 물어볼 수도 있고 물어보지 않을 수도 있다. 언제 물어보고, 언제 침묵을 지켜야 할지 결정을 내리는 문제는 미묘하고 까다롭다. 아빠는 경청하고 존중하는 태도를 유지함으로써 한지에게 원한다면 대화상대가 되어 주겠다는 의사를 표현하였다. 또 한지에게 여러 사람이 문제를 논

대안 탐색의 단계

1. 문제를 정확히 이해한다.
2. 브레인 스토밍으로 여러 가지 대안을 찾아본다.
3. 여러 아이디어를 놓고 토의한다.
4. 하나의 아이디어를 선택한다.
5. 선택한 아이디어를 실천한다.

의하고 여러 가지 해결책을 생각해 볼 수 있음을 깨닫게 해 주었다. 그뿐 아니라 이 과정을 통해 평온하고 사려 깊은 태도로 문제의 해결책을 찾을 수 있다는 것도 보여주었다. 그러면서도 이것이 대안 탐색이라고 꼭 집어 이야기하지 않으면서 실천적 행동으로 보여주었다.

사례 2 : 엄마의 문제 : 소리의 무례한 말과 행동

소리는 벌써 며칠 동안 엄마에게 무례하게 굴고 있다. 엄마에게 거친 말을 하고 소리를 지르기도 한다. 엄마에게 욕설을 한 때도 있다. 이 문제는 엄마가 소유자이다. 엄마는 소리와 함께 대안을 탐색해 보기로 한다.

1. **문제를 정확히 이해한다** : 엄마는 조용한 때를 기다린다. 지금 엄마는 소리와 단둘이 집에 있고 소리는 학교 공부, TV 시청 또는 전화통화와 같은 것을 하지 않은 채 한가하다. 엄마는 화가 나지 않은 평온한 기분이다. 엄마는 딸에게 "소리야, 너는 요즘 내게 무척 화가 난 것 같구나. 무엇 때문에 그러지?"라고 묻는다. 소리는 "엄마가 내 인생을 좌지우지하려 했잖아요!"라고 쏘아붙이고는 엄마에게 거칠게 말했다.
   엄마는 평온한 태도를 유지하면서 "이 문제를 너와 얘기하고 싶구나. 하지만 네가 욕을 하면 난 존중하는 태도를 유지하기가 어려워져. 단 몇 분간만 나와 차분하게 얘기하겠다고 동의할 수 있겠니?"라고 말한다. 소리는 엄마를 빤히 노려본다. 엄마는 침착하게 기다린다. 소리는 "좋아요. 그럴게요. 하지만 설마 친구들 중에서 나만 평일에 쇼핑몰에도 못 가고 1박 여행도 못한다는 걸 모른다고는 않겠죠? 게다가 10시 이후에는 전화도 못 쓰게 하고 말도 안 되는 *규칙*은 너무 많아서 난 꼭 여덟 살짜리 애 취급당하는 기분이에요."라고 말한다.

엄마는 "넌 정말 내가 부당하다고 생각하는구나. 난 네가 그렇게 느끼는 것을 몰랐어."라고 말한다. 소리는 다음과 같이 대꾸한다. "엄마가 나에게 조금이라도 관심을 둔다면 내가 그 말도 안 되는 규칙을 어길 때는 빼고 내 기분을 알 텐데요!"

이제 엄마는 무엇이 문제인지 알게 되었다. 소리는 엄마가 너무 엄격하다고 생각하고 있다. 또 엄마가 자신에게 관심과 애정이 없다고 생각하고 있다.

2. **브레인 스토밍으로 여러 가지 대안을 찾아본다** : 엄마는 마음의 상처나 화난 기분을 느끼지 않도록 주의한다. 엄마는 보복전을 벌이고 싶지 않다. 그래서 평온한 태도를 유지하면서 "규칙에 대해서 얘기해 보자. 너는 매일 쇼핑몰에 갈 수 있어야 한다고 생각하니?"라고 말한다. 소리는 '젠장'이라고 혼잣말을 하면서 "엄마는 지금 억지를 쓰고 있는 거예요! 분명히 말하지만 난 매일 '*가고 싶다*'는 생각을 해본 적도 없어요!"라고 말한다. 엄마는 차분하게 "욕설을 하고 무례하게 구는 건 진심으로 이 문제를 해결하고 싶지 않다는 것처럼 보인다."라고 말한다. 소리는 화가 나서 노려보지만 아무 말도 하지 않는다. 엄마는 친절한 어조로 "쇼핑몰에 가면 무얼 하니?"라고 묻는다. 소리는 "별것 없어요. 다만 많은 애들이 식당가에서 시간을 보내잖아요."라고 말한다.

소리는 엄마가 자신의 감정에 귀를 기울여줄 의향이 있음을 깨닫기 시작한다. 엄마는 평온한 태도를 유지하지만 욕설이나 무례한 말은 용납하지 않는다. 엄마는 소리에게 1박 여행에 대해 왜 걱정하는지 이유를 말해 준다. 소리는 1박 여행을 못하니까 소외감을 느낀다고 말한다. 또 친한 친구 연이는 소리와 전화통화를 원하지만 소리네 집 전화가 계속 통화 중이어서 저녁 10시 이전에는 전화하기가 힘들다고 불평하더라는 말도 들려준다.

3. **여러 아이디어를 놓고 토의한다** : 엄마와 소리는 대화를 계속한다. 엄마는 쇼핑몰에서 시간을 보내는 것은 옳다고 생각하지 않지만 1박 여행에 대해서는 가끔 동의할 의향이 있다고 말한다. 소리는 엄마가 쇼핑몰 문제에 편파적이라고 생각하지만 1박 여행은 가고 싶고, 또 현이와 밤 10시 이후에 전화통화도 하고 싶다. 엄마는 자신이 몇 가지 문제에는 너무 엄격한지도 모르겠다고 동의한다. 엄마는 소리에게 존중받고 싶다고 말한다.
4. **하나의 아이디어를 선택한다** : 좀 더 대화한 후에 소리와 엄마는 이번 달에 어른이 동반한다면 1회의 1박 여행을 가도 된다는데 합의한다. 또 과제물을 끝낸 후에는 밤 10시 30분까지 현이와 전화통화를 해도 된다고 합의한다. 엄마는 "난 네가 내게 무례한 말이나 소리 지르기는 안 할 것으로 기대한다. 밤 10시 30분까지 전화할 특권을 계속 누리려면 내가 잔소리 안 해도 10시 30분이면 전화를 끊어야 해. 너는 나에게 욕설과 소리 지르기를 안 하겠다는데 동의하니? 나도 널 존중하는데 동의할게."라고 말한다. 소리는 동의한다.
5. **선택한 아이디어를 실천한다** : 소리와 엄마는 1주일간 그 아이디어를 실천해 보기로 한다. 주말에는 그 아이디어가 효과가 있는지 다시 논의를 할 것이다.

   엄마와 소리 사이의 문제는 당장 전부 해결되지는 않겠지만 엄마는 대안 탐색을 통해 딸과 좀 더 나은 관계를 맺는 첫걸음을 시작할 수 있었다. 소리는 엄마가 힘겨루기나 보복전에 더 이상 말려들지 않는다는 것을 깨닫게 되었고 자신의 말을 경청할 의도가 있다는 것도 알게 되었다. 이제는 존중하는 태도로 대화하는 것이 보다 많은 자유를 얻는 데 도움이 된다는 것도 깨달았으며, 더 나아가 자신이 보다 많은 책임을 져야 한다는 것도 인식하게 되었다.

4. 대화를 나누기가 힘들 때

가끔 문제를 해결할 도리가 없는 것처럼 보일 때가 있다. 부모나 자녀가 극도로 화가 나 있을 때, 두 사람이 문제를 보는 시각이 판이하게 다를 때, 두 사람이 모두 자신이 옳다고 믿을 때, 또는 부모가 참을성이 부족할 때가 바로 그런 때이다. 이런 경우 대부분은 "이건 절망적이야. 절대로 아무 해결책도 나오지 않을 거야."라고 혼자 생각하게 된다.

이처럼 부모와 자녀가 *갈등(conflict)*할 때에는 포기하거나 자기 입장만 고집하지 마라. 대신 협력할 수 있는 방안을 찾기 위해 다음의 아이디어를 사용해 보아라.

존중하는 태도를 유지하여라 : 존중이 얼마나 중요한지는 이미 배웠다. 자녀를 존중하지 않는 부모는 자기 자신도 존중할 수 없다.

두 사람이 싸우기로 '합의' 해야 비로소 싸움이 성립된다.

아빠와 딸이 말다툼을 하면서 자꾸 상대방이 말하는 데 끼어든다. 아빠는 대화를 계속하기 위해 "우리가 동시에 말을 하면 상대방의 말을 알아들을 수가 없으니까 서로 상대를 존중하면서 상대방의 말을 주의 깊게 듣기로 하자. 네가 먼저 말하면 난 들을게."라고 말한다.

문제의 본질을 찾아 대화하여라 : 갈등 상황에서는 감정이 앞서기 쉽다. 이렇게 되면 문제의 본질을 놓칠 수 있다.

딸이 자기 몫의 집안일을 하지 않아서 말다툼을 하게 되었다. 부모는 화기 나서 '딸의 코를 납작하게 해야겠다!' 라고 생각한다. 이처럼 격앙된 감정은 부모 자신이 집안일이라는 문제의 본질을 놓치고 있다는 중요한 메시지를 전달한다. 즉, 부모 자신이 감정에 휘둘려 누가 주도권을 잡아야 하느냐는 것이 문제의 본질이라고 잘못 생각하고 있다는 신호이다.

이때에는 자신의 감정을 자제하고 심호흡을 한 다음 딸에게 "우리 둘 다 자기가 대장이란 걸 보여주려 하는 것 같구나. 이러는 게 이 문제를 해결하는데 무슨 도움이 되겠니?"라고 말한다.

부모 자신이 문제에 일부 책임이 있음을 인정하는 것도 괜찮은 방법이다. 이렇게 하면 자녀도 자신의 책임을 인정할 수 있고, 또 해결책을 찾기 위한 대화도 다시 이어나갈 수 있다.

싸우지 않기로 합의하여라 : 십대 자녀와의 갈등 상황은 양측이 싸우기로 합의했을 때 발생한다. 우리가 말로 표현은 하지 않았지만 묵시적으로 *싸우자는데 '동의한 것'*이다.

이 상황에서는 한 걸음 물러서서 이런 숨겨진 '합의'가 문제해결을 가로막고 있는 것이 아닌지 생각해 볼 필요가 있다. 만일 그렇다면 자녀에게 "우리 둘 다 문제를 해결하려는 노력 대신 말다툼을 하기로 한 것 같구나. 너도 노력한다면 나도 싸우지 않도록 노력하겠다. 어떻게 생각하니?"라고 말한다. 그리고 우호적인 어조와 표정을 유지하여라.

기다렸다 나중에 대화하여라 : 가끔 십대 자녀와 서로 받아들일 수 있는 아이디어를 찾을 수 없을 것 같은 때에는 대안 탐색의 두 번째 단계로 돌아가서 다시 머리를 맞대고 아이디어를 생각해 볼 수 있다. 아니면 둘 다 숙고해 볼 기회를 갖기 위해 대안 탐색을 중단할 수 있다.

문제가 시급하게 해결을 요하는 것이라면 부모 혼자서 결정을 내려야 할 경우도 있다. 이때에는 자녀에게 다음에 다시 그 문제에 대해 말할 기회를 주겠다고 말하여라. "우리 둘이서는 이 문제를 해결할 수 없을 것 같다. 그래서 지금은 내가 결정을 내릴게. 함께 해결책을 찾을 수 있는지 며칠 후에 다시 얘기해 보자."라고 말할 수 있다. 십대 자녀가 말을 한 마디도 안 할 때도 부모가 결정을 내려야 한다.

합의서로 문서화하여라 : 가끔 합의서를 쓰는 것이 도움이 될 때가 있다. 다시 검토할 때까지 합의서를 냉장고에 붙이거나 자녀에게 보관하게 한다.

부모와 자녀가 함께 합의서에 서명할 수도 있다. 이런 행동은 서로 존중하며 "우리는 서로 이 문제에 대해 진지하게 임한다."는 것을 보여줄 수 있다.

서로의 유사점을 찾아본다 : 가끔 두 사람의 유사점이 문제를 더욱 어렵게 만든다는 인식이 도움이 될 수 있다. 갈등 상황에 있을 때에는 이러한 인식을 하기 어렵지만 다음의 예를 고려해 본다면 도움이 될 것이다.

두 사람이 다 말하는 것을 좋아한다면 언쟁을 할 때 서로 마무리 발언을 하려 들 것이다.

두 사람이 다 감성이 풍부하다면 거친 말이 오갈 때에는 둘 다 마음의 상처를 입을 것이다.

이때 자녀의 입장이 되어보면 서로의 유사점을 인식할 수 있을 것이다. 서로의 유사점을 깨달으면 문제를 다른 시각에서 볼 수 있고, 더 나아가 갈등 해소에도 도움이 될 수 있다.

가족회의는 십대 자녀와의 관계 개선에 어떤 효과가 있을까?

가족 구성원들 간의 협력을 이끌어낼 수 있는 또 다른 좋은 방법은 정기적으로 가족회의를 여는 것이다.

가족회의가 노력할 만한 가치가 있는지 의아해 하는 사람들도 있을 것이다. "왜 가족회의를 하지? 우리는 이미 매일 얼굴을 마주 대하고 있는데!"라고 말하는 사람도 있고 "회의는 직장, 종교 단체나 지역공동체를 위한 것이지, 가정에서는 할 필요가 없다."라는 생각을 가진 사람도 있을 것이다.

주위에 정기적으로 가족회의를 하고 있는 사람이 있으면 가족회의에 대해 물어보아라. 그러면 다음과 같은 말을 듣게 될 것이다.

- 가족회의는 가족이 서로 돕는 한 '팀'이라는 생각을 고취한다.
- 가족회의는 모든 구성원에게 좋은 감정을 공유하고 함께 즐거운 시간을 보낼 기회를 준다.
- 가족회의는 자녀에게 존중감과 문제해결 방법을 가르친다.
- 가족회의는 가족이 폭력과 소리 지르기를 멈추도록 돕는다.
- 가족회의는 자녀에게 자신의 의견이 존중된다는 것을 알고 자유롭게 표현할 수 있는 자리를 제공한다.

다성이는 열다섯 살이고, 여동생 다솔은 열세 살이다. 다솔이는 부엌에 있는 아빠에게 와서 "오빠가 나를 컴퓨터 앞에서 밀어냈어요. 한참 오락을 하고 있었는데."라며 울면서 호소한다. 그러자 다성이가 거실 쪽에서 "아빠, 전 과제물을 해야 해요!"라고 소리쳤다.

아빠는 방금 직장에서 퇴근하였다. 저녁 식사 준비가 늦어져서 자녀들과 대화하기에는 너무 바쁘고 기분도 좋지 않다. 그래서 아빠는 다솔이와 함께 거실로 가서 다솔이와 다성이 모두 "이 문제는 가족회의에서 얘기하자. 냉장고의 목록지에 기재해 두렴." 하고 말한다.

아빠는 화가 폭발해서 때리거나 소리를 지르지 않았고 아이들은 자신들의 문제가 무시되지 않을 것임을 알고 있다. 아직 가족회의는 열리지 않았지만 문제를 해결할 기회가 있음을 아는 것만으로도 이 가족의 기분은 진정된다.

1. 가족회의 운영 지침

가족회의를 습관화하고 효과적으로 활용하기 위해서는 시간과 노력이 필요하다. 다음의 10가지 지침을 사용하면 도움이 될 수 있다.

1. **정기적으로 가족회의를 가진다** : 1주에 한번 정도 가족회의를 열도록 하여라. 회의 시간은 약 20분~1시간으로 계획한다.
2. **토의할 사항의 목록을 만든다** : 회의에서 토의할 사항의 목록은 *의사일정(agenda)*이라 한다. 목록을 냉장고에 붙여두어라. 그리고 회의 전 며칠 동안 가족 구성원들이 토의하고 싶은 사안을 기재하도록 한다. 이렇게 하면 시간이나 노력을 허비하지 않고도 모든 구성원들의 관심 사항을 논의할 수 있다.
3. **회의일정을 계획한다** : 처음에는 부모가 회의를 주재해야 할 것이다. 안건목록을 보고 각 안건 당 어느 정도의 시간을 안배할 것인지 결정하여라. 안건 당 정해진 제한 시간을 준수하여라.
4. **회의 중 역할은 돌아가며 맡는다** : 가족회의에서 의장은 안건목록을 낭독하고 회의를 주재한다. 가족의 모든 구성원이 회의를 주재할 기회를 가지는 것이 중요하다. 가족 중 어린아이가 회의를 주재할 때는 도움이 필요하므로 도와주는 것이 좋다.
5. **회의록을 작성한다** : 가족회의에서 결정된 사항과 계획을 기록하여라. 이 메모 기록을 *회의록(minutes)*이라 한다. 기록은 돌아가며 하고 기록된 회의록은 붙여두고 모든 구성원들이 읽을 수 있게 한다. 회의록은 냉장고 위 차기 회의 안건목록 옆에 붙일 수 있다. 십대나 더 큰 자녀가 아직 글을 읽지 못하는 어린아이들에게 회의록을 읽어주도록 부탁하여라.
6. **가족의 모든 구성원이 참여하게 한다** : 안건을 토의할 때는 자녀에게 먼저 발언 기회를 주어라. 이렇게 하면 자녀의 책임감을 기

가족회의 계획

1. 그동안 일어난 좋은 일들을 이야기한다.
2. 지난 회의의 회의록을 낭독한다.
3. 지난 회의에서 합의된 사항의 처리 결과에 대해 보고한다.
4. 이번 회의에서 토의할 사항에 대해 이야기한다.
5. 재미있는 가족 오락 활동을 계획한다.
6. 토의내용을 요약하고 합의된 사항을 발표한다.

가족회의는 십대의 자녀에게 자신의 의견이 존중된다는 것을 알고 자유롭게 표현할 수 있는 자리를 제공한다.

르는데 도움이 된다.

- 발언하지 않은 사람이 있으면 "어떻게 생각하니?"라고 물어본다.
- 너무 길게 발언하는 사람에게는 존중하는 태도를 유지하면서 "네게는 이게 중요한 문제인 것 같구나. 다른 사람들은 어떻게 생각하는지 들어보는 게 좋겠다."라고 말한다.
- 남을 존중하지 않는 사람이 있으면 나-전달법을 사용하여 "난 거친 말을 들으면 우리가 협력하기 어려울 것 같아 걱정스럽다."라고 말한다.

7. **불평을 제한한다** : 너무 많은 불평은 가족회의를 분풀이 한마당으로 변질시킬 수 있으며, 이렇게 되면 문제를 해결할 수 없다. 또 가족이 즐거운 시간을 보내는 데 도움이 되지 못한다. 만일 불평이 길어지면 "그렇다면 우리가 어떻게 할 수 있을까? 그 문제를 어떻게 해결할 수 있을까?" 하고 물어보아라. 다른 사람들의 감정에 귀 기울이고 자신의 감정을 표현하도록 하여라. 문제가 발생

하면 대안 탐색을 사용하여라.

8. **집안일을 선택할 때 협력한다** : 자신이 할 집안일을 선택할 때 아무도 하고 싶어하지 않는 일을 한 가지 자원하여 선택한다. 예를 들어 "난 고양이 모래상자 청소와 욕실 청소 중 어느 것을 하지?" 라고 말할 수 있다. 시간이 흐르면 다른 사람들도 하기 싫은 집안일을 자원해서 하게 될 것이다. 서로 돌아가면서 집안일을 할 수도 있고 집안일 항아리를 활용할 수도 있다.

9. **자기가 동의한 일은 반드시 한다** : 합의된 사항은 다음 회의가 열릴 때까지 지켜야 한다. 합의된 사항을 변경하고 싶다면 다음 회의에서 바꿀 수 있다. 사녀와 부모는 자신이 하겠다고 동의한 사항은 그대로 실천해야 한다.

   우리가 합의된 사항을 잊고 어기면 어떻게 해야 할까? 우리가 시간이 없어 합의한 사항을 실천하지 못했다면 어떻게 해야 할까? 다른 구성원들에게 사과하고 앞으로는 잘하겠다고 말해야 하며, 또한 십대 자녀가 합의한 사항을 잊거나 시간이 없어 실천하지 못한 때에도 마찬가지이다. 완벽한 사람은 아무도 없다.

   합의한 사항을 계속 어길 경우에는 '놀기 전에 해야 할 일이 우선' 이라는 규칙을 정하자. 사람들은 재미있는 오락 활동을 하기 전에 반드시 자기 몫의 집안일을 끝낼 필요가 있다. 이 규칙은 자녀는 물론 부모에게도 적용된다.

10. **함께 즐거운 시간을 가진다** : 가족회의는 문제를 해결하고 각자 자신이 분담할 집안일을 선택하기에 좋은 수단이 될 수 있다. 그러나 가족회의의 효용은 거기에 그치지 않고 재미를 더할 수도 있다. 그간 있었던 좋은 일에 관해 이야기하여라. 한 사람 한 사람에게 그 주 동안 받은 도움에 대해 구체적으로 말하고 고맙다고 말하여라. 다른 가족 구성원들도 돌아가며 똑같이 한다. 또 지금 잘되고 있는 일에 대해 소개하도록 요청하면 회의를 긍

집안일 항아리 활용하기

돌아가며 집안일을 하기 위해 다음과 같이 집안일 항아리를 이용할 수 있다.

- 매주 해야 할 일에 관해 함께 토의한다.
- 해야 할 일을 하나씩 종이쪽지에 적어 항아리에 넣는다.
- 매주 항아리에서 쪽지 뽑기를 해서 각자 해야 할 일을 정한다.

정적인 분위기 속에서 시작할 수 있다. 또 자녀들은 다른 사람과 자신을 격려하는 법을 배울 수 있다.

가족회의에서 가족 전체가 즐길 수 있는 활동을 함께 계획해 본다. 일요일 밤 함께 피자 만들 계획을 할 수도 있고 함께 TV로 축구경기를 시청하는 계획을 세울 수도 있는 등, 가족회의가 끝난 직후 함께 즐거운 시간을 보낼 수도 있다. 그러나 가족 구성원들의 바쁜 생활을 존중해야 하며 십대 자녀들은 가족회의 후에 다른 계획이 있을 수 있다.

회의 시간 정하기

가족 구성원들은 나름대로 바쁜 일정이 있다. 가족회의 시기를 정하려면 우선 모든 구성원들의 일정표를 만들어야 한다. 그리고 일정표에 자녀와 부모의 그 주간에 예정된 활동을 기재하여라. 이렇게 하면 모든 구성원이 한가한 시간을 찾을 수 있어 시간을 조정하는 데 도움이 된다. 가족회의에서 토의할 수 있는 안건의 예를 들어보면 다음과 같다.

- 아이들의 활동
- 용돈
- 심부름
- 집안일 분담
- 친구들이 방문했을 때 지켜야 할 규칙
- 주말계획
- 전화 사용 시간
- TV 시청과 영화 관람
- 과제물
- 가족 공용 컴퓨터의 사용

2. 가족회의는 모든 유형의 가족에게 효과적이다

가족회의는 한부모가족, 부모가 다 있는 가족, 한자녀가족, 많은 자녀가 있는 가족, 재혼가족을 불문하고 모든 유형의 가족에게 도움이 된다.

부모가 다 있는 가정에서 부 또는 모 한 사람만이 가족회의를 원할 때가 있다. 이때에는 원하지 않는 어른은 빼고 가족회의를 해도 좋다. 가족회의를 원하지 않던 쪽도 아마 얼마 지나지 않아 가족회의의 효과를 직접 확인하게 되면 스스로 참석하게 될 것이다. 그렇게 되지 않더라도 계속 가족회의를 운영하여라. 자녀에게 협력하는 마음과 방법을 가르치는 동시에 함께 즐거운 시간을 보낼 수 있을 것이다.

1. **한부모가족** : 당신이 한부모라면 혼자 자녀를 양육하고 경제 활동을 하는 데 따른 한부모만의 어려움이 있을 것이다. 이때에도 가족회의는 도움이 된다. 한부모가족이 다른 유형의 가족과 다른 점은 문제에 관한 대화가 함께 살지 않는 비양육부(또는 비양육모)에 집중된다는 점이다. 자녀에게는 이 문제에 관해 솔직하게 마음을 표현할 수 있는 기회가 주어져야 한다. 그러나 가족회의에서 비양육부(또는 비양육모) 문제에 관해 토의하는 것은 적절하지 못하다. 왜냐하면 가족회의는 함께 사는 구성원끼리 더 좋은 관계

를 형성하기 위한 자리이기 때문이다.

만일 자녀가 비양육부(또는 비양육모)에 관해 얘기하고 싶어할 때는 가족회의가 아닌 다른 때에 대화를 하도록 유도한다. 이때에는 "네가 아빠네 집에 있을 때 얘기를 하고 싶어하는 걸 알아. 하지만 지금은 우리 가족 얘기를 하고 있으니까 아빠 얘기는 나중에 하자."라고 말할 수 있다.

여기에 예외가 있을 수 있을까? 물론 있다. 같이 살지는 않더라도 비양육부(또는 비양육모)의 행동이 가족에게 직접적인 영향을 미친다면 그 행동은 가족회의에서 논의될 수 있다. 예를 들어 비양육부(또는 비양육모)가 자녀 방문 일정을 일방적으로 변경하거나 취소한 행동은 가족회의에서 다룰 수 있다. 이때 논의는 그 문제에만 한정하고 해당 비양육부(또는 비양육모)를 비난하지 마라.

가족회의 후에 비양육부(또는 비양육모)에 관한 대화를 나눌 때에도 자녀의 말 이면에 깔린 감정에 귀 기울이고 반영적 경청 기술을 사용해서 피드백을 줄 수 있다. 또한 이미 배운 대안 탐색의 5단계를 사용할 수도 있다.

2. **한부모와 한자녀 가족** : 한자녀만 있는 한부모는 '가족회의를 왜 하지? 우리 아이와 나는 항상 대화하는데' 라고 생각할 수 있다.

   가족회의에서는 일상의 대화에서는 할 수 없는 많은 것을 다룰 수 있다. 가족회의는 가족 구성원들이 따로 시간을 내어 문제에 관해 대화하는 기회가 되고, 또 좋은 감정에 집중할 수 있는 기회도 된다. 가족회의는 자녀와의 관계가 보다 친밀하고 협력하는 관계가 될 수 있게 한다.

3. **재혼가족** : 재혼가족도 다른 유형 가족들만큼 가족회의가 필요하다. 재혼을 해서 새로 가족이 생긴 경우 자녀들은 같이 산 기간이 길지 않으므로 다음과 같은 방식으로 가족회의를 하는 것이 좋다.

- 가족회의 초반에는 위기나 말다툼 다루는 것을 피하고 항상 좋은 분위기로 시작하도록 한다.
- 가족이 즐거운 시간을 보낼 수 있는 활동과 같은 편안한 주제로 시작한다. 몇 차례 가족회의를 연 후에 서서히 좀 더 까다로운 문제를 한 가지씩 논의하기 시작한다. 예를 들어 집안일에 대해 논의할 수 있고 또 자녀를 괴롭히는 문제도 논의할 수 있다.
- 가족회의에서는 현재의 재혼가족과 관련되지 않은 문제는 배제한다.

본 장에서 배운 내용

Chapter 4에서는 십대 자녀의 협력을 이끌어내는 방법을 알아보았다.

- 부모 자신이 소유하거나 부모가 자녀와 공동 소유한 문제를 해결하기 위해 협력하는 방법을 배웠다. 또 십대 자녀가 자신이 소유한 문제를 해결하도록 돕는 방법도 배웠다.
- 자녀에게 문제가 있을 때 해결하는 5단계의 기술을 배웠다.
- 가족회의가 가족이 함께 문제를 해결하고 성장하는데 어떤 도움을 주는지 알아보았다.

격려 STEP

부모 자신과 십대 자녀의 공통점을 찾아본다. 몇 가지 예를 들어보면 다음과 같다.

- 둘 다 음악을 좋아한다.
- 둘 다 친구들을 좋아한다.
- 둘 다 아침에 일어나는 것을 힘들어한다.

가능한 한 많은 공통점을 찾아본다. 십대 자녀에게 문제가 있으면 생각해 둔 공통점을 사용하여라. 자녀의 입장이 되어 자녀의 시각에서 그 문제를 바라보아라.

금주의 할 일

십대 자녀가 충분히 준비되었다고 생각되면 대안 탐색을 실천해 본다. 부모와 십대 자녀 사이의 문제에 대해 대안 탐색을 한다면 다음의 사항을 고려하여라.

- 언제 대화를 할 것인가?
- 대화는 어떻게 시작할 것인가?
- 나는 어떤 점을 바꾸고자 하는가?
- 만일 합의가 이루어지지 않는다면 어떻게 할 것인가?

가족를 위해 이렇게 해 봅시다.

가족 구성원들에게 정기적으로 회의를 열자고 권한다. 첫 번째 회의 시기를 합의해서 결정하여라. 회의가 시작되기 전 회의에 관한 앞의 내용을 다시 읽어본다. 회의가 열리면 먼저 가족회의 목적을 다음과 같이 설명한다.

- 좋은 감정을 서로 나누고
- 함께 즐거운 시간을 보내며
- 가족의 활동계획을 짜고
- 문제에 관해 대화를 나누고 서로 돕는다.

다음에는 자녀들에게 의견을 제시하게 한다. 첫 번째 회의 시간은 짧게 한다. 그리고 다음 회의 시기를 합의한다.

이제 시작이니까 가족회의가 '완벽'하게 진행되어야 한다는 기대는 버린다. 가장 중요한 것은 가족 구성원들이 자신의 아이디어가 중요하다는 것을 느끼는 것이다.

행운을 빌어요!

자신을 위해 이렇게 해 봅시다

다른 시각으로 보기

동일한 상황을 다른 시각으로 바라볼 수 있는가? 이렇게 하면 실망스런 사태에 대한 부모 자신의 반응을 변화시키는 데 도움이 된다. 예를 들어 우리는 십대 자녀가 협력하길 거부하면 고집이 세다고 생각한다. 이때 자녀가 의지력이 굳다고 볼 수도 있는가? 또 자녀가 힘 과시하기 행동을 하면 스스로 결정을 내리고 싶어한다고도 볼 수 있는가? 만일 그렇다면 우리는 자녀를 또 다른 시각으로 보고 있는 것이다. 부모는 시각을 달리 해서 부정적인 행동에서 긍정적인 측면을 찾아낼 수 있다.

여러 가지 곤란한 상황을 상정해 보고 스스로에게 다음의 질문을 해본다.

- 나는 이 문제를 평소에 어떠한 시각으로 바라보았는가? 나의 신념은 무엇인가? 나의 느낌은 어떤가? 나의 평상시 반응이 문제를 어떻게 야기시키는가?
- 이 상황에 대한 다른 시각이 있을 수 있는가? 다른 시각에서 보면 나의 말과 행동이 어떻게 바뀌게 될까?

어떤 상황을 바라보는 또 다른 시각을 기를 수 있는 방법을 찾아보아라.

기억해야 할 핵심 사항

1. 십대 자녀에게 문제가 있을 때는 누군가 문제를 '소유' 하고 있다. 부모가 문제의 소유자인 때도 있고 자녀가 문제의 소유자인 때도 있다. 또 부모와 자녀가 문제의 공동 소유자인 때도 있다.
2. 누가 문제의 소유자인지 결정하기 위해 스스로에게 다음의 질문을 한다.
   - 나의 권리가 무시되고 있는가?
   - 누군가 다칠 우려가 있는가?
   - 누군가의 소유물에 손해를 입힐 수 있는가?
   - 십대 자녀가 이 문제에 대한 책임을 질 수 없는가?

   이상의 질문들에 *하나라도* '예' 라는 답이 나온다면 이 문제는 부모 자신이 소유하거나 또는 부모와 십대 자녀가 공동 소유한다. 모든 질문에 대해 답이 '아니오' 라면 문제의 소유자는 십대 자녀이다.
3. 문제의 소유자가 그 문제를 해결할 책임이 있다. 부모는 가끔 십대 자녀가 소유한 문제를 스스로 해결하도록 도움을 줄 수 있다.
4. 문제가 있을 때에는 문제 행동을 무시하는 방법, 반영적 경청 기술을 사용하는 방법, 나-전달법을 사용하는 방법, 선택권을 주는 방법 또는 대안 탐색을 통해 해결하는 방법 중에서 선택할 수 있다.
5. 대안을 탐색할 때는 다음의 5단계를 따른다.
   - 문제를 정확히 이해한다.
   - 브레인 스토밍으로 여러 가지 대안을 찾아본다.
   - 여러 아이디어를 놓고 토의한다.

- 하나의 아이디어를 선택한다.
- 선택한 아이디어를 실천한다.

6. 어떤 문제에 관해 십대 자녀와 대화할 때는 다음의 용어를 사용한 개방형 질문을 한다.
   - 어디에서?
   - 언제?
   - 무엇을?
   - 누가?
   - 어느 것을?
   - 어떻게?
7. 부모가 화가 나 있고 자녀와 갈등 상황인 때는 다음의 방법을 사용할 수 있다.
   - 존중하는 태도를 유지한다.
   - 문제의 본질을 찾아 대화한다.
   - 싸우지 않기로 합의한다.
   - 기다렸다 나중에 대화한다.
   - 서로의 유사점을 찾아본다.
8. 정기적인 가족회의는 모든 가족 구성원들이 협력해서 문제를 해결하고 함께 즐거운 시간을 보낼 수 있도록 돕는다.

<표 4>

대안 탐색

단 계	자녀가 문제의 소유자일 때	부모가 문제의 소유자이거나 부모와 자녀가 공동 소유할 때
1. 문제를 정확히 이해한다.	"다른 아이들이 널 비웃으면 너는 무척 마음의 상처를 입는 것 같구나. 그들이 비웃을 때 넌 어떻게 하니? 네가 화를 내면 그들은 어떻게 하니?"	"네가 늦게 귀가하면 난 너한테 무슨 일이 생겼을까 봐 무척 걱정이 돼." "내가 과보호하는 것 같아서 짜증이 나니?"
2. 브레인 스토밍으로 여러 가지 대안을 찾아본다.	"그들이 웃을 때 네가 할 수 있는 다른 게 뭐가 있을까?"	"나는 걱정을 안 해도 되고 넌 네 삶을 간섭받지 않는다고 느낄 수 있는 해결 방식을 찾아보자."
3. 여러 아이디어를 놓고 토의한다.	"첫 번째 아이디어에 대해 어떻게 생각하니? 다른 아이들과 같이 웃는다는 것 말이야."	"네가 늦을 것 같으면 전화하는 것에 대해서 어떻게 생각하니?"
4. 하나의 아이디어를 선택한다.	"어떤 아이디어가 제일 효과적일 것 같니? 네가 이렇게 한다면 무슨 일이 일어날 것 같니?"	"우리 둘 다 이 아이디어에 찬성한 것 같구나."
5. 선택한 아이디어를 실천한다.	"다시 그런 일이 일어날지 알아보기 위해 딴 애들과 같이 웃을 수 있겠니? 너의 새로운 반응에 그 애들이 익숙해지려면 상당 기간이 걸릴 텐데, 여러 번 그렇게 할 수 있겠니? __________에 다시 얘기해 볼까?"	"내가 이해한 바로는 네가 15분 이상 늦어질 것 같으면 전화를 하기로 했지. 너도 동의하니? 네가 전화를 하지 않으면 어떤 결과가 공정하다고 생각하니? 만약 내가 깜빡 잊고 화를 낸다면 어떻게 해야 한다고 생각하니? 이걸 1주일 동안 시험해 보고 그때 가서 다시 논의하는 게 어때?"

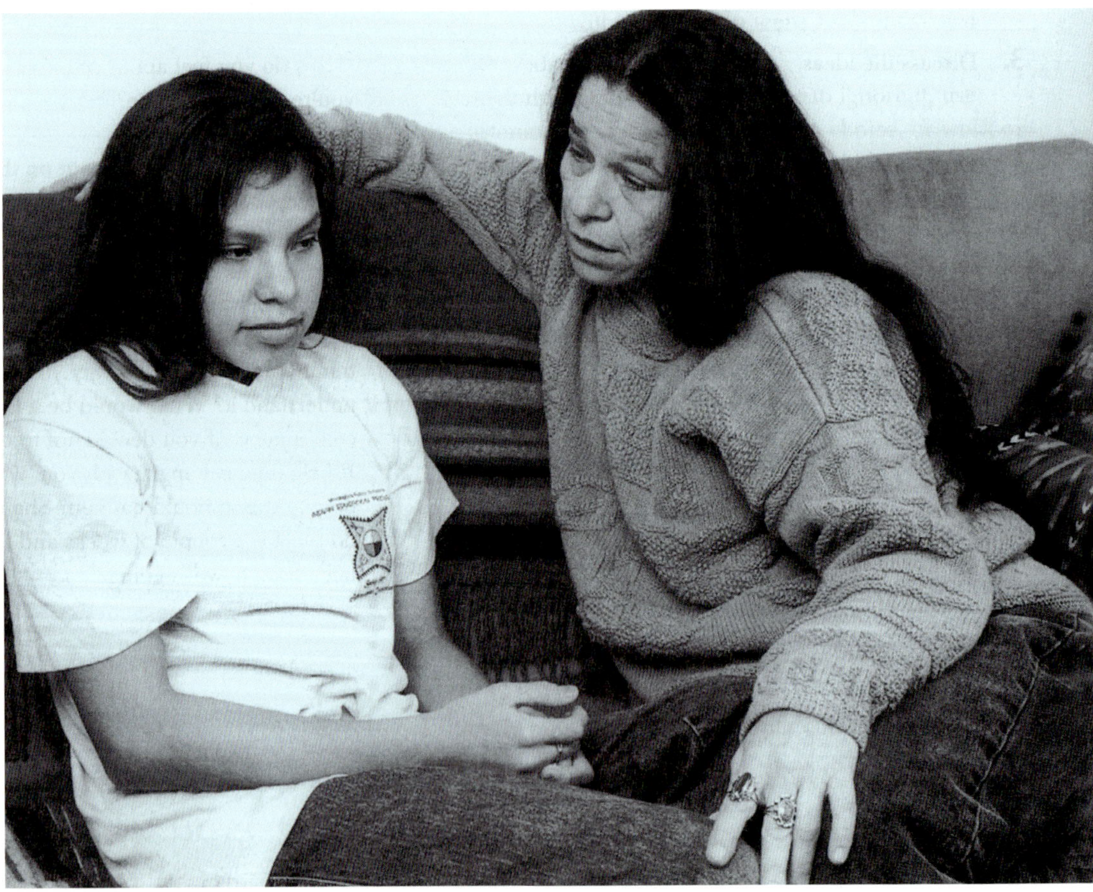

Chapter 5

책임감 형성에 결과 사용하기

앞에서 우리는 자녀와 바람직한 관계를 형성하는 여러 가지 방법을 살펴보았다. 본 장에서는 *훈육(discipline)*에 대해 알아보겠다. 우리는 십대 자녀가 수긍하며, 또 협력하고 책임 있는 결정을 내리도록 이끄는 훈육 방식에 대해 배우게 될 것이다.

본 장에서 배울 내용

- 훈육은 십대 자녀의 책임감을 기르는 데 도움이 된다.
- 훈육은 십대 자녀가 선택과 의사결정을 잘하도록 안내하는 방법이다.
- 결과는 십대 자녀의 행동에 적합하고 수긍할 수 있는 훈육 방법이다.
- 결과를 경험하게 하는 방법은 모든 가족 구성원에 대한 존중감을 보여준다.

훈육과 처벌은 같은 것인가?

훈육(discipline)과 처벌(punishment)은 같은 것이 *아니다*. 자녀의 행동을 통제하기 위해 처벌과 보상을 사용하는 것은 자녀의 독립심과 책임감 함양에 도움이 되지 못한다. 우리는 Chapter 1에서 십대 자녀가 보상과 처벌을 받을 때 어떤 교훈을 배우게 되는지 살펴보았다.

- 보상은 십대 자녀에게 협력이 아닌 대가를 획득하는 법을 가르친다.
- 처벌은 자녀가 부모를 원망하거나 두려워하게 만들고 부모가 원하는 바람직한 관계도 해친다.
- 처벌은 종종 보복심을 불러일으킨다.

훈육에 대해 생각해 보기

처벌하지 않고도 십대 자녀의 행동을 교정할 수 있었던 때를 생각해 본다.

- 십대 자녀는 어떤 행동을 했는가?
- 부모 자신은 어떻게 대처했는가?
- 자녀가 행동을 개선하게 된 이유는 무엇이라고 생각하는가?
- 그 결과에 대해 부모 자신과 자녀는 어떤 느낌이 들었는가?
- 부모는 자녀에게 또 다른 문제가 생기면 어떤 종류의 훈육을 사용할 것인가?
- 부모가 소리를 지르며 야단을 치거나, 체벌을 하거나, 외출 금지를 시켰다면 상황은 어떻게 달라졌을까?

1. 처벌이란 무엇인가?

처벌은 관계의 맥락에서 행해지는 일종의 인간관계 유형이다. 처벌에는 다음과 같은 여러 가지 유형이 있다.

위협하기, 소리 지르기, 비하하기 : 위협은 실제로 행동으로 옮겨질 때도 있고, 그렇지 않을 때도 있으므로 일관적이지 못하다. 소리 지르기는 대개 사태를 악화시키고 자녀는 부모가 소리를 지를 *때에 한해* 말을 들을 수 있다. 비하와 욕설은 부모 자신과 자녀 모두에 유해한 행동이다. 부모의 소리 지르고 비하하는 행동을 보고 자란 십대 자녀는 부모의 행동을 따라 자신도 소리 지르고 남을 비하하는 경우가 많다.

특권을 빼앗기와 외출 금지하기 : 부모들은 십대 자녀에 대한 처벌로 외출금지를 시킬 때가 많은데, 대개의 경우 외출금지는 자녀의 잘못된 행동과는 아무런 관계가 없다. 따라서 십대 자녀는 처벌에 대해 수긍하기 힘들며, 또한 부모가 특권을 빼앗는 *방식*은 십대 자녀를 존중하는 태도가 아니다.

체벌 : 부모는 화가 나서 십대 자녀를 때릴 때가 있다. 체벌은 십대 자녀를 통제하는 마지막 수단일 수 있다. 가끔 부모는 십대의 행동을 바로잡으려면 때리는 것 외에는 방법이 없는 것처럼 느낄 수도 있다. 그러나 체벌은 자녀와 부모 모두에게 상처를 준다. 자녀는 자신이 사랑받지 못하는 존재라고 느끼게 되고 부모는 자책감을 느끼게 된다. 또 자녀는 때리는 것이 문제해결이나 힘 과시하기의 수단이라고 인식하게 된다.

2. 훈육이란 무엇인가?

훈육은 일회성 말이나 행동이 아니다. 훈육은 긴 시간이 걸리는 일련의 과정이다. 훈육으로 십대 자녀가 배우게 되는 것은 다음과 같다.

- 스스로 결정을 내림으로써 자신의 삶을 주체적으로 책임진다.
- 자신이 선택한 행동의 결과에서 배운다.

십대 자녀의 훈육은 어떻게 할까?

앞장에서 우리는 자녀에게 존중감을 보여주면서 협력하도록 격려하는 여러 가지 방법들을 살펴보았다. 이 장에서는 *선택(choices)*과 *결과(consequences)*를 집중적으로 다루기로 한다. 십대 자녀에게 선택권을 주고 그 결과에서 배우도록 하는 방법을 보다 자세하게 살펴보도록 하겠다.

1. 의사결정을 위해 선택권과 기회를 주자

많은 부모들은 십대 자녀가 스스로 결정할 수 있는 기회를 주기 두려워한다. 자녀가 너무 많은 자유를 요구하고 책임은 지지 않을 것이라고 걱정하기 때문이다. 그렇지만 부모는 십대 자녀에게 *일정한 한계 내에서* 선택과 결정할 수 있는 기회를 주어야 하며, 또 십대 자녀에 대해서도 여전히 한계를 설정할 필요가 있다. 그러나 자녀가 보다 성숙해지고 책임감이 강해진다면 한계도 그만큼 풀어주어야 한다.

부모는 십대 자녀에게 어느 정도의 선택권과 한계를 제공하는 것이 적절한가?

- 십대는 용돈을 받거나 아르바이트를 해서 돈을 벌 수 있다. 또 자신이 가진 돈으로 자신이 원하는 옷이나 그 밖의 특별한 것(물론 불법적인 것이나 유해한 것은 안 된다)을 살 수 있다. 용돈이나 아르바이트 급여의 금액에는 제한을 두어야 한다.

- 십대는 정규 교과목 이외의 특별 활동이나 과외공부를 스스로 결정할 수 있다. 그러나 졸업이수 요건, 대학입학 요건과 개설 과목에는 제한이 있다.
- 십대는 학교, 종교 활동 기타 단체에서 자신이 원하는 활동을 선택해서 참가할 수 있다. 운영되는 프로그램과 참가비용에는 제한이 있다.
- 십대는 어느 TV 프로그램을 볼지 선택할 수 있다. 시청 시간과 내용에는 부모와 십대 자녀가 합의한 제한을 두어야 한다.

어떤 선택권은 제한을 두기가 쉽지 않다. 그럼에도 불구하고 십대는 다음과 같은 상황에서 선택을 해야 한다.

- 십대는 친구를 선택해서 사귄다. 부모는 자녀를 대신해서 친구를 선택해 줄 수는 없지만 한계에 대해 합의를 이끌어낼 수는 있다. 십대 자녀가 출입할 수 있는 장소와 귀가 시간에 제한을 둘 수 있다.
- 십대는 학교, 차 안, 이성 친구 사귀기 또는 외부 행사에 참여했을 때 어떤 태도를 취할지 선택할 수 있다. 부모는 귀가 시간, 승차할 때 규칙과 합법적으로 행동하는 것 등의 제한을 정하거나 자녀와 합의한 제한을 둘 수 있다.

십대는 언제나 현명한 선택을 하는가? 아니다. 그러나 십대들은 선택을 통해 스스로 결정하는 경험을 얻게 되며, 그런 경험은 반드시 필요하다. 이들은 스스로 선택한 결과를 통해서 많은 것을 배운다.

2. 십대 자녀가 결과에서 배우도록 하자

결과는 자녀가 내린 선택이나 결정으로 말미암아 일어나는 어떤 일을 말한다.

1) 어떤 결과는 자연스럽게 일어난다

어떠한 행동을 하면 당연히 발생하는 결과를 *자연적 결과(natural conscquences)*라 한다.

- 소명이가 아침 식사를 굶으면 학교에서 배가 고플 것이다.
- 지석이는 새벽 3시까지 자지 않았는데, 6시에 등교해야 한다면 피곤할 것이다.

십대는 그들 자신이 선택한 결과로부터 배울 수 있다.

2) 논리적 결과도 시도하자

자연적 결과는 안전하지 못한 경우도 있다. 또 모든 행동에 자연적 결과를 적용시킬 수는 없다. 이때에는 *논리적 결과(logical consequences)*를 창출할 수 있다.

열아홉 살인 타이는 이제 막 운전면허를 땄다. 아빠는 타이가 아파트 주차장에서 과속 운전하는 모습을 보았다. 아파트 주차장은 속도제한이 있으며 아이들이 이곳 주차장에 나와 노는 일이 많기 때문에 과속은 매우 위험하다.

아빠는 타이에게 "아파트 내에서 제한 속도를 넘어 운전하는 것은 안전하지 못해. 어린이나 다른 차와 부딪칠 수 있어. 네가 제한 속도를 지키겠다고 약속하면 차를 쓸 수 있지만, 그렇지 않다면 그 다음 날은 운전하지 않기로 한 것으로 알겠다. 네가 결정해."라고 말한다.

타이는 제한 속도를 지키면서 운전하겠다고 약속한다. 며칠 후 아빠는 타이가 또 과속으로 운전하는 것을 보았다. 그날 밤 아빠는 타이에게 "네가 내일은 운전하지 않기로 했구나."라고 말한다.

3. 결과 사용은 처벌이 아니다

결과와 처벌의 차이점은 다음과 같다.

- 결과는 부모와 십대 자녀에 대한 존중감을 보여준다.
- 결과는 잘못된 행동에 비추어 적절하다.
- 결과는 사람이 아니라 행동을 대상으로 한다.
- 결과는 과거가 아니라 현재와 미래의 행동만을 대상으로 한다.
- 결과는 확고하되 친절하다.
- 결과는 선택의 여지를 준다.

유익한 훈육의 비결

- 십대 자녀를 존중한다.
- 십대 자녀의 협력을 기대한다.
- 십대 자녀에게 선택권을 제시해서 스스로 결정 내릴 기회를 준다.
- 결과를 적용한다.

1) 결과는 부모와 십대 자녀에 대한 존중감을 보여준다

결과는 부모 자신과 십대 자녀 모두에 대한 존중감을 보여준다

열네 살인 아들이 음악을 크게 틀어놓고 들어서 잠을 자려는데 방해가 된다. 그러나 아들에게 당장 끄지 않으면 "각오해."라고 소리를 지르는 대신 "넌 정말 음악을 좋아하는가 보구나. 하지만 난 잠을 자야 하거든. 소리를 좀 낮춰주겠니 아니면 헤드폰을 써라."라고 말한다.

2) 결과는 잘못된 행동에 비추어 적절하다

결과는 합리적이며 잘못된 행동에 비추어 '적절'하다.

열세 살인 존은 부엌을 난장판으로 만들어놓았다. 아빠는 존에게 "금요일 밤에 축구경기를 못 볼 줄 알아!"라고 말하지 않는다. 축구경기와 부엌을 난장판으로 만들어놓은 것은 아무런 관련이 없다. 대신 아빠는 "내가 귀가했을 때 부엌이

정돈되어 있으면 좋겠다. 부엌을 청소해 주길 부탁한다. 그렇지 않으면 저녁 식사를 준비할 수 없어."라고 말한다.

3) 결과는 사람이 아니라 행동을 대상으로 한다

결과는 자녀가 나쁜 아이인 것이 아니라 잘못된 선택을 한 데 대한 결과이다. 아마 '행위자와 행위를 구분하여라' 는 말을 들어보았을 것이다. 결과를 사용하면 행위자와 행위를 구분할 수 있다. 교정되어야 하는 것은 십대 자녀가 아니라 잘못된 행동이다. 결과는 자녀에게 '난 너의 행동은 잘못이라고 생각하지만 너는 변함없이 사랑해' 라고 느끼게 해 준다.

하얀이는 모교 방문의 날 캠프파이어 행사에 참석하였다. 하얀이는 허락도 받지 않고 엄마의 구두를 신고 갔다 비를 맞혀 엉망으로 만들었다. 엄마는 "네가 나에게 묻지도 않고 내 구두를 신을 권리는 없다. 구두 값을 물어줄 때까지 용돈은 못 준다."라고 말하지 않는다. 대신 "하얀아, 어떤 방법으로 그 구두에 대해 보상하겠니?"라고 말한다.

결과에 수긍할 수 없다면 무슨 교훈을 배울 수 있겠는가?

4) 결과는 과거가 아니라 현재와 미래의 행동만을 대상으로 한다

결과는 현재와 미래의 행동만을 대상으로 해야 한다. 결과는 지나간 과거의 모든 행위를 들추는 것이 아니다.

열일곱 살인 소미는 엄마에게 친구의 생일파티를 열어줘도 되느냐고 물었다. 엄마는 "안 돼. 넌 파티를 열 수 없어. 지난번에 집을 난장판으로 만들어놓지 않았니? 게다가 네 친구들 중에서는 술 마신 애도 있잖니?"라고 말하지 않는다. 엄마는 대신 "네가 파티를 마친 후에 깨끗이 청소하고 아무도 술을 마시지 못하게 하겠다고 약속하면 파티를 열 수 있어."라고 말한다.

5) 결과는 확고하되 친절하다

결과는 확고하되 친절하다. 결과는 존중과 배려를 보여준다.

열다섯 살인 미샤는 할머니에게 컴퓨터를 하러 도서관에 가는 데 차로 데려다 달라고 부탁했다. 할머니는 8시에 다시 미샤를 데리러 오기로 약속했다. 할머니는 정각 8시에 도서관 앞에 도착했지만 미샤는 나와 있지 않았다. 할머니는 8시 30분까지 기다리다 안에 들어가 온 도서관을 뒤져서 컴퓨터실에서 미샤를 찾았다. 미샤는 친구들과 컴퓨터 게임을 하고 있었다. 할머니는 "미샤야, 난 30분이나 기다렸어! 넌 어쩜 그렇게 생각이 없니? 당장 차로 와!"라고 말하는 대신 "지금 곧바로 차로 오너라."라고 말했다.

다음날 미샤는 또 할머니에게 도서관에 데려다 달라고 부탁했다. 할머니는 "난 어젯밤 도서관 밖에서 오랫동안 기다렸어. 오늘 밤에는 그러고 싶지 않구나. 네가 우리 약속을 지킬 자세가 되어 있는지 내일 확인해 보자."라고 말했다.

6) 결과는 선택의 여지를 준다

결과는 십대 자녀에게 선택을 하게 함으로써 어느 정도의 통제권을 준다.

토요일 아침 아빠는 다미에게 "네가 오후 4시 전까지 진공청소기로 청소를 끝낼 수 있다면 청소는 네 친구네 집에 놀러가기 전이나 후에 언제든 해도 괜찮아.

4시에는 아빠 손님이 오기로 했거든. 그것은 네가 결정해."라고 말한다.

십대 자녀에게 어떤 결과를 설정해서 사용할까?

결과의 적용은 4단계의 원칙에 따라 진행한다. 각각의 단계를 살펴보기로 하자.

1. 목표를 파악하여라

십대 자녀가 잘못된 행동을 할 때에는 결과를 적용하여라. 결과가 효과를 거두려면 우선 잘못된 행동을 정확하게 파악해야 한다.

논리적 결과는 잘못된 행동에 비추어 적절하다. 따라서 잘못된 행동에 따라 결과도 달라진다.

1) 관심 끌기

십대 자녀가 관심 끌기를 추구할 때에는 요구하는 관심을 주지 않는 것이 최선의 방법이다.

열세 살인 희수는 다른 사람에게 기타연주를 들려주는 것을 대단히 좋아한다. 아빠는 희수에게 "네가 사람들 앞에서 연주하기 좋아하는 것을 알아. 그렇지만 오늘 밤에 나는 여기서 회의를 해야 되거든. 그러니까 그 시간 동안 넌 기타를 연주해선 안 돼. 네가 혼자서 조용히 있겠다고 약속한다면 집안에 있어도 돼."라고 말한다.

희수는 음악연주가 허용되는 때와 장소를 배워야 한다. 또 아빠는 후에 희수가 기대하고 있지 않을 때 희수에게 관심을 보여주어야 한다. 예를 들어 희수가 개를 목욕시켰을 때 고마움을 표할 수 있다. 또 적당한 시간에 희수에게 기타를 연주해 달라고 부탁할 수 있다.

2) 힘 과시하기

십대 자녀가 힘 과시하기를 추구할 때에는 싸움에 말려들지 않는 것이 최선의 결과이다.

보영이는 자기 뜻대로 되지 않으면 부모를 자기 뜻에 굴복시키려 한다. 보영이는 화를 내면서 부모에게 불공평하다고 말한다. 오늘 보영이의 엄마와 아빠는 싸우거나 굴복하지 않겠다고 결심했다. 보영이가 화가 나서 소리치기 시작하자 부모는 그냥 집을 나가 산책을 했다. 보영이는 놀라고 혼란스럽다. 자기의 행동을 봐줄 청중이 없어진 것이다.

힘 과시하기를 추구하는 자녀는 얼마간의 통제권을 원할 수도 있다. 다른 기회를 보아 보영이가 힘겨루기를 시도하지 않을 때 부모는 그녀의 의견과 도움을 요청할 수 있다. 또 적절한 선택을 할 기회를 주어도 좋다.

3) 앙갚음

십대 자녀가 앙갚음을 추구할 때에는 상처를 입는 대신 결과를 적용하여라. 이렇게 하면 존중과 신뢰를 쌓는 데 노력을 집중할 수 있다.

학교는 민희의 부모에게 민희가 낙제했다는 통보를 하였다. 부모는 마음의 상처를 입고 창피함을 느꼈다. 그들은 좋은 성적을 중요하게 여긴다. 민희도 그 사실을 알고 있다. 부모는 처음에는 민희를 억지로 공부하게 하려고 했다. 외출금지를 시키기도 했고 성적이 올라갈 때까지는 TV 시청이나 전화통화도 할 수 없다고 말했다. 그러나 민희의 성적은 나아지지 않았다.

민희의 부모는 가족상담을 받아보기로 했다. 상담자는 민희가 보복을 하기 위해 낙제하는 것 같다고 분석했다. 상담자는 민희가 스스로 학업에 대한 책임을 지도록 개입하지 말 것을 권고했다. 그리고 부모가 학업에 집중하지 말고 대신 민희와의 관계 개선에 집중할 것을 권고했다.

민희의 부모는 딸의 학업 문제에 개입하지 않는 것이 힘들게 느껴졌지만 노력해 보기로 했다. 처음에는 민희의 성적이 그다지 나아지지 않았으나 민희와 부모의 사이는 한결 좋아져서 서로 대화하고 즐거운 시간도 보낼 수 있게 되었다. 존중감도 회복되고 즐거운 가족 활동도 함께하면서 서서히 민희의 학교 성적도 나아지기 시작했다.

민희의 부모는 상담을 받았다. 이 같은 시도는 부모가 더 이상 어떻게 할지 방법을 알 수 없을 때 도움이 된다. 상담자는 그들이 한 발짝 물러서서 딸에 대한 자신들의 태도를 되돌아볼 수 있게 해 주었고 부모들의 반응 방식을 변화시킬 수 있게 해 주었다. 시간이 흐르면서 문제는 무시하고 딸과의 관계에만 집중한 것이 민희의 행동을 개선하는 데 도움이 되었다.

처벌로는 부모가 바라는 결과를 얻기란 극히 힘들다. 특히 십대 자녀가 앙갚음을 목표로 할 때에는 더욱 그러하다. 십대 자녀는 가끔 결과를 처벌로 받아들이기도 하는데, 이때에는 결과를 적용하는 시기가 중요하다.

열다섯 살인 세라는 아빠에게 화가 나서 쿵쾅거리며 자기 방 쪽으로 가다 전기스탠드를 지나가며 발로 걷어찼다. 램프는 바닥에 넘어져 부서졌다. 아빠는 그 즉시 딸에게 결과를 적용하지는 않았다. 그렇게 하면 세라가 처벌로 받아들이고 더 화가 나서 보복전 벌일 것을 알았기 때문이다.

대신 아빠는 그날 밤 늦게까지 기다린 다음 딸에게 "전기스탠드를 고치거나 교체하는 문제에 대해 얘기해 보자."라고 말했다.

과업 교환하기

과업 교환은 집안일 분담이 문제를 야기할 때 매우 효율적으로 사용할 수 있는 결과이다. 그러나 이 방법을 공격의 수단으로 사용해서는 안 된다. 단순히 공평하게 집안일을 나누는 수단으로만 사용하여라. 또 과업의 공평한 교환이 이루어지도록 해야 한다. 그렇지 않으면 앙갚음으로 변질되는 계기가 될 수 있다.

4) 무능함 보이기

십대 자녀가 무능함 보이기를 추구할 때에는 결과를 창출하는 것이 그다지 도움이 되지 않는 이유는 자녀가 포기한 상태이기 때문이다. 이때에는 포기하거나 비판하지 않고 동정도 하지 않아야 한다. 가능한 한 많은 격려를 *해 주어야* 한다. 또 십대 자녀가 *할 수 있는 것*에 집중하여 사소한 것이라도 노력이나 발전한 점이 보이면 찾아 인정해 준다. 이렇게 하면 십대 자녀가 다른 분야에서 시도할 자신감을 회복하는 데 도움이 *될 수* 있다.

2. 누가 문제의 소유자인지 결정하여라

십대 자녀가 문제의 소유자인 때에는 결과를 창출할 필요가 없다. 언제나 자연적 결과가 일어나기 때문에 그 결과가 위험하지 않다면 개입하지 않아도 된다.

- 태호가 밤늦게까지 자지 않고 깨어 있다면 다음날 피로감을 느낄 것이다.
- 레이가 학교 버스를 놓치면 학교에 가기 위해 다른 교통수단을 찾아야 한다.

부모 자신이 문제의 소유자인 때에는 결과를 창출할 수 있다. 많은 부모들이 자녀가 하지 않고 버려둔 집안일과 씨름하고 있다. '과업 교환' 은 이 부분에서 결과를 적용할 수 있는 좋은 방법이다.

가족회의에서 기상이는 재활용품을 모아 밖에 내놓고 눈이 오면 현관입구의 눈도 치우겠다고 약속했다. 엄마는 식물과 개 돌보기와 빨래를 하겠다고 약속했다. 엄마는 기상이에게 "네가 집안일을 할 수 없을 것 같으면 내게 와서 말을 해. 내 일을 네 것과 바꾸어줄게."라고 말했다.

분리 수거일이 되었지만 기상이는 재활용품을 수거하지도 밖에 내놓지도 않은 채 등교했다. 게다가 기상이는 엄마에게 미리 말을 하지도 않았다. 엄마는 재활용품이 밖에 나와 있지 않은 것을 보고서 자신이 그 일을 했다. 그날 밤 엄마는 기상이에게 "오늘 아침에는 내가 재활용품을 바깥에 내놓아야 했다. 넌 오늘 밤에 내 몫의 집안일 중 어느 것을 하고 싶니? 식물에 물을 주거나 개를 산책시킬 수 있어. 네가 결정해."라고 말했다.

기상이는 "오늘 밤에는 다른 할 일이 있어요!"라고 말했다. 엄마는 "두 가지 일 다 오래 걸리지 않아. 네 계획을 취소하지 않아도 돼."라고 말했다. 기상이는 "좋아요. 돌이를 산책시킬게요."라고 말한 뒤 "내일 눈이 올 것 같네요. 그렇지만 전 내일 시합이 있어서 늦게까지 집에 들어오지 못할 거예요."라고 말했다. 엄마는 "네가 눈을 치울 수 없다면 내가 하마. 그러면 토요일에 네 빨래는 네가 하렴."이라고 말했다. 기상이는 "좋아요."라고 대답했지만 별로 기분이 좋아 보이지 않았다. 엄마는 더는 말하지 않았다.

결과를 협상하기

가능하다면 십대 자녀와 함께 논의하여 결과를 결정하여라. 다시 말해 결과를 협상하여라. 십대 자녀는 자신이 결정과정에 참여한 경우 결과에 승복할 가능성이 보다 높다. 자녀에게 다음과 같이 물어본다.

- "만일 네가 부모라면 어떻게 하겠니?"
- "어떻게 하면 공정한 결과가 될까?"
- "10분간 이 문제에 대해 얘기할 수 있을까?"
- "__________, 이 아이디어를 어떻게 생각하니?

협상은 반드시 문제가 발생하기 전에 하여라. 문제가 발생하거나 힘겨루기가 시작될 때까지 기다려서는 안 된다.

가끔 협상과정 자체가 의미가 없을 때가 있다. 문제가 너무 사소하거나 너무 중대한 때, 선택의 여지가 별로 없을 때, 또는 자녀가 결정과정에 참여하기를 거부하거나 불합리한 결과를 선택할 때가 있다. 이때에는 부모가 결과를 설정해야 한다. 그렇지만 앞으로는 자녀와 협상할 기회가 훨씬 많아질 것이다.

기상이가 과업 교환을 논의하고 싶어하지 않는다면 어떻게 해야 할까? 엄마는 이 방법을 사용하면서도 기상이와의 갈등관계를 피할 수 있다. 우선 기상이에게는 아무것도 강요하지 않는 대신 엄마는 기상이를 위해 해 주던 과업을 하지 않으면 된다. 그 과업은 빨래가 될 수도 있고 기상이를 차로 데려다 주는 일이 될 수도 있고 요리하는 일이 될 수도 있다. 그리고 1~2주일이 지난 후 엄마는 다시 기상이와 집안일 문제를 논의할 수 있다. 이렇게 해서 다시 기상이에게 협력할 수 있는 기회를 주어본다.

3. 선택권을 제시하여라

결과를 사용할 때에는 십대 자녀가 스스로 결정하는 법을 배울 수 있도록 선택권을 제시하는 것이 중요하다. 부모가 선택권을 제시할 때 유념해야 할 것은 어느 쪽을 선택하더라도 *옳은 결정이라는 것이다.* 선택하기는 일종의 학습 경험이므로 자녀가 어떤 결정을 하든지 받아들일 준비를 하여라.

- "네가 거실에 어질러놓은 것들을 치워라. 아니면 내가 그 물건들을 상자에 넣어 창고에 보관하겠다." 십대 자녀가 거실에 어질러놓은 자기 물건들을 치우지 않을 수도 있다. 이것은 제시된 선택권에는 없는 행동이다. 따라서 부모는 자녀의 물건들을 상자에 넣어 창고에 보관해야 한다.
- "속도를 줄여라. 아니면 차를 정지시키고 내가 운전하겠다." 십대 자녀가 속도만 줄인다면 조수석에 앉은 부모의 마음이 편안해질 것인가? 만약 자녀가 과속 외에도 다른 문제까지 있다면 이런 선택권을 제시해서는 안 된다.
- "너희들이 모두 자정 이후에는 조용히 하겠다고 약속한다면 친구들을 데려와 자도 좋다." 십대 자녀와 자녀의 친구들이 협력하기를

기대하여라. 그러나 자녀의 친구들을 자기 집에 데려다 주거나 부모들이 데리러 오도록 할 각오도 되어 있어야 한다.

- **"나는 세탁물 바구니에 들어 있는 옷가지만 세탁하겠다."** 이 말은 십대 자녀에게 "너는 벗은 옷가지를 세탁물 바구니에 넣거나 넣지 않아도 된다."는 선택권을 제시한다. 이때에는 세탁물 바구니에 들어 있는 옷가지만 세탁함으로써 우리가 한 말을 실천에 옮겨야 한다. 이곳저곳 빨랫감들을 가져다 세탁해 주어서는 안 된다.

4. 결과를 실행에 옮겨라

십대 자녀가 결과를 선택한다면 그 결정은 당분간은 고수해야만 한다.

열네 살 된 진희는 교회 중고등부 주말 수련회를 손꼽아 기다리고 있다. 진희는 또 수련회 다녀온 다음날까지 기말 과제물을 제출해야 한다. 2주 전 엄마는 진희에게 "기말 과제물을 끝낸 다음에는 수련회에 가도 좋아. 끝내지 못하면 집에 있어야 해."라고 말했다. 진희는 그러겠다고 말했다.

2주가 흘러 금요일 오후가 되었다. 저녁이면 수련회를 떠나게 되어 있는데, 진희는 이제 와서 엄마에게 "과제물을 아직 끝내지 못했어요. 아직 한 단락이 남았거든요. 하지만 일요일 밤에 끝낼 수 있어요."라고 말했다. 엄마는 "수련회 가기 전까지 끝내기로 했잖니?"라고 말했다. 진희는 "하지만 엄마 전 수련회에 꼭 참가해야 해요. 제가 안 가면 담임 선생님이 이해를 못하실 거예요. 게다가 짧은 연극을 하는데, 제가 있어야 해요. 제가 안 가면 엉망이 될 거예요. 또 애들이 무척 화낼 거예요."라고 말했다.

엄마는 확고하지만 온정적으로 "진희야, 과제물을 못 끝내서 안됐구나. 하지만 약속은 약속이야."라고 말했다.

그러나 후에 결정을 바꿀 수 있는 기회가 생길 수도 있다.

진희는 언짢은 기분으로 그냥 집에 있었다. 금요일 밤 진희는 자기 방에서 과제물을 끝냈다. 그렇지만 엄마와 얘기하기 싫어서 방 밖으로 나오지 않았다. 토요일 아침 전화가 울리자 진희가 받았다. 그리고는 부엌으로 달려와 엄마에게 "선생님 사모님께서 전화하셨는데 어젯밤에 일행과 같이 가지 않고 오늘 차로 가신대요. 저도 같이 가자고 말씀하셨는데 가도 되요?"라고 말했다. 엄마는 "과제물은 끝냈니?"라고 물었다. 진희는 "예, 어젯밤에 끝냈어요."라고 말했다. 엄마는 "그럼 서둘러서 준비하거라!"라고 말했다.

진희는 스스로 선택을 했고 엄마는 결과를 실행에 옮겼다. 진희는 결과를 감수하고 과제물을 끝냈다. 이제 진희에게는 수련회에 갈 수 있는 기회가 생겼고 엄마로서는 안 된다고 말할 이유가 없다. 이 시점에서 안 된다고 말하는 것은 진희에게 벌을 주는 셈이 된다.

결과 사용하기 : 2가지 사례

결과 사용하기의 2가지 사례를 살펴보자.

사례 1 : 방학 때면 지저분해지는 집안

여름 방학이다. 열다섯 살 된 태미는 학교 내 소프트볼 선수로 뛰고 있다. 태미가 속한 팀은 매일 오후 4시에 연습을 시작한다. 태미는 아빠가 3시 30분에 퇴근할 때까지 집에 혼자 있다 아빠의 차를 얻어 타고 연습하러 간다. 이번 주는 매일 아빠가 귀가할 때마다 집안이 어질러져 있었다. 부엌에는 먹고 치우지 않은 그릇들과 먹다 남긴 음식이 산더미처럼 쌓여 있고 거실 바닥에는 오락기와 옷가지들이 흩어져 있다. 아빠는 자신은 힘들게 일하고 태미는 빈둥거리고 노는 듯한 기분이 들어서 태미에게 "여기 좀 치워라!"라고 말한다. 그러나 태미는 치우지 않았고, 이 문제는 힘겨루기로 변질되고 있다. 아빠는 문제에 대해 생각해 본다. 아빠 자신의 권리가 무시되고 있기 때문에 이 문제의 소유자는 자기 자신이다.

아빠는 태미를 연습경기에 데려다주는 길에 나-전달법을 사용하여 태미에게 "내가 귀가했을 때 집이 난장판이 되어 있으면 기운이 빠진다. 왜냐하면 내가 어

결과 사용하기의 단계

1. 목표를 정확히 파악하여라.
2. 누가 문제의 소유자인지 결정하여라.
3. 선택권을 제시하여라.
4. 결과를 실행에 옮겨라

지르지도 않은 것을 치워야 하니까."라고 말한다. 태미는 "아빠, 방학이잖아요. 전 좀 쉬고 싶어요."라고 답한다. 아빠는 논쟁을 벌이지 않는다. 아빠는 존중하는 태도를 유지하면서 "나도 좀 쉬고 싶어. 내가 청소도 하고 널 데려다 주는 것까지 해야 한다면 너무 심하잖니. 그럼 이렇게 하는 게 어때? 나는 청소나 널 데려다 주는 것 중 하나를 할게. 넌 어느 걸 하겠니?"라고 말한다. 태미는 한숨을 쉬고는 "아, 알았어요. 전 청소를 할게요. 다른 차편을 구하기는 어려워요."라고 답한다.

다음날 아빠가 귀가해 보니 집안은 깨끗하게 청소가 되어 있다. 아빠는 태미를 연습하는 데 데려다 준다. 하루가 지나자 집안은 또다시 어질러지기 시작한다. 태미가 "연습하러 갈 시간이에요!"라고 말하자 아빠는 "네가 다른 사람에게 태워달라고 하는 것으로 알겠다."라고 말한다. 태미는 "아빠! 거의 다 치웠잖아요!"라고 소리친다. 아빠는 더는 아무 말도 하지 않고 부엌을 치우기 시작한다. 태미는 여러 군데 전화를 해 보지만 아무도 받지 않는다. 태미는 화난 어조로 "코치님이 펄펄 뛰실 거예요. 그럼 그건 아빠 잘못이에요!"라고 말한다. 그래도 아빠는 답이 없다. 아빠는 결과를 실행에 옮기고 힘겨루기에 말려들지 않는다.

사례 2 : 구두를 훔친 행동

열네살 인 태상이는 멋진 새 구두를 신고 있다. 그것을 본 엄마는 태상이에게 그렇게 비싼 구두를 살 만한 돈이 없다는 것을 알기 때문에 "너, 그 구두 어디서 났니?"라고 묻는다. 태상이는 "토비가 줬어요. 새 구두를 구입했기 때문에, 이 구두는 더는 신지 않겠대요."라고 답한다.

엄마가 보기에 그 구두는 새 것이며, 지금 태상이가 거짓말을 하고 있다는 것을 알 수 있다. 엄마는 화가 나서 "태상아, 그게 사실이라면 그 구두를 돌려줘야 해. 토비에게 전화해서 구두를 돌려주겠다고 말해. 아니면 내가 전화할까?"라고 말한다. 태상이는 인상을 잔뜩 쓰더니 "좋아요. 제가 거짓말을 했어요! 이거 구둣가게에서 훔쳤어요. 신어보는 척하다 점원이 다른 고객에게 갔을 때 그냥 걸어나왔어요."라고 말한다. 엄마는 태상이를 노려본다. 태상이는 "그런 눈으로 보지 마세요! 엄마가 너무 구두쇠라서 남들은 다 가진 구두 하나 안 사준 건 내 잘못이 아니예요!"라고 말한다.

엄마는 마음이 상하고 화가 난다. 또 걱정도 된다. 엄마는 태상이의 목표가 뭘

까 생각해 본다. 엄마 자신의 감정으로 볼 때 태상이는 여러 가지 목표를 추구하고 있으리라고 짐작한다. 우선 '남들은 다' 가진 구두를 훔친 것을 보건대 태상이는 또래 친구들의 수용과 인정을 받고 싶어한다. 또 엄마가 자기에게 비싼 구두를 사주지 않는다고 앙갚음하고 싶어한다. 엄마가 태상이에게 앙갚음을 하려 한다면 오히려 태상이의 앙갚음 하려는 행동을 강화할 뿐이라는 것을 안다. 따라서 엄마는 싸우거나 앙갚음을 하지 않기로 한다. 엄마는 생각할 시간이 필요하므로 "난 지금 너무 속이 상해서 말할 기분이 아니야. 몇 분간 혼자 있고 싶어. 그 다음에 계속하자."라고 말한다.

엄마는 누가 문제의 소유자인지 생각해 본다. 태상이는 자기 것이 아닌 남의 물건을 훔쳤다. 또 타인, 즉 구둣가게의 재산에 손해를 끼쳤다. 따라서 태상이가 구두를 훔친 문제는 엄마와 태상이의 공동 소유이다.

엄마는 어떤 선택권을 제시할지 생각해 본다. 선택권은 가게에 구두를 돌려줄 것이냐 아니냐가 아니라 어떻게 돌려줄 것인가에 관한 것이어야 한다. 태상이는 구두를 돌려주지 않으면 안 된다. 엄마는 "너는 그 가게에 구두를 돌려줘야 해. 오늘 밤에 널 차로 거기까지 데려다 줄 수 있어. 내가 가게에 너와 함께 들어가길 바라니, 아니면 밖에서 기다릴까? 네가 결정해."라고 말한다.

태상이는 자신이 한 행동의 결과를 받아들여야 하지만, 이 선택권은 그에게 도움이 될 수 있다. 만약 태상이가 지원을 필요로 한다면 엄마가 지원해 줄 수 있다. 동시에 엄마는 태상이가 원한다면 혼자 들여보낼 만큼 아직도 그를 신뢰한다는 것을 보여주었다. 엄마의 행동은 "너는 네가 한 행동에 책임을 져야만 해. 나는 네가 옳은 일을 할 수 있다는 걸 알아."라는 강력한 의사를 전달한다.

엄마는 가게까지 태상이를 데려다 준다. 태상이는 혼자 들어가겠다고 한다. 그는 가게에 들어갔다 돌아와서 가게 지배인이 너무나 적대적이었다고 말한다. "제가 그때 들키지 않은 게 다행이었대요. 누가 물건을 훔치다 잡히면 경찰에 넘긴대요. 그리고 열여섯 살이 될 때까지는 그 구둣가게에 출입금지래요."라고 말한다. 엄마는 조용히 듣기만 하고 "그래, 네가 이번 일로 교훈을 얻었길 바란다." 또는 "제발 철 좀 들어라."와 같은 말은 하지 않는다. 이런 말은 결과를 처벌로 변질시켜 버린다.

결과 사용 시 어려움을 겪는다면?

만일 결과 사용에 어려움이 있다면 다음과 같이 해 보자.

- '열린' 태도를 보여준다. 십대 자녀에게 선택권을 주고 자녀가 스스로 내린 결정을 수용한다.
- 선의를 보여주는 온정적인 어조를 사용한다.
- 자녀의 잘못된 행동에 비추어 적절한 결과를 수립한다.
- 부모가 진심으로 자녀에게 선택권을 줄 용의가 있는지 재확인한다.
- 일관성 있는 태도를 취하고 결과는 반드시 약속대로 실행에 옮긴다.
- 십대 자녀가 계속해서 잘못된 행동을 하면 그때마다 결과를 적용하는 기간을 늘려 나간다.

지역과 상점별로 물품 절도에 대한 방침은 다르겠지만 이 예에서 보여준 협상 결과는 존중과 논리적 방법에 기반을 두고 있다. 따라서 이 방식은 성인과 십대 사이에서 벌어지는 다양한 상황에 효과적으로 적용할 수 있을 것이다.

결과 사용을 위한 11가지 기본 원칙

결과를 사용할 때는 다음의 원칙들에 따라야 한다.

1. 확고하되 온정적인 태도로 대하여라

*확고함(firm)*과 *엄격함(strict)*은 의미가 다르다. 엄격함은 부모가 대장임을 보여주지만 확고함은 부모가 협력과 존중을 기대하고 있다는 것을 보여준다. 부모는 온정적인 어조와 태도를 사용해야 한다. 부모는 잘못된 행동에는 반드시 결과가 따르도록 함으로써 확고함을 보여준다.

2. 말은 적게 행동은 많이 하여라

부모가 너무 말을 많이 하면 십대 자녀는 더 이상 귀를 기울이지 않게 된다. 대화하기에 가장 좋은 때는 부모와 자녀가 다정한 사이일 때 또는 적어도 서로 존중할 수 있을 때이다. 부모는 결과를 실행으로 옮길 때 될 수 있는 한 말을 아껴야 한다.

3. 싸우거나 굴복하지 마라

한계를 정하거나 협상하여라. 십대 자녀가 그 한계에 반응하도록 허용하고 자녀의 결정을 받아들여라. 부모는 자녀와 경쟁관계가 아니며 '이겨야' 하는 것도 아니다. 부모의 목표는 십대 자녀가 자신의 행동에 책임질 수 있도록 돕는 것이다.

4. 존중하는 표현을 사용하여라

자녀가 스스로 선택하게 할 때에는 친절하고 성의 있는 어조를 사용하여라.

- "폭력물은 빌리지 않겠다고 약속한다면 비디오를 빌려 봐도 돼."
- "파티 건에 대해 내가 찬이의 아빠에게 전화를 하든지, 아니면 찬이의 아빠가 내게 전화하시도록 네가 찬이에게 부탁할 수 있어. 넌 어느 것을 선택하겠니?"
- "곧 전화가 오기로 되어 있어. 지금 전화를 하려면 5분만 통화하든지, 아니면 나중에 하렴"
- "네가 자전거를 사용한 뒤 자전거에 묻은 흙을 깨끗이 치워놓는다면 사용해도 좋아."
- "부엌을 사용한 후에 처음처럼 깨끗이 치우겠다면 요리를 만들어도 돼."

5. 자녀의 선택을 존중하여라

십대 자녀는 단지 부모가 진심인지 시험할 목적으로 결과를 선택할 수도 있다. 이때에는 자녀의 결정을 존중하여라. 그냥 "네 행동을 보니 네 나름대로 결정을 했구나." 또는 "네가 결정했구나."라고 말하며 목소리, 표정과 태도를 평온하게 유지해야 한다.

6. 선택의 여지가 없을 때는 이를 확실히 밝혀라

부모는 실제로는 그럴 마음이 없으면서 자녀에게 선택권을 제시할 때가 많다. '알겠지?' 또는 '괜찮지?' 하고 물으면 선택권을 주는 것이 된다.

- "이 파티에서는 아무도 술 마시면 안 돼, 알겠지?" 십대 자녀는 술을 마실 선택권이 있는 것으로 해석할 수 있다.

결과 사용 시 말하는 법 연습하기

부모가 결과를 적용하는 목적은 십대 자녀가 결과에서 배우도록 하는 데 있다. 따라서 다음의 3가지를 유의해야 한다.

- 부모의 어조
- 부모의 태도와 몸짓
- 부모가 선택한 언어표현

자녀와의 사이에서 발생한 문제에 대해 생각해 본다. 선택권을 제시할 때 사용할 존중의 표현을 생각해 본 다음 거울 앞에서 연습해 본다.

- "내가 없는 동안 친구들을 데려오면 안 돼, 괜찮지?" 십대 자녀는 "난 괜찮지 않아요."라고 생각할 수 있다.

사실은 선택의 여지가 없으면서 선택권이 있는 것처럼 암시를 주면 문제가 발생할 소지만 만들게 된다. 대신 부모는 기대하는 바를 명확하게 밝혀야 한다.

- "이 파티에 참석하는 사람들은 아무도 술 마시면 안 돼."
- "내가 없는 동안 친구들을 데려오면 안 돼."

7. 긍정적인 행동에 초점을 맞추어라

십대 자녀의 잘못된 행동을 교정한 후에는 짧은 시간 내에 자녀의 긍정적인 행동을 찾아 인정해 주어라. 예를 들어 자녀가 전화도 하지 않고 밤새 외박을 해서 결과를 적용했다고 하자. 이제 앞으로 격려해 줄 수 있는 긍정적인 일들을 찾아보자 : 동생에게 잘해 주는 행동, 집안일을 돕는 행동, 또는 학업이나 운동에서 노력하는 행동 등이 있다.

훈육의 목표는 자녀에게 자기 통제 능력을 가르치는 데 있다.

8. 다른 사람들이 어떻게 생각할지 걱정하지 마라

가끔 십대 자녀는 자기 친구나 부모의 친구 앞에서 한계를 벗어나는 행동을 하는 경우가 있다. 이것은 부모의 인내력을 시험하려는 시도이므로 결과를 실행에 옮기는 것이 중요하다. 부모는 다른 십대들이나 성인들이 주는 무언의 압력 앞에서 부모 자신의 입장을 고수하기는 쉽지 않다. 그러나 부모가 단호한 태도를 취하면 자녀는 부모가 한계를 명확하게 제시하고 일관성 있게 시행한다는 것을 확실하게 깨닫게 될 것이다.

어떤 부모들은 십대 자녀의 행동으로 인해 창피스럽다고 생각하고 어떤 부모는 자녀의 행동이 자기 탓이라고 생각한다. 그러나 십대 자녀는 자기주장이 강해져서 부모의 뜻대로 따라주지 않는다. 따라서 우리는 아이들이 마음대로 안 될 때 내 탓이라고 여기지 않아야 한다.

청소년은 항상 우리가 원하는 방법으로 행동하지는 않는다. 그렇다고 당황해 할 필요는 없다.

9. 평온한 태도를 유지하여라

소리치기, 잔소리하기나 으름장 놓기는 결과를 처벌로 변질시킨다. 따라서 흥분하지 않고 친절하되 확고하고 존중하는 태도를 유지해야 한다. 화가 나서 평온한 태도를 유지하기가 어렵다면 아무 말도 하지 말고 마음이 가라앉을 때까지 *기다려라*. 마음을 가라앉히기 위해 다른 방으로 가도 좋다. 방을 나갈 수가 없을 때는 자녀에게 "난 지금 너무 화가 나서 대화를 나눌 수가 없구나. 나중에 이야기해야겠다."라고 말한다. 그리고 심호흡을 하고 진정된 다음 자녀에게 어떤 선택권을 줄지 생각해 본다.

10. 부모는 서로를 존중하여라

십대 자녀의 훈육 방식에 대해 한 가족 내의 모든 어른들이 항상 의견이 같을 수는 없다. 이때에는 각자 자신의 방식대로 자녀를 대하여라. 자녀의 훈육 문제를 놓고 서로 다투는 것은 자녀에게 도움이 되지 못한다. 자녀들은 부모 각자의 방식에 적응하게 될 것이다. 가능한 한 상대방에게 협력하고 존중감을 보여주어라. 별거 또는 이혼한 배우자의 훈육 방식에 동의하는 것은 어려울 수 있다. 십대 자녀가 신체적 또는 정신적 학대를 받는 것이 아니라면 상대방의 훈육 방식을 받아들여라.

그러나 상대방이 자녀를 때리거나 소리치며 야단친다면 그것은 *학대 행위*이다. 학대행위는 십대의 자녀에게 해가 된다. 학대하는 부모와는 협력할 수 없다. 학대가 의심되는 경우에는 다른 사람들의 도움을 구해야 한다.

재혼가정 자녀들은 계부모의 훈육을 받아들이지 않는 경우가 상당수 있다. 그 문제가 계부모와 계자녀 사이에 관한 것이 아니라면 훈육은 십대 자녀와 이미 친숙한 관계인 친부모가 담당하는 것이 좋다. 관계가 가까워진 때에는 계부모도 친부모와 같은 정도의 훈육자 역할을 수행할 수 있다.

격려 STEP

십대 자녀가 진지하게 노력할 때 인정하고 격려해 주어라. 격려의 예를 들면 다음과 같다.

- "그걸 하느라고 많은 시간을 애썼구나."
- "발전이 있으니까 기분이 좋구나."
- "약속을 잊지 않고 기억해줘서 고마워."

특히 십대 자녀가 협력했을 때 인정해 준다.

11. 인내심을 가져라

결과를 사용하는 것은 분명 효과가 있지만 효과를 얻기까지는 시간이 걸린다. 부모 자신도 아직은 행동 양식을 바꿔 나가는 수준이며 자녀가 부모의 인내력을 시험할 때도 있을 것이다. 부모 자신과 십대 자녀에게 인내심을 가지고 꾸준히 노력하면 서서히 그러나 분명히 발전이 이루어질 것이다.

본 장에서 배운 내용

Chapter 5에서는 합리적인 훈육 방법을 알아보았다.

- 처벌과 훈육의 차이점을 알아보았다.
- 한계를 정하고 선택권을 주는 방법을 배웠다.
- 자녀를 존중하고 확고한 태도를 유지함으로써 십대 자녀를 훈육할 수 있음을 알게 되었다.
- 십대 자녀에게는 어떠한 선택권과 결정권이 적절한지 생각해 보았다.
- 결과를 실행에 옮기는 것이 중요하다는 것을 알게 되었다.
- 십대 자녀에게 화내지 않고 존중받는 느낌을 주기 위해 어떻게 말하고 행동할지를 연습하였다.

금주의 할 일

훈육이 필요한 문제를 한 가지 선택한다. 이때에는 처음부터 까다로운 문제를 선택하지 않도록 유의해야 한다. 사용할 수 있는 결과들을 생각해 보고 선택권을 제시할 때 어떻게 말하고 행동할 것인지 생각해 본다. 이때에는 일관성 있고 친절하며 확고한 태도를 유지해야 하며 결과는 반드시 실행에 옮겨야 한다.

자신을 위해 이렇게 해 봅시다

부모와 자녀의 권리

부모와 자녀에게는 권리가 있다. 부모의 인생을 온통 십대 자녀에게 집중하여 살고 있다면 부모 자신과 자녀 모두에게 공평하지 못하다.

부모가 누릴 권리는 다음과 같다.

- 우정
- 사생활
- 자신만을 위한 시간
- 자신의 소유물에 대한 존중
- 자녀와는 별도의 자신만의 인생

자녀가 누릴 권리는 다음과 같다.

- 안전하고 사랑하는 가정에서의 성장
- 가족 이외의 사람들과 우정
- 사생활
- 자신의 소유물에 대한 존중

이상의 권리를 한 마디로 축약한다면 *상호존중(respect for each other)*이다.

금주에는 자신의 권리를 지키는 방법을 찾아보고 십대 자녀의 권리에 대한 존중을 보여주기 위해 어떻게 해야 할지 생각해 본다.

가족을 위해 이렇게 해 봅시다

지속적으로 가족회의를 운영한다. 가족회의에서 합의된 사항을 어긴 데 대한 결과를 토의해 본다. 결과에 대해 논의할 때 "우리는 때때로 모든 것을 잊을 때가 있다. 우리가 한 약속을 누군가 잊는다면 어떤 결과가 따라야 할까?"라고 물어본다. 자녀들이 어리거나 십대 초반이라면 아마 엉덩이 때리기나 외출금지와 같은 처벌을 하자는 의견을 내놓을 것이고 십대라면 "전 안 잊어버려요."와 같은 답을 할 것이다. 이때에는 자녀에게 그런 해결책은 별로 사용하고 싶지 않다고 말하고 브레인스토밍을 통해 아이디어를 내놓자고 말한다.

집안일에 대하여는 많은 가족들이 "놀기 전에 먼저 일하기"라는 규칙을 정해 재미있는 활동을 하기 전에 반드시 자신이 분담한 집안일을 하도록 한다. 이 규칙은 자녀는 물론 부모에게도 적용된다.

기억해야 할 핵심 사항

1. 훈육은 십대 자녀에게 책임감과 자기 통제 능력을 심어주는 데 도움이 된다.
2. 효과적인 훈육의 관건은 다음과 같다.
   - 십대 자녀를 존중한다.
   - 십대 자녀의 협력을 기대한다.
   - 선택권을 제시해서 자녀 스스로 결정을 내릴 수 있는 기회를 준다.
   - 결과를 적용한다.
3. 명령하는 대신 한계를 정하고 선택권을 준다.
4. 결과는 십대 자녀가 선택을 한 후 일어나는 어떤 일들이다. 결과는 한계를 정하고 선택권을 주는 6가지 방식이다.
   - 결과는 부모 자신과 십대 자녀에 대한 존중감을 보여준다.
   - 결과는 잘못된 행동에 비추어 적절하다.
   - 결과는 사람이 아니라 행동을 대상으로 한다.
   - 결과는 과거가 아니라 현재의 행동만을 대상으로 한다.
   - 결과는 확고하되 친절하다.
   - 결과는 선택의 여지를 준다.
5. 결과를 적용할 때에는 다음의 4단계를 따른다.
   - 십대 자녀의 목표를 정확히 파악한다.
   - 누가 문제의 소유자인지 결정한다.
   - 선택권을 제시한다.
   - 결과를 실행에 옮긴다.
6. 무능함 보이기를 추구하는 십대 자녀에게 결과를 적용하는 것은

적절하지 않다.

7. 결과를 사용할 때는 다음의 11가지 원칙을 따른다.
    - 확고하되 온정적인 태도로 대하여라.
    - 말은 적게 하고 행동은 많이 하여라.
    - 싸우거나 굴복하지 마라.
    - 존중하는 표현을 사용하여라.
    - 자녀의 선택을 존중하여라.
    - 선택의 여지가 없을 때는 이를 확실히 밝혀라.
    - 긍정적인 행동에 초점을 맞추어라.
    - 다른 사람들이 어떻게 생각할지 걱정하지 마라.
    - 평온한 태도를 유지하여라.
    - 부모는 서로 존중하여라.
    - 인내심을 가져라.
8. 부모 자신과 자녀에 대해 인내심을 가진다.

<표 5>

일상생활에서 결과 적용하기

시간	활동 또는 문제	문제의 소유자	선택할 수 있는 행동 (존중하는 어조 사용하기)	결과
아침				
평일	제 시간에 일어나기	자녀(걸어서 등교하거나 버스통학을 한다면)	자명종 시계를 사준다. 십대 자녀는 시계를 맞춰놓고 제 시간에 일어나거나 아니면 늦잠을 자서 지각한다.	자녀가 늦게 일어나면 학교에서 무단지각으로 추궁을 받는다. 버스를 놓치면 걸어가야 한다.
		부모(부모가 태워다준다면)	"네가 ____까지 준비가 되면 내가 널 학교까지 태워다줄게. 그렇지 않으면 네가 알아서 하렴."	자녀가 늦게 준비해서 지각하면 학교에서 추궁을 받는다.*
	아침 식사	십대 자녀	자녀는 자기가 먹을 아침 식사를 만들든지 아니면 굶는다.	자녀는 아침 식사를 거르게 되면 배가 고프다.
주말	지저분한 방	십대와 부모	방 청소 시간과 요구되는 '청결상태'의 수준에 합의한다.	십대 자녀는 방을 치울 때까지 외출을 할 수 없다. 또는 부모가 과업 교환을 사용한다.
방과 후	과제물	십대와 부모	과제물을 할 시간에 합의한다. 예를 들어 서녁 식사 전 또는 후로 할 수 있다.	자녀는 과제물을 끝내지 못하면 다음날에는 서녁 식사 전에 과제물을 해야 한다. 힘겨루기로 변질되면 부모는 말려들지 말고 십대 자녀가 학교에서 과제물 불이행에 대해 부과하는 결과를 감수하게 내버려 둔다.

* 십대 자녀가 늦었다고 학교에 가지 않으려 하면 학교의 도움을 구하여라.

시간	활동 또는 문제	문제의 소유자	선택할 수 있는 행동 (존중하는 어조 사용하기)	결과
저녁	부모가 없는 동안 친구를 집에 데려온다.	부모	"내가 귀가할 때까지 기다렸다 친구들을 데려오든지 아니면 너희들을 감독해 줄 사람을 구하겠다."	어른이 십대 자녀를 감독하도록 조치한다.
	십대 자녀가 식사 시간에 늦는다.	십대 자녀	미리 정해진 식사 시간에 합의한다.	십대 자녀는 자기 식사를 스스로 준비하고 혼자 먹는다.
	십대 자녀가 약속한 대로 설거지를 하지 않는다.	부모	"난 지저분한 부엌에서는 요리를 할 수 없어."	부모는 설거지할 그릇이 쌓이도록 내버려 두고 요리를 하지 않는다.
	과다한 TV 시청	부모	TV 시청 시간에 합의한다. 프로그램은 십대 자녀가 한계 내에서 자유롭게 선택하도록 한다.	십대 자녀가 한계를 어기면 TV를 끈다.
	과다한 전화통화	부모	통화 시간 또는 전화를 추가 가설하는 데 따른 전화비 부담 방법에 합의한다.	십대 자녀가 합의된 시간보다 초과해서 통화를 하면 부모는 전화를 끊는다. 십대 자녀는 추가 가설된 전화비의 전부 또는 일부를 부담한다.
	십대 자녀가 운동을 하고 싶어 한다.	십대 자녀	십대 자녀는 자신의 성적을 부모와 합의한 수준으로 유지하는 한 운동을 계속할 수 있다.	성적이 떨어지면 십대 자녀는 운동을 할 수 없다.
	흡연	십대와 부모	부모는 사전에 금연이라는 한계를 정한다.	학교에서 흡연으로 교사에게 적발되는 문제는 십대 자녀의 소유이다. 그러나 건강 안전 문제는 부모의 소유이다. 십대 자녀의 금연을 위해 부모도 금연을 할 수 있다. 만약 흡연 문제가 심하면 전문가의 도움을 구해야 한다.

SCHOOL
99

Chapter 6

효율적인 부모 역할 행동을 결정하기 : 1부

우리는 지금까지 십대 자녀가 책임 있는 선택을 하도록 돕는 다음의 기술들을 배웠다.

- **행동 목표 파악하기**는 부모가 어떻게 반응할지를 결정하는 데 도움이 된다.
- **반영적 경청**은 자녀가 문제의 소유자일 때 도움이 된다.
- **나-전달법**은 부모가 문제의 소유자일 때 부모 자신의 느낌을 표현하는 데 도움이 된다.
- **대안 탐색**은 누가 문제의 소유자이든 상관없이 도움이 될 수 있다.
- **선택권 주기**와 **의사결정을 위해 기회 주기**는 누가 문제의 소유자인가에 따라 달라진다.
- **격려하기**는 부모와 십대 자녀 사이의 관계 기반이다. 가능한 한 자주 사용하여라.

본 장에서 배울 내용

- 부모가 사용하는 접근 방법은 상황에 따라 달라진다.
- 부모의 역할 행동을 결정하기 위해 십대 자녀의 목표가 무엇인지, 누가 문제의 소유자인지, 부모 자신의 목적은 무엇인지, 그리고 어떤 방법이 가장 효과적인지 스스로에게 물어본다.
- 학업에 있어 부모가 할 일은 십대 자녀가 학습 태도를 갖추고 좋은 성과를 거둘 수 있도록 돕는 것이다
- 부모는 지금까지 터득한 기술을 사용하여 십대 자녀가 일상에서 부딪히는 문제를 해결해 나가도록 도울 수 있다.
- 부모는 터득한 기술들을 사용하여 자녀가 신변 안전상 심각한 문제를 피하도록 도울 수 있다.

효율적인 부모 역할 행동은 어떻게 결정할 수 있을까?

어떤 방식을 사용할 것인가는 상황에 따라 달라진다. 하나의 방식만

을 사용해야 할 때도 있고 모든 방식을 사용해야 할 때도 있다. 다음의 예를 보자.

1. 학교와 일, 자녀의 선택은?

열여섯 살 난 은하는 여름 방학 동안 아르바이트를 했다. 은하는 자기 수입이 있다는 것이 만족스러웠다. 이제 개학을 했지만 은하는 아르바이트를 계속하고 싶다. 엄마는 일보다 학교 공부가 중요하다고 믿는다. 엄마는 은하가 공부할 시간이 충분했으면 한다.

가족회의에서 엄마와 은하는 아르바이트 문제를 놓고 대화를 나눈다. 엄마는 "네가 개학 후에도 계속 아르바이트를 하고 싶어하는 걸 알아."라고 말한다. 은하는 "예, 불만 있으세요?"라고 묻는다. 엄마는 나-전달법을 사용하여 "네가 학교와 일을 병행하면 성적이 떨어질 것 같아서 난 걱정스럽다."라고 말한다. 은하는 "제 성적은 괜찮을 거예요."라고 말하고 비아냥거리면서 "믿어줘서 대단히 고맙네요."라고 덧붙인다.

엄마는 존중하는 태도를 유지한 채 반영적 경청을 사용하여 "내가 널 믿지 않는 것 같아 네가 마음이 상한 것 같구나. 하지만 난 널 믿어. 다만 네가 학교 공부와 일을 다 잘해낼 수 있는 방법을 찾아내도록 돕고 싶을 뿐이야."라고 말한다. 은하는 "전 엄마의 도움이 필요하지 않아요. 혼자서도 잘해낼 수 있다고요!"라고 말한다. 엄마는 은하가 스스로 책임을 지도록 하겠다고 결정하고 적절한 한계를 설정한다. 엄마는 "좋아. 네 성적이 지난 학년보다 떨어지지 않고 평일에는 밤 9시를 넘기지 않는다면 아르바이트를 계속해도 좋아."라고 말한다. 은하는 "좋아요."라고 답한다.

개학한지 1주가 지난 다음 은하는 엄마에게 "전 오늘 밤 10시까지 일해야 해요. 하지만 절 데리러 오시지 않아도 돼요. 사장님이 집까지 태워다 주시겠대요."라고 말한다. 엄마는 "평일에는 9시 이후에는 일하지 않겠다고 약속했잖니?"라고 말한다. 은하는 "알아요! 그래서 저는 빼달라고 부탁했어요. 그렇지만 일손이 모자라는 걸 어떡해요? 엄마, 이건 직업이라고요! 항상 근무 시간을 제 맘대로 고를 수는 없다고요!"라고 말한다. 엄마는 "넌 내가 약속을 지키라고 하는 게 부당하다고 생각하니?"라고 묻는다. 은하는 "예, 직장이란 게 그런 거잖아요?"라고 말한다. 엄마는 "은하야, 넌 약속을 지켜야 해. 사장님이 너에게 의지하신다니까 이번 주에는 늦게까지 일하는 건 봐줄게. 하지만 이번 한 번뿐이야. 다시는 9시를 넘기지 않도록 사장님께 뭐라고 얘기할 거니?"라고 말한다.

은하는 어이없다는 듯이 "엄마, 사장님이 절 해고하면 어떡해요?"라고 말한다. 엄마는 "사람이 모자라는데도 널 해고할까 봐 걱정하니?"라고 묻는다. 은하는 "글쎄요, 지금은 제가 필요한 것 같아요. 제가 늦게까지 있어야 하는 건 사장님이 영수증 계산을 끝낼 때까지 전화를 받아야 하기 때문이니까요. 어쩌면 제가 영수증 합산을 돕거나, 아니면 9시까지 중간 소계를 낼 수도……. 하지만 그렇게 하면 제가 돕는 게 아니라 오히려 거추장스러울 것 같아요."라고 말한다.

엄마는 "그래도 그건 좋은 생각이야. 한번 말씀드려 봐도 될 것 같아. 동료직원에게 근무 시간을 바꿔달라고 부탁하는 건 어떨까?"라고 말한다. 은하와 엄마는 머리를 맞대고 아이디어를 몇 가지 더 찾아냈다. 은하는 사장님에게 오후 9시 이후에는 일을 할 수 없다는 점을 설명하고, 그 대신 9시 전에 자신이 도울 수 있는 건 돕겠다고 말하기로 했다. 또 친구 오빠에게 야간 근무를 원하는지 물어보기로 했다. 엄마는 "어떻게 됐는지 결과를 알려주렴."라고 말한다. 그들은 다음 주 가족회의에서 이 문제를 다시 논의하기로 했다.

다음 가족회의에서 은하는 사장님이 야간 근무를 할 수 없다는 점을 양해해 줬다고 말한다. 그리고 몇 주간은 만사가 잘 풀리는 것 같았다. 그러다 중간고사 성적표가 우송되어 왔다. 은하는 기하에서 'D'를 받았다. 엄마는 딸에게 "은하야, 너는 기하 과목에 어려움이 있나 보구나?"라고 말한다. 은하는 "이번 시험이 너무 어려웠어요. 'C'보다 높은 점수를 받은 애는 아무도 없어요!"라고 말한다. 엄마는 "은하야, 우리는 네 성적이 떨어지지 않으면 계속 일할 수 있다고 합의했어. 넌 성적을 지난번 수준으로 올려놓을 때까지 일을 관두어야 해."라고 말한다. 은하는 불같이 화를 내며 "이건 공정하지 못해요! 내내 잘하다 어쩌다 몇 주간 공부 안 해서 그 형편없는 시험을 좀 망친 걸 갖고 제 일을 뺏으려 하다니!"라고 소리친다. 엄마는 차분하게 "떨어졌던 성적을 만회하면 다시 일을 해도 돼."라고 말한다. 은하는 "그건 말도 안 돼요! 사장님이 다시 받아줄 거라고 생각하세요?"라고 말한다. 엄마는 존중하는 태도를 유지하며 "너는 내가 불공정하다고 생각해서 화가 났구나. 하지만 우리는 약속을 했어."라고 말하고는 더는 입을 열지 않는다. 은하가 계속 소리를 지르자 엄마는 그 방에서 나간다.

1) 엄마는 어떻게 대처했는가?

엄마는 은하의 잘못된 행동에 대처하기 위해 모든 방법을 사용했다. 그러나 다음과 같이 한 번에 조금씩 사용한 것을 볼 수 있다.

1. **우선 나-전달법을 사용했다** : 나-전달법을 사용하여 존중하는 태도로 엄마 자신의 감정을 표현할 수 있었다. 또 은하에게 엄마가 명령을 하려는 게 아니라 문제에 대해 대화를 나눌 용의가 있다는 것을 보여주었다.
2. **반영적 경청을 사용했다** : 반영적 경청을 사용하여 엄마가 은하의 느낌을 존중한다는 것을 보여주었다. 또 은하의 마음속에 엄마가 자신을 믿지 않는다고 생각하는 것도 알게 되었다. 따라서 엄마는 은하에게 믿음을 주고 은하가 자신의 일을 책임지도록 할 용의가 있음을 보여줄 기회로 삼았다.
3. **자녀에게 선택권을 제시했다** : 엄마는 온정적이지만 확고한 태도를 보여주었고 은하는 스스로 선택해서 합의하고 책임을 받아들였다.
4. **자녀가 대안 탐색을 하는 데 도와주었다** : 은하는 사장님에게 늦게까지 일하겠다고 말함으로써 엄마와의 약속을 깨뜨렸다. 그러나 엄마는 "이젠 끝이야. 넌 늦게까지 일하지 않겠다고 약속했어. 더는 일 못해."라고 말하지 않았다. 대신 은하의 말을 경청함으로써 은하가 이 문제에 대처하는 방법을 모른다는 것을 파악하고 나서는 은하에게 문제에서 벗어나 제 위치를 되찾을 기회를 주었다. 엄마는 존중하는 태도를 유지하면서 은하에게 늦게까지 일하지 않으면서 계속 일할 수 있는 방법을 생각해내는 데 도움을 주었다. 그들은 머리를 맞대고 아이디어를 생각해낸 다음 한 가지 아이디어에 합의하였다. 그 결과 은하는 합의를 계속 지킬 수 있을 뿐더러 직장에서 일어나는 문제를 해결하는 방법도 배우게 되었다.

5. **결과를 실행에 옮겼다** : 은하가 기하 시험에서 'D'를 받자 엄마는 다시 반영적 경청을 사용하여 은하가 시험 공부를 제대로 하지 않았다는 것을 알게 되었으며, 또한 은하가 변명을 하면서 힘겨루기를 추구하는 것도 알게 되었다. 따라서 엄마는 결과를 실행에 옮겨 은하가 공부하지 않은 데 대한 결과를 체험하게 해야 했다. 이것은 엄마에게는 쉽지 않을 수도 있다. 지금까지 엄마와 은하는 함께 노력해서 직장에서의 문제를 해결했고, 그 과정에서 서로 사이도 좋아졌다. 결과를 사용하게 되면 이렇게 좋아졌던 감정이 얼마 동안은 다시 악화될 것이다. 그러나 엄마가 굴복한다면 은하가 무엇을 배우게 될까? 은하는 자신이 선택한 결과를 감수하지 않아도 된다는 것을 배우게 될 것이고, 또 잘못된 행동을 하면 주도권을 쥘 수 있다고 생각할 것이다. 그렇게 되면 아이는 책임감을 기를 수 없다.

2) 엄마는 그밖에 무엇을 할 수 있을까?

엄마는 다른 기회를 보아 자녀를 격려할 방법을 찾아야 한다.

- 다른 분야에서 자녀가 노력한 것과 개선된 점을 찾아 인정해 줄 수 있다.
- 자녀에게 감사한다는 것을 보여줄 수 있다.
- 자녀에게 도움을 요청할 수 있다.
- 자녀에게 가족의 의사결정 과정에 참여할 것을 요청할 수 있다.
- 일단 자녀의 성적이 오르면 다시 일을 계속하라고 격려할 수 있다.

이상의 모든 방법은 엄마가 자녀의 독립심과 책임감을 기르면서 동시에 자녀와 바람직한 관계를 만들어 나가는 데 도움이 된다.

엄마가 포기하지 않는다면 이번 일로 둘의 관계가 손상되지는 않을 것이고 장기적으로 보면 오히려 보다 좋아질 것이다. 또 시간이 지남에

누가 문제의 소유자인가?

부모 자신에게 다음의 질문을 던져보아라.

1. 나의 권리가 무시되고 있는가?
2. 누군가 다칠 우려가 있는가?
3. 누군가의 소유물에 손해를 입힐 수 있는가?
4. 십대 자녀가 이 책임을 감당할 수 없는가?

따라 엄마는 결과의 사용을 점차 줄여 나갈 수 있다. 자녀는 부모를 더욱 존중하게 되며 부모가 필요하다면 결과를 사용할 것임을 알게 되므로 결과가 일어나기 전에 자신의 행동을 변화시키게 될 것이다.

2. 접근 방식 결정하기

자녀에게 문제가 생길 때마다 제일 먼저 누가 문제의 소유자인지 파악하여야 한다.

1) 십대 자녀가 문제의 소유자일 때

십대 자녀가 문제의 소유자라면 부모는 여러 방법 중 한 가지 또는 그 이상을 선택할 수 있다(예 문제 행동을 무시하는 방법, 반영적 경청 기술을 사용하여 자녀의 감정을 파악하고 피드백을 주는 방법, 또는 자녀가 스스로 해결책을 찾도록 돕는 방법 등).

학업에 관해 생각해 보기

가끔 자녀의 학업 문제에 어떻게 대처해야 할지 혼란스러울 때가 있다. 이때에는 다음의 2가지를 유념하여라.

- 힘겨루기를 피한다.
- 자녀를 격려할 방법을 찾아본다.

2) 부모 자신이 문제의 소유자일 때

부모가 문제의 소유자이거나 부모와 자녀가 문제의 공동 소유자라면 우선 십대 자녀의 잘못된 행동 이면에 숨겨진 목표가 무엇인지 파악하여라. 그런 다음 자녀가 기대하지 않은 방법으로 반응을 한다.

또 부모 자신의 목적에 대해서 생각해 본다 : 내가 이해한 것을 알리고 싶은가, 십대 자녀가 자립심과 책임감을 갖도록 돕고 싶은가.

나-전달법을 사용하여 자녀에게 부모 자신의 감정을 표현한다. 그다음 자녀와 함께 대안 탐색을 한다. 필요하다면 자녀에게 선택권을 제시하여 자녀가 자신의 행동의 결과에서 배우도록 한다. 이때 부모는 확고하되 자녀를 존중하고 격려하는 태도를 취해야 한다.

십대 자녀는 부모를 시험해 볼 수 있다. 확고하되 존중하는 태도를 유지하여라.

3. 십대 자녀의 학업 문제는 어떻게 접근할 것인가?

학교 공부는 십대 자녀가 스스로 책임져야 할 문제이다. 그러나 많은 부모들이 이 문제에 대해 자신도 책임이 있다고 믿는다. 어쨌든 십대 자녀가 학교에서 잘 배웠느냐가 자녀의 장래를 결정하는 것이라고 생각하기 때문이다.

자녀가 문제의 소유자일 때도 부모는 자녀를 지원해 줄 수 있다는 것을 기억하여라. 십대 자녀를 돕고 영향력을 미칠 수는 있으나 궁극적으로 이 문제는 십대 자녀의 것이다. 따라서 자녀를 대신해서 뭔가를 해줄 수는 없으며, 또 부모는 자녀가 공부하기 싫어하는 데 억지로 강요할 수도 없다.

4. 성취를 위한 단계 설정하기

십대 자녀가 학교 생활을 잘할 수 있도록 부모가 도와줄 수 있는 길은 여러 가지가 있다. 다음은 부모들이 할 수 있는 11가지 방법이다.

1. **적당한 운동을 하도록 격려한다** : 십대 자녀는 운동을 하면 스트레스에도 잘 대처할 수 있게 된다. 또 사춘기에 일어나는 심한 감정의 기복을 다스리는 데도 효과적이다. 운동은 자녀의 정신을 강하고 맑게 해 준다.
2. **자녀의 자존감을 길러준다** : 가능한 한 많이 격려해 준다. 격려를 받은 십대 자녀는 학습의욕이 높다.
3. **가정에서 책임감을 가르친다** : 가정에서 책임감을 배운 십대 자녀는 학교 생활에서도 책임감을 더 잘 발휘할 수 있다. 또 십대 자녀는 가정에서 집안일을 함으로써 자신감을 기를 수 있다. 많은 부모들이 중요한 일을 십대 자녀에게 맡기면 일이 제대로 완성되지 않을 것이라 우려하나 잘될 것이라 기대하여라. 기대한 대로 실현될 것이다.

   대부분의 부모들은 십대 자녀가 너무 바빠서 공기청정기의 필터 교환이나 셔츠 다리기 등의 집안일을 가르칠 수 없다고 느낀다. 그러나 이런 일들을 혼자 하지 말고 시간을 내어 자녀와 함께해 보아라.
4. **학교 일에 적극적으로 참여한다** : 학부모-선생님 협의회에 참석하여라. 학교에서 주최하는 운동경기, 음악회, 연극 등 학교 활동에도 참여하여라. 대부분의 학교에는 학부모와 선생님들이 협의할 수 있는 단체가 있으므로 그 단체에 가입할 수도 있다. 자원해서 학교 행사를 도와라. 또 학교 행사자금 마련을 위한 학생들의 모금 행사에도 참여할 수도 있다.
5. **부모 되기 모임에 가입한다** : 십대 자녀가 다니는 학교에는 학부모회가 있을 것이며, 또 그 지역 사회의 종교 단체나 YMCA 등에도 학부모들 모임이 있을 것이다. 이러한 학부모회에 참가하여 다른 부모들과 대화를 나누면 부모 되기 기술과 자신감을 기르는 데 도움이 될 것이며, 어느새 더 좋은 부모가 되어 자녀와도 보다

학업에는 한 팀으로서의 노력이 요구된다

십대 자녀의 학업을 팀 전체가 공동으로 노력해야 할 문제로 생각하여라. 팀 구성원은 학교, 십대 자녀와 부모이다.

- 학교의 역할은 가르치는 것이다.
- 십대 자녀의 역할은 배우는 것이다.
- 부모의 역할은 성취의 발판, 즉 십대 자녀가 학업에서 성과를 거둘 기회를 제공하는 것이다.

쉽게 대화할 수 있게 된다. 본 책을 혼자서 공부하는 학부모라면 '한국 STEP부모교육센터' 에 문의하여 도움을 받을 수 있다.

6. **보상과 처벌을 피한다** : 어떤 부모들은 십대 사녀의 성석이 떨어졌다고 처벌하는 경우가 있는데, 벌은 자녀에게 책임감을 가르치는 데 도움이 되지 않는다. 외출금지, TV 시청금지 또는 용돈 안 주기와 같은 처벌은 힘겨루기를 촉발할 수 있고 자녀의 협력을 이끌어낼 수 없다.

   성적이 올랐다고 해서 자녀에게 돈을 주는 부모들이 있는데, 좋은 성적은 중요하지 않다. 중요한 것은 배움 그 자체이다. 만약 십대 자녀가 좋은 성적에 대해 대가를 기대하게 되면 배우는 과정이 아니라 돈이라는 보상에만 보다 관심을 두게 되어 배움 그 자체의 즐거움, 스스로 꾸준히 노력해서 성취하여 얻게 되는 내적 보상을 경험할 기회를 빼앗을 수 있다. 학업 성취에 대한 보상은 자녀의 내면에서 우러나와야 한다. 성적과 돈은 선생님과 부모가 주는 외적 보상이다.

7. **십대 자녀를 든든하게 후원해 준다** : 어떤 청소년들은 아무 문제 없이 혼자 힘으로 과제물을 잘한다. 이들은 스스로 일과표를 작성해서 수월하게 제시간에 숙제를 한다. 그러나 어떤 청소년들은 자기 훈육 능력이 습관화될 때까지 부모가 도와줘야 한다. 돕는 방법은 다음과 같다.

- 자녀에게 언제 숙제를 할지 한계를 정하고 선택권을 주어 스스로 결정하도록 한다.
- 자녀가 일정한 장소에서 숙제를 하도록 한다. 자녀가 도서관에 갈 때에는 교통편을 구하는 데 도움을 준다. 자녀가 집단으로 해야 하는 과제물을 부여받은 때에는 그 아이들에게 우리 집을 공부할 장소로 제공한다.
- 자녀가 숙제하다 의문점이 생겼을 때 도움을 주거나 공부 시간이

끝날 무렵에 공부한 것을 같이 복습할 수 있도록 곁에 있어준다.

- 자녀가 공부하는 과목에 관심을 보여준다. 자녀가 읽고 있는 책을 읽어봐도 좋을 것이다. 자녀가 정치 과목을 공부한다면 가정에서 정치에 대한 대화를 하여라. 만약 자녀가 천문학을 공부한다면 밤하늘의 성운을 찾아달라고 부탁한다.

8. **학교가 부과하는 결과를 체험하게 한다** : 자녀가 스스로 책임질 것을 거부하면 학교 생활에서 그 결과를 체험하게 될 것이며, 이때 자녀가 그 결과를 경험하도록 내버려 두고 개입하지 않는다. 부모 자신과 선생님 또는 상담 선생님 모두가 자녀에게 부모의 도움이 필요하다고 합의한 때에는 『청소년의 부모 STEP』에서 배운 기술을 사용하여 한계를 정하고 선택권을 제시하거나 대안 탐색을 한다.

자기 자신에 대해 좋은 느낌을 가진 십대는 자신을 위해 더 많이 생각한다.

9. **힘겨루기에 말려들지 않는다** : 다른 방법들이 효과가 없다면 십대 자녀가 힘 과시하기나 앙갚음을 추구할 가능성이 높다. 이때에는 평온한 어조로 자녀에게 "난 네가 억지로 공부하게 만들 수는 없다. 네가 알아서 하도록 네게 맡길게. 도움이 필요하면 말해."라고 전하여라. 자녀와 힘겨루기를 하지 않도록 자신을 단단히 단속해야 한다. 시간이 지남에 따라 자녀는 스스로 책임을 지게 될 것이다.

10. **항상 격려해 준다** : 낮은 점수를 받은 아이 중 많은 수가 무능함 보이기를 추구한다. 무력감을 보이는 십대 자녀는 극도로 좌절한 상태임을 유념하여라. 이때에는 자녀가 학교 공부나 다른 분야에서 조금씩 발전을 보일 때마다 아무리 사소한 것이라도 인정해 주고 격려해 주어라. 자녀의 장점에 초점을 두고 자녀에게 사랑한다 말해 주며 행동으로도 사랑을 표현하여라.

11. **반영적 경청 기술을 사용한다** : 십대 자녀의 학교 생활을 파악하는 데 도움이 된다. 필요한 도움을 얻는 방법에 대해 자녀와 같

이 이야기한다. 반드시 학교에 협조를 요청하여라.

십대 자녀의 감정 변화에는 어떻게 접근해야 할까?

Chapter 1과 Chapter 2에서 청소년들에게 나타나는 기분의 변화와 그 이유를 설명하였다.

1. 어느 정도의 감정 변화는 정상적이다

어느 정도의 기분 변화는 정상적이다. 만약 십대 자녀가 '기운이 없다고' 느낀다면 곁에서 자녀의 말을 경청해 주고 격려해 주어라. 십대 자녀들이 이러한 기분을 나타내면 다음과 같이 반응할 수 있다.

"관심 없어요." 어떤 십대 자녀는 매사에 '관심 없다'는 태도를 취한다. 이를 무관심(apathy)이라 하는데, 실제로 이들은 매우 관심이 많다. 그러나 자신의 삶에 주도권이 없다고 생각하기 때문에 이러한 태도를 취하고 있다. 십대 자녀에게는 많은 격려가 필요하며, 또 자신이 *중요하게* 여겨진다는 것을 보여주기 위한 방법으로 집안의 의사결정 과정에 참여시키는 것이다. 특히 십대 자녀가 관심을 가질 만한 강좌나 활동을 선택하도록 격려하는 것도 좋다. 교내 활동에 관심이 없는 십대들에게는 보다 독창적인 접근이 필요하다.

우진이는 자기가 다니는 학교에 소속감을 느끼지 못한다. 그는 그림 그릴 때가 제일 행복하나 학교에서 개설한 미술 강좌는 이미 다 배웠다. 아빠는 우진이가 걱정이 되어 학교의 상담 선생님과 대화를 하였고 상담 선생님은 다른 학교에서 운영하는 특수 미술 프로그램에 대해 알고 있다며 우진이에게 그 프로그램에 대해 말해 준다. 우진이와 상담 선생님은 평일의 마지막 2시간 수업은 그곳에서 미술 수업을 들을 수 있는 방법을 논의한다. 상담 선생님은 우진이가 수업 시간표를 조정하고 그 학교로 가는 버스 편 찾는 것을 도와준다.

가끔 '관심 없어요'와 다른 형태의 무관심은 일종의 힘 과시하기일 때도 있다. 이를 확인하기 위해 부모 자신의 감정을 점검해 보고 십대 자녀가 힘 과시하기를 추구할 때에는 힘겨루기를 피하고 자녀가 결과를 경험하도록 한다.

"지루해요." 십대 자녀에게서 "여기는 할 만한 게 하나도 없어요!"나 "학교는 너무나 지겨워요."와 같은 말을 들어보지 않은 부모가 어디 있겠는가? 많은 부모들은 권태감에 빠진 십대 자녀를 돕기 위해 "왜 ________를 하지 그러니?"라고 말한다.

그러나 이러한 행동은 잘못일 수 있다. 십대 자녀의 인생을 흥미 있게 만들어야 할 책임은 십대 자녀 자신에게 있다. 또 십대 자녀가 관심 끌기나 심지어는 힘 과시하기를 추구하기 위해 "지루해요."라고 말하는 경우도 많다. 가장 좋은 대응 방법은 그 말을 무시하는 것이다.

"나는 ……을 할 수 없어요.", "나는 ……가 무서워요.", "……하면 어떻게 하죠?" 십대 자녀가 두려움과 걱정을 하는 것은 자신감의 결여를 나타낸다. 자신감은 하루아침에 생겨나는 것은 아니지만 부모는 자녀가 자신감을 갖도록 북돋워 줄 수는 있다.

이를 위한 한 가지 방법은 십대 자녀가 어떤 일을 잘 처리했을 때 이를 지적해 주는 것이다. 또 다른 방법은 십대 자녀에게 언제 자신감을 느꼈는지 물어보고 두려움이나 불안감을 느낄 때 자신감에 넘치던 그 순간을 기억해 보도록 권고한다. 또 자녀마다 다른 방식으로 성공하는 방법을 찾도록 도와줄 수 있다.

태영이와 그의 친구들이 간식을 먹고 있는데, 아빠가 부엌으로 들어온다. 한 친구가 "태영아, 너는 이번 합창단 선발 시험을 봐야 해."라고 말한다. 태영이는 "그렇게 많은 아이들 앞에서는 떨려서 못해."라고 대꾸한다. 다른 친구가 "너는 중학교 때 나하고 같이 합창단 활동했잖아. 너는 틀림없이 합격할 거야."라고 거든다. 태영이는 "그래, 하지만 우리 고교 합창단의 규모는 세 배나 커!"라며 자신 없다는 듯이 말한다.

이 상황에서 아빠는 아무 말도 하지 않는다. 후에 아빠는 태영이의 감정에 대해 대화를 나눈다. 아빠는 태영이가 과거에 자신감이 없었을 때도 잘해냈던 일들을 지적해 주고 나서 아이를 격려하는 데 주력한다. 그 결과 태영이는 서서히 자신감을 갖게 될 것이다. 만일 태영이가 합창단 선발 시험에서 떨어져 낙심할 때도 아빠는 태영이의 노력을 인정해 줄 수 있다.

"스트레스를 받아요." 스트레스는 압력에 대한 반응이다. 십대 자녀는 인생이 너무 힘들다고 느낄 때 각종 신체증상이 발현된다. 십대 자녀는 스트레스를 받으면 복통이나 두통을 호소하거나 안면경련을 일으키기도 한다.

스트레스는 걱정과 불확실한 느낌이 원인이 되는데, 십대 자녀가 이러한 느낌을 잘 처리할 수 있으면 심한 스트레스는 피할 수 있다. 자녀는 부모의 스트레스 대처 방법을 보고 배울 수 있으니 십대 자녀가 이완법을 배울 수 있도록 도와라. Chapter 1의 '자신을 위해 해 봅시다'는 스트레스 완화법을 소개하고 있다. 이 방법을 십대 자녀에게도 가르쳐라.

자신감에 대해 생각해 보기

십대 자녀가 잘 해냈던 것들을 될 수 있는 한 많이 생각해 본다.
자녀가 "난 못해."라고 말할 때 생각해 둔 것들을 떠올린 다음 자녀에게 말해 준다.

2. 어떤 정서는 경고 신호일 수 있다

가끔 십대 자녀의 기분과 감정이 정상적인 범위를 벗어날 때가 있다.

- 슬퍼하는 것과 우울증은 다르다.
- 자신의 체중에 불만을 느끼는 것과 자신의 몸을 혐오하는 것은 다르다.

- 무엇인가에 대해 화난 것과 거의 항상 화나고 폭력적인 것은 다르다.
- 사랑에 빠졌다고 느끼는 것과 그 관계가 자신에게 해로운 데도 제 정신을 잃고 다른 것은 돌아보지도 않는 것은 다르다.
- 흥분과 재미를 추구하는 것과 음주와 약물 남용을 일삼는 것은 다르다.

위에 든 것들 중 우울증, 신체상(body image) 및 분노와 폭력에 관하여는 본 장에서 논의하고 알코올과 다른 약물의 사용 및 성관계와 이성교제에 관하여는 다음 Chapter 7에서 다루기로 한다.

십대 자녀의 우울증은 어떻게 접근해야 할까?

단순히 우울하거나 슬픈 기분은 인간이라면 누구나 갖고 있는 정상적인 정서이다. 여자 친구 또는 남자 친구와 헤어진 청소년은 슬픈 감정을 가진 경우가 많다. 이들에게는 관계가 완전히 끝났다는 것을 받아들이는 '정리' 하는 *애도(mourn)* 기간이 필요할 수도 있다. 우리는 관심과 애정을 가진 대상을 상실했을 때 슬픈 감정을 느끼는데, 가끔 이러한 유형의 슬픈 감정은 정신건강에 오히려 유익할 때도 있다.

*우울증(Depression)*은 슬픈 감정과 다르다. 우울증은 저절로 사라지는 일시적인 기분이 아니라 오랜 기간 지속되는 질환이며 정신적 · 신체적 원인에 의해 유발될 수 있다. 우울증에 걸린 청소년은 정서적 발달과 학습에 장애를 겪는다. 또 자신의 문제를 해결하기 위한 시도로 알코올이나 다른 약물에 의존하는 경우도 많으나 이러한 행동은 우울증 개선을 저해하거나 악화시킬 뿐이다.

1. 전문가의 도움을 구하여라

십대 자녀에게 우울증이 의심되면 즉시 전문가의 도움을 구하여라. 가족주치의, 학교 상담 선생님, 동네 정신건강클리닉, 병원의 응급실 또는 긴급 상담 전화(전화번호부의 '위기 개입 상담 전화번호(Crisis Numbers)', '자살방지센터 전화' 또는 경찰서의 비상 전화번호를 찾아보아라)에 도움을 구할 수 있다.

2. 항상 의사소통을 하여라

그밖에 우울증에 걸린 십대 자녀를 돕는 방법은 아래와 같다.

1. **자살에 대해 대화를 나눈다** : 뉴스나 학교에서 자살사건이 일어났을 때 자녀와 터놓고 자살에 대해 대화하여라. 이런 기회를 이용하여 자살에 대한 자녀의 생각을 알아볼 수 있다. 또 자살자에게 자살 외에 어떠한 대안들이 있었는지를 말해 줄 수도 있다.
2. **위험신호를 유의 관찰한다** : 자살 위험 신호에 관하여는 우울증 증상의 목록을 참조할 수 있다. 과거에 자살을 기도한 적이 있는 십대라면 다시 시도할 수 있다. 자살을 입에 올리는 사람은 자살하지 않는다는 말은 사실이 아니다. 자살자의 대부분은 자살 전에 주변 사람들에게 자살 의사를 밝힌다.
3. **자녀의 말에 귀를 기울여 듣는다** : 십대 자녀의 말을 들으면 듣기에 끔찍한 내용이 나올 수도 있다. 그러니 자녀의 말을 경청하면 자녀의 마음을 파악할 수 있다. 자녀의 마음을 잘 파악하기 위해 개방형 질문을 사용한다.
4. **항상 대화의 창구를 열어놓는다** : 십대 자녀와 대화가 잘되지 않을 때에는 대신 마음을 터놓고 대화를 해줄 사람을 찾아라. 이는 가족 중 한 사람, 손위 동기나 이모, 삼촌, 고모 등이 될 수 있고 계부모일 수도 있다. 또 학교의 상담 선생님, 자녀가 가장 좋아하는

우울증의 증상

- 슬프거나 '허무'한 기분이 사라지지 않는다.
- 일상 활동에 대해 흥미나 즐거움을 느끼지 못한다.
- 무기력하고 피곤한 상태가 지속된다.
- 학업, 수면, 체중 또는 식욕에 명백한 변화가 있다.
- 집중력, 기억력 또는 의사결정 능력이 저하된다.
- 심한 죄책감, 자신이 무가치하다는 느낌과 무력감에 사로잡힌다.
- 죽음 또는 자살을 입에 올리거나 실제로 시도한다.
- 따지고 짜증내는 상태가 오랫동안 지속된다.
- 자주 운다.
- 치료해도 낫지 않는 통증과 고통을 호소한다.

이때 우리는 어떻게 해야 할까?

미 국립보건원(NIH)에 따르면 위의 증상 중 4가지 이상이 4주 이상 지속되는 경우에는 의사의 도움이나 상담을 받아야 한다고 한다. 이때에는 약물 치료나 상담이 도움이 될 수 있다. 둘 다 병용해서 효과를 얻는 경우도 많다.

선생님, 또는 자녀가 믿고 친밀감을 느끼는 어른이 대화의 상대가 되어도 좋다. 이때 대화 상대는 자녀가 자신의 고통스러운 감정을 터놓고 말할 수 있도록 해 주어야 한다.

5. **사랑을 표현하고 격려해 준다** : 자살 충동을 느끼는 십대는 자신이 무가치하다고 느끼고 무엇을 해도 나아질 수 없다는 절망감에 사로잡혀 있다. 이들에게는 자신이 가치 있고 사랑받고 있다는 생각을 심어주어야 한다. 따라서 자녀를 사랑하고, 있는 그대로를 받아들이며 소중히 여긴다는 것을 보여줄 방법을 찾아보아야 한다.

다이어트와 나쁜 식습관에는 어떻게 접근해야 할까?

대부분의 십대 자살자는 사전에 자살 의사를 밝힌다.

오늘날의 십대는 날마다 TV, 영화와 잡지에서 쏟아내는 '완벽'한 몸매에 대한 허상에 노출되어 있다. 동시에 십대는 급격한 신체의 변화를 경험하는 시기이기 때문에 남녀를 불문하고 자신의 외모에 극도로 신경을 쓰고 민감하게 반응하는 경향을 보인다.

많은 부모들이 십대 자녀가 과체중이라고 걱정을 하는가 하면 또 다른 부모들은 십대 자녀가 실제로는 적당한 몸매임에도 불구하고 항상 다이어트하는 것을 두고 걱정한다. 그러나 우리 어른들도 대부분 자신의 외모, 체중과 섭식 습관에 대해 나름대로 열등감과 불만을 갖고 있다.

십대 자녀가 "나는 살쪘어요! 나는 내 모습이 싫어요!"라고 말한다고 생각해 보아라. 아마 부모들은 "너는 어떤 외모를 원하니? 네가 되고 싶은 모습과 지금의 네 모습이 어떻게 다르니?"라고 물어볼 것이다. 십대 자녀에게 사람들의 체형과 신체 치수가 다양하고 서로 다른 것은 자연스럽고 정상적인 것임을 설명해 줘라.

1. 체중과 음식에 대한 집착을 피하여라

십대 자녀의 체중과 음식에 대한 집착을 예방하는 방법에는 다음과 같은 것들이 있다.

체중 문제를 침소봉대하지 않는다 : 외모와 음식에 대해 지나치게 집중하지 않도록 하여라. 자녀의 섭식습관에 개입하지 말고 자녀에게 다이어트를 권유하지 마라. "네겐 과자보다 사과가 더 낫겠다."라든지, "나에게 다이어트 프로그램 할인권이 있는데, 한번 해 보겠니?"와 같은 말도 해서는 안 된다. 십대 자녀가 다이어트를 하겠다고 도움을 요청해 오고 부모 자신이 효과를 확신할 때 자녀의 다이어트를 *지원하는* 것이 좋다. 그러나 결코 먼저 나서서 다이어트를 하라고 권유해서는 안 된다.

부모의 말과 행동을 반성한다 : "남기지 말고 다 먹어라." 하고 말하지 않는가? 부모가 이렇게 말하면 자녀는 배가 부른데도 과식을 하게 된다. "간식은 안 돼! 저녁 밥맛 떨어져!"라고 말하는가? 부모 자신이 균형 있고 건강한 섭식을 하고 있는가? *자신의* 외모에 대해 비판적인가? 십대 자녀는 부모의 말과 행동에 크게 영향을 받는다.

다양한 음식을 즐긴다 : 건강에 좋은 음식 재료를 항상 마련해 둬라. 매일 또는 일주일에 몇 번 반드시 온 가족이 둘러앉아 식사를 하도록 한다. 그리고 십대 자녀가 좋아하는 음식을 완전히 배제하지 마라. 자녀가 초콜릿 과자를 좋아한다면 찬장에 몇 개 놓아두는 것도 괜찮다.

대중매체에서 표현하는 몸매의 허상에 관해 대화한다 : 잡지나 TV에서 강조하는 '완벽'한 몸매와 대부분 사람들의 몸매가 얼마나 차이가 있는지 논의하여라. TV 프로그램이나 잡지 기사를 통해 배운 정상적인

가장 흔한 섭식 장애의 3가지 유형

- 비만(Obesity) : 대부분의 경우 비만(과체중)인 십대는 먹는 것을 멈출 수가 없다. 일종의 음식에 중독된 상태이다.
- 거식증(Anorexia) : 이 장애는 주로 십대 또는 젊은 여성에게 나타난다. 자신이 저체중임에도 불구하고 비만하다고 믿으며 살찌는 것에 대한 극도의 두려움 때문에 극단적으로 음식을 거부한다.
- 폭식증(Bulimia) : 이 장애도 남자보다 여자에게 더 흔하다. 폭식증을 가진 십대는 거식증과 마찬가지로 자신이 마른대도 불구하고 비만하다고 느낀다. 그러나 이 증상을 가진 십대는 많은 양의 음식을 짧은 시간에 먹어치우고는(binge) 체중 증가를 막으려고 구토를 한다. 거식증과 폭식증을 모두 가진 십대는 설사제나 이뇨제(다이어트 제품에 포함되어 있는 경우가 많다)를 복용하기도 한다.

몸매에 관한 지식을 자녀와 공유한다. 부모가 십대였을 때 자신의 몸매에 대해 느꼈던 감정을 말해 준다.

항상 격려한다 : 십대 자녀가 외모에 대해 지나치게 걱정을 한다면 자신감을 키워줄 필요가 있다. 앞에서 습득한 격려 기술을 사용하여 자녀가 사랑받고 수용되며 가치 있는 존재임을 인식시켜준다. 또 자녀의 장점에 대해 집중해서 "네 미소는 정말 아름답다."거나 "에어로빅을 하더니 건강해 보인다."와 같이 말해 주어라.

2. 섭식장애는 심각한 문제이다

상당수의 십대가 실제로 *섭식장애(eating disorders)*를 앓고 있다. 이들에게 가장 흔히 나타나는 섭식장애 유형은 비만, 거식증과 폭식증이다.

엄마는 열아홉 살인 딸 지나 때문에 걱정이다. 지나는 극도로 마른데도 불구하고 자신은 그렇게 생각하지 않는다. 지나는 자신의 몸매에 불만이 많다. 친구와 전화통화를 할 때 "성수 앞에 나타나려면 아직 2킬로그램을 더 줄여야 해!"라고 말하는가 하면 거울 앞에 서서 "내 팔뚝살 좀 봐."라고 불평한다.

엄마는 지나가 식사 때 많이 먹는데도 자꾸 살이 빠지는 것이 이해가 되지 않는다. 어느 날 밤 저녁 식사 후 엄마는 욕실 앞을 지나다 지나가 구토하는 소리를 듣는다. 그 다음 날 밤 지나는 또 많은 양의 식사를 한다. 지나가 식탁에서 일어나 나가자 지나의 남동생 석진이는 "틀림없이 또 목구멍에 손가락을 집어넣을 거야."라고 말한다. 엄마가 "왜 그런 말을 하니?"라고 묻자 석진이는 "누나가 학교에서 점심 식사 후 그러는 걸 내 친구 누나가 봤대요."라고 말한다.

폭식증은 심각한 문제이다. 엄마는 지나를 어떻게 도와줄 수 있을까?

나-전달법과 반영적 경청 기술을 사용한다 : 엄마는 지나에게 "네가 자꾸 마르는 걸을 보니 네가 병이라도 날까 봐 걱정이다."라고 말할 수 있다. 지나가 자신이 마르지 않았다고 부인하면 엄마는 “지나야, 네가 구토하는 소리를 들었다. 네가 아무 이유도 없이 구토를 하면 정말 심각하게 걱정돼. 네가 의도적으로 그러는 것 같은데, 그건 네 몸에 좋지 않아.”라고 말한다. 지나가 화를 내며 “엄마는 욕실 문 앞에서 몰래 엿들을 권리가 없어요! 나에게도 사생활이란 게 있어요.”라고 답한다면 엄마는 “내가 염탐하는 것 같아서 화가 났구나. 내가 듣게 된 건 정말 우연이야. 하지만 나는 무척 걱정스러워. 왜 더 말라야 한다고 생각하니?”라고 말할 수 있다.

대안 탐색을 한다 : 이 문제는 미묘하고도 까다롭기 때문에 엄마는 신중하게 처신해야 한다. 엄마는 지나의 감정에 귀 기울이고 가능한 한 지나가 대화의 주도권을 쥐도록 해 주어야 한다. 엄마는 지나를 존중하는 태도를 유지하면서 체중 감소와 의도적인 구토 습관을 중단하기 위해 어떤 방안을 취할 것인지 물어볼 수 있다.

전문가의 도움을 구한다 : 엄마는 지나를 세심하게 관찰하고 진행 상황에 관해 대화를 나누어야 한다. 지나가 여전히 체중이 줄거나 이상한 행동을 한다면 그때에는 엄마가 이 문제의 소유자가 된다. 다시 말해 지나의 건강과 안전이 위협받고 있는 상황이기 때문에 엄마는 지나를 위해 조치를 취해야 한다. 엄마는 의사나 섭식장애 전문클리닉 또는 상담사에게 도움을 구할 수 있다. 또는 지나가 다니는 학교에 문의해서 전문가를 소개받을 수도 있을 것이다.

섭식장애에 걸린 십대는 낙담한 상태이다. 이들은 자신의 신체를 통제할 수 없다고 생각하며 자신의 신체를 무찔러야 할 적으로 여긴다.

십대의 경우 비만은 애초 음식을 외로움이나 관심의 결핍을 느낄 때 이를 잊기 위해서 또는 다른 행위를 하는 대체 수단으로 사용한 데서 기인한 경우가 많아서 결국에는 음식이나 먹는 행위에 중독이 되어 자신이 음식과 식사량을 통제할 수 없고 거꾸로 음식이 자신을 통제하고 있다고 느끼게 된다.

거식증이나 폭식증을 가진 십대는 부모나 다른 사람이 자신의 모든 행동을 통제한다고 느끼는 경우가 많다. 따라서 낙담한 십대 자녀는 자신이 통제할 수 있는 유일한 대상은 자신의 신체뿐이라고 생각하게 되어 음식을 거부할 수도 있고 폭식과 구토를 함으로써 체중을 통제하려 할 수도 있다. 그러나 이때 자신의 신체조차 통제할 수 없다는 무력감을 느낄 수도 있다.

어떠한 유형이든 섭식장애를 지닌 십대는 의사나 다른 건강 전문가의 도움을 필요로 하며, 또 부모는 이들에게 가능한 한 최대한의 사랑과 격려를 해 주어야 한다.

분노와 폭력은 어떻게 접근해야 할까?

우리는 TV와 신문을 통해 매일 폭력을 접하면서 폭력을 익숙한 일상사로 받아들이고 있을 뿐만 아니라 많은 사람들이 가정폭력에 노출되어 생활하고 있는 게 현실이기 때문에 부모들은 자녀가 폭력에 물들까 봐 심각하게 걱정한다. 이와 관련하여 부모가 할 수 있는 가장 중요한 일은 십대 자녀에게 *비폭력(nonviolence)*을 가르치는 것이다.

우선 부모 자신이 자녀의 본보기가 되고 있음을 유념해야 한다. 때리는 것은 일종의 폭력이므로 부모가 때리는 것을 보면 자녀는 성인 세계에서는 폭력이 용납되는 행동이라고 생각하게 된다. 다른 사람에게 폭력을 휘두르는 것은 이유를 불문하고 용납되어서는 안 된다. 또한 소리 지르는 것 같은 언어폭력을 당한 상대방은 절대로 협력하는 마음이 우러나지 않을 것이므로 삼가해야 한다.

때리고 소리 지르는 것은 문제해결에 도움이 되기는커녕 오히려 문제를 악화시키기 쉽다. 때리거나 소리를 지르고 싶을 때는 Chapter 3의 방법을 참조하여 감정을 조절할 수 있다.

1. 십대 자녀가 분노를 조절하도록 돕는다

십대는 슬픈 기분이나 흥분하기 쉬운 만큼 극단적인 분노를 표출할 때도 있다. 그 분노의 대상이 부모라면 결코 힘겨루기나 보복전에 말려들어서는 안 된다. 투정과 소란을 피우려면 봐주는 사람이 필요한 법이니 결코 십대 자녀의 관중이 되어주지 마라. 분노의 대상이 부모가 아닐 때에는 다음의 방법을 사용할 수 있다.

- 반영적 경청 기술을 사용하여 자녀에게 경청하고 있음을 인식시킨다 : "네가 은수에게 몹시 화가 났구나. 왜 그런지 말하고 싶니?"라고 말할 수 있다.
- 분노가 문제해결에 장애가 된다는 점을 알려준다 : "이 문제에 대해 네가 기분이 나아지려면 어떻게 할 수 있는지 알고 싶구나."와 같이 말할 수 있다.
- 나중에 십대 자녀가 진정된 후 분노를 조절하는 방법에 관해 대화를 나눈다 : 어떤 십대에게는 운동이 분노를 배출하는 *것뿐 아니라* 애초에 화내는 것을 방지하는 데도 도움이 될 것이다. 또 다른 십대들에게는 음악 감상, 친구와의 대화, 일기 쓰기, 그림 그리기 등이 도움이 될 수 있을 것이다. 자녀에게 분노는 문제해결에 장애가 된다는 점을 설명하여라. 그리고 누군가와 협력하여 문제를 해결하면 양측이 모두 자신에게 통제권이 있다고 느낄 수 있다는 점을 자녀가 인식하도록 도와줘라. 그렇게 되면 아무도 화낼 필요가 없을 것이다.

화난 상태가 오랫동안 지속되는 십대의 경우에는 그 대상이 부모이든 아니든 간에 전문가의 도움이 필요하다.

2. 폭력적인 TV, 영화, 만화, 컴퓨터 게임과 음악을 제한한다

가정에서 폭력물에 대한 규칙을 만들어서 실천하는 것도 좋다. 부모는 십대 자녀에게 폭력적인 TV, 영화, 만화, 컴퓨터 게임과 음악에 대해 자제를 요청하고 자녀가 이를 존중해 주기를 기대할 수 있다.

그러나 부모는 이 문제가 그렇게 쉽거나 단순하지는 않다는 점을 알고 있다. 열여덟 살 난 청소년은 자유롭게 제한등급의 영화관에 입장할 수 있고, 열다섯 살 난 청소년은 TV의 폭력적인 장면을 시청할 수 있으며, 열세 살 난 아이는 얼마든지 만화책을 자기 방에 감춰둘 수 있다. 십대는 누구나 다른 규칙이 적용되는 다른 가정에서 시간을 보내기 때문에 십대 자녀에게 왜 이러한 제한을 설정하는지 이유를 수긍이 가도록 이해시키는 것이 중요하다. TV 프로그램은 부모 자신이 직접 본 후 자녀가 시청해도 될지 제한 여부를 정하고 자녀와 함께 TV를 시청함으로써 TV의 폭력적인 내용에 대처하도록 한다.

어떤 것이 '폭력' 인가를 정하는 범위와 수용할 수 있는 수위에 대해서는 사람마다 의견이 다르다. 어떤 부모는 서부 영화나 환상 영화는 괜찮

부모는 가끔 십대에게 의도하지 않은 폭력적인 메시지를 보낼 때가 있다.

다고 여기는 반면, 다른 부모는 미식축구 게임도 지나치게 폭력적이라고 생각하기도 한다. 그러므로 우선 폭력적인 내용에 대한 자신의 생각을 정리한 다음 시간을 내어 십대 자녀에게 자신의 폭력에 대한 의견을 설명해 주어야 하며 폭력물에 대한 자녀의 감정에도 귀를 기울여야 한다. 대안 탐색을 통해 시청 가능한 프로그램의 선정 기준을 정하여라.

3. 십대들도 폭력에 대해 걱정한다

우리는 십대 자녀도 부모와 대화를 원한다는 것을 알 수 있다.

십대 자녀와 대화를 해 보면 자녀 역시 폭력을 염려스럽게 생각하고 있다.

올해 열여섯 살이 된 재민이는 중학교를 졸업하고 동네 고교에 진학하자 폭력조직 단원들이 다가와 자기네 조직에 가입하라고 권유했다. 그 중 한 명은 재민이가 영어 수업에서 만난 여자 친구와 어울리지 말라고 경고했다. 재민이는 그 소년에게 "나는 어떤 폭력조직에도 가담하고 싶지 않아. 나는 누구에게도 상처를 주고 싶지 않아. 날 혼자 내버려 둬."라고 말했다. 그러나 재민이는 두려워졌다. 그는 부모에게 무슨 일이 있었는지 얘기하고 "그 애들이 날 그냥 내버려 두지 않을 텐데 어떻게 해야 해요?"라고 물었다.

이것은 대단히 심각한 문제이다. 폭력조직은 사람들의 권리를 마구 짓밟고 상해를 입히기도 한다. 재민이는 혼자 힘으로 이 문제를 헤쳐 나가기 어렵다.

1) 엄마와 아빠는 어떻게 할 수 있을까?

부모는 재민이의 감정에 귀를 기울여주어야 한다. 재민이는 부모가 자기 곁을 든든히 지켜준다는 확신이 필요한데, 이것만으로는 충분하지 않다. 재민이의 부모는 완벽하게 안전한 세상을 만들 힘은 없지만 재민이가 폭력조직을 피할 수 있도록 다음과 같은 방법으로 도움을 줄 수 있다.

- 부모는 재민이에게 잘했다고 격려해 준다. 재민이가 폭력조직 단원들의 요구를 거절한 것은 그에게 용기가 있다는 것을 보여준 것이다. 또 재민이가 무엇이 옳은지 판단하는 분별력이 있음을 나타낸 것이라고 말해 준다.
- 부모는 재민이가 다음에 폭력조직 단원들과 마주치면 어떻게 대처해야 할지에 관해 대화를 나눈다. 우선 재민이의 생각을 물어볼 수 있다. 재민이의 생각에는 괜찮은 것도 있고 그렇지 못한 것도 있을 것이다. 그러나 부모는 모든 아이디어를 귀담아 들음으로써 재민이가 스스로 가장 안전한 행동을 선택하도록 도울 수 있다. 대화를 나누는 과정에서 부모는 재민이에게 자신들의 아이디어도 제시할 수 있다.
- 부모는 재민이가 새로 진학한 학교에서 폭력조직에 가담하지 않은 친구 사귀기 방법을 찾도록 도와줄 수 있다. 예를 들면 재민이는 스포츠 팀 선발 시험에 지원할 수도 있고 학교신문이나 연감 제작 같은 과외 특기 활동에 참여할 수 있다.
- 부모는 재민이가 다니는 학교에 어떤 폭력조직이 있는지 학교에 문의해서 자세한 정보를 구해야 한다. 또 학교가 폭력조직에 대해 어떠한 조치를 강구하고 있는가, 재민이가 안전하고 즐거운 학교 생활을 하기 위해 실천할 수 있는 사항이 무엇인가를 학교에 문의해 볼 수 있다.

그뿐 아니라 부모는 재민이를 폭력조직으로부터 안전하게 지키기 위해 다음과 같은 다른 방법을 찾아볼 수도 있다.

- 학교나 시민문화회관의 방과 후 프로그램을 활용한다.
- 사찰, 교회, 성당 등을 개방하여 청소년들이 공부하고 어울릴 수 있는 안전한 장소를 활용할 수 있다.
- 경찰청이 운영하는 청소년 폭력 예방 프로그램을 활용할 수 있다.
- 자녀를 안전하게 지키기 위해 활동하는 학부모 단체에 참여한다. 그러한 단체가 없다면 직접 나서서, 이 같은 목적의 학부모 단체를

결성할 수 있다.

2) 자녀가 폭력조직을 피하도록 돕기

폭력 조직은 쉽게 뿌리 뽑기 어려운 만큼 대단히 심각한 문제이다. 우리는 부모로서 십대 자녀가 폭력조직과 연루되는 것을 피하도록 도울 수 있다. 그 방법은 다음과 같다.

자녀가 사랑받는다고 느끼게 하여라 : 부모가 자녀를 격려해 주면 자녀는 사랑받는다고 느끼고 부모가 자녀를 있는 그대로 받아들이면 자녀는 부모에게 자신이 소중한 존재라고 생각하게 된다. 인간은 누구나 사랑받고 싶은 욕구가 있다. 십대 자녀도 마찬가지이다. 사랑받고 싶은 욕구가 충족된 자녀는 폭력조직을 통해 '사랑'을 추구하지는 않을 것이다.

자녀 스스로가 강한 힘이 있음을 느끼게 하여라 : 자녀는 어떤 방식으로든 자신이 강하다고 느끼고 싶어한다. 자녀에게 힘을 주는 한 가지 방법은 합리적인 한계 안에서 선택권을 제시하는 것이다. 십대 자녀에게 의사결정을 할 수 있는 다양한 기회를 제공하면 자녀는 힘 과시하기를 추구하기 위해 폭력조직에 가입하지는 않을 것이다.

자녀가 스스로를 필요한 존재라고 느끼게 하여라 : 부모는 십대 자녀로 하여금 자신이 중요한 존재라는 것을 깨닫도록 도울 수 있다. 부모가 자녀의 협력을 기대하거나, 책임을 넘겨주고 자녀의 의견이나 협조를 구하거나, 자녀가 얼마나 큰 도움이 되었는지 말해 주면 자녀는 자신이 중요한 존재라고 느낀다. 또 가족의 중요한 구성원으로 느끼도록 한다면 자녀는 폭력조직의 '가족'이 되기를 추구하지는 않을 것이다.

격려 STEP

십대 자녀가 도와주는 행동을 했을 때 이를 찾아 인정해 준다. 또 책임 있는 행동을 했을 때도 인정해 준다. 친근한 나-전달법이나 "난 ~을 알아."라고 말한다. 이러한 표현의 예는 다음과 같다.

- "난 네가 개를 목욕시켜준 것을 알아. 이제 개에게서 훨씬 좋은 냄새가 난다!"
- "난 네가 오늘 아침에 주스를 만든 걸 알아. 고맙다."

본 장에서 배운 내용

Chapter 6에서는 지금까지 배운 부모 역할 하기 기술과 접근 방법들을 다양하게 활용하는 법을 살펴보았다.

- 부모가 자녀의 행동에 대한 대응 방식을 결정하기 위해 스스로에게 어떠한 질문을 해야 하는지 알게 되었다.
- 십대 자녀가 매일 부딪히는 문제에 잘 대처할 수 있도록 돕기 위한 기술의 사용 방법을 살펴보았다.
- 십대 자녀가 심각한 문제를 피하고 처리할 수 있도록 돕는 방법을 생각해 보았다.
- 격려의 중요성을 되새겨 보았다.

금주의 할 일

문제가 발생하면 행동을 취하기 전에 무엇을 할지 생각해 본다. 우선 문제의 소유자가 누구인지 결정해야 한다. 또 자신의 목적을 생각해 본 뒤 가장 도움이 되는 방법을 결정한다. 이를 위해 스스로에게 다음의 질문을 던져보아라.

- 십대 자녀는 어떠한 목표를 추구하고 있는가?
- 나는 자녀의 느낌을 들을 수 있는가?
- 나는 나-전달법을 사용할 수 있는가?
- 우리는 대안 탐색을 할 수 있는가?
- 나는 자녀에게 선택권을 줄 수 있는가?
- 자녀를 어떻게 격려할 수 있을까?

십대 자녀가 가진 문제를 해결할 수 있는 방법을 계획해 본다.

가족을 위해 이렇게 해 봅시다

지속적으로 가족회의를 운영한다. 회의가 열리면 먼저 가족회의의 목적을 다음과 같이 설명한다.

- 좋은 감정을 나누고
- 함께 즐거운 시간을 보내며
- 가족의 활동계획을 짜고
- 문제에 관해 대화를 나누고 서로 돕는다.

가족 구성원들에게 "가족회의에 대해 어떻게 생각하니? 어떤 도움이 된다고 생각하니?"라고 물어보아라. 만약 가족 구성원끼리 협력하는 데 어려움이 있다면 이 문제에 대해 토의하여라. 구성원들의 감정에 귀를 기울이고 부모 자신의 감정도 표현하여라. 어떻게 하면 보다 협력할 수 있을지에 대한 아이디어를 내보자고 제안해서 합의 사항을 정한다.

자신을 위해 이렇게 해 봅시다

나의 우선순위는 무엇인가?

우리는 모두 소속되기를 원한다. 소속되기 위해 어떠한 행동을 취하는가는 우리가 가장 중요하게 생각하는 것들의 우선순위에 따라 결정된다. 우선순위는 다른 사람들과의 관계 형성에도 영향을 미친다.

간단한 질문들을 통해 자신의 우선순위를 파악해 보자. 다음의 아이디어 중 가장 중요하게 생각하는 것은 무엇인가? 우선순위에 따라 각 항목 옆에 1, 2, 3, 4를 표기하여라.

____________ 가. 나는 거부당하는 것을 피하고 싶다.
____________ 나. 나는 창피당하는 것을 피하고 싶다.
____________ 다. 나는 스트레스나 갈등을 피하고 싶다.
____________ 라. 나는 비생산적이 되는 것을 피하고 싶다.

가. 이 항목을 가장 먼저 선택한 사람은 '즐거움'을 가장 중요시하고 다른 사람들에게서 호감을 얻기 원한다.

나. 이 항목을 가장 먼저 선택한 사람은 '통제력'을 가장 중요시하고 자신이 책임자가 되기를 원하며 남이 자신을 통제하는 것을 싫어한다.

다. 이 항목을 가장 먼저 선택한 사람은 '편안함'을 가장 중요시하고 스트레스나 갈등에 의해 방해받는 것을 싫어한다.

라. 이 항목을 가장 먼저 선택한 사람은 '뛰어남'을 가장 중요시하고 자신의 삶이 의미 있는 삶이 되기를 원한다.

<표 6a>

다음의 표는 우선순위가 무엇이냐에 따라 부모 자신과 십대 자녀에게 어떤 영향을 미치는지 제시하고 있다

우선순위	나의 장점	나의 단점	나의 십대 자녀에게 좋은 점	나의 십대 자녀에게 나쁜 점
즐거움	인간관계가 좋고 사람들이 무엇을 원하는지 잘 알고 있다.	남이 자신을 이용하고 존중해 주지 않는다고 느낀다.	부모와 갈등이 적고 쉽게 이해받는다고 느낀다.	무례하다. 다른 사람을 이용할 수 있다.
통제력	논리적이고 체계적이다.	다른 사람에게 가깝게 다가가지 못하거나 공감을 얻기 어렵다.	한계와 체계적으로 일하는 법을 배운다.	남과 힘겨루기를 한다. 감정의 공유를 두려워한다.
편안함	편안한 성격이고 남과 거의 갈등을 겪지 않는다.	성취감을 못 느끼고 일의 수행력이 부족하다.	갈등이 적고 자신이 하고 싶은 것을 할 수 있다고 느낀다.	관심을 인정하지 않거나, 덜 중요하게 생각한다.
뛰어남	유능하고 창조적이다.	할 일과 책임질 것이 너무 많다고 느낀다.	창조적이고 긍정적인 인생관을 가진다.	무능하다고 느낀다. 완벽을 추구한다.

- 나의 우선순위가 자신의 생활에 어떤 긍정적인 영향을 미치는가? 나의 부모 역할수행에는 어떤 긍정적인 영향을 미치는가?
- 나의 우선순위가 자신의 생활에 어떤 부정적인 영향을 미치는가? 나의 부모 역할수행에는 어떤 부정적인 영향을 미치는가?
- 나의 우선순위를 어떻게 변화시키고 싶은가?

기억해야 할 핵심 사항

1. 자녀에게 사용하는 접근 방법은 상황에 따라 달라져야 한다.
2. 부모의 접근 방법을 결정하기 위해 누가 문제의 소유자인지, 부모 자신의 목적은 무엇인지 그리고 어떤 방식이 가장 도움이 될지를 스스로에게 물어본다.
3. 학업과 관련하여 부모가 할 일은 십대 자녀가 학습 태도를 갖추고 학업에서 성과를 거둘 수 있도록 돕는 것이다. 이를 위해 다음과 같은 방안을 실천한다.
   - 십대 자녀가 건강하고 책임감을 갖도록 격려한다.
   - 학교 일에 적극적으로 참여하고 다른 학부모들과 가까운 관계를 유지한다.
   - 보상과 처벌을 피한다.
   - 십대 자녀를 든든하게 후원해 준다.
   - 학교에서 부과하는 결과를 경험하게 한다.
   - 항상 격려해 준다.
4. 어느 정도의 우울한 기분은 정상적인 것이다. 반영적 경청 기술과 나-전달법을 사용하여 십대 자녀를 돕는다. 자녀가 관심 끌기나 힘겨루기를 추구한다면 말려들지 않아야 한다.
5. 우울증은 단순히 슬픈 감정과는 다르다. 우울증에는 정서적 · 신체적 원인이 모두 작용할 수 있다.
6. 십대 자녀가 건강한 신체상을 정립할 수 있도록 다음의 방법을 실천할 수 있다.
   - 체중과 음식에 대한 집착을 피한다.
   - 건강에 좋은 다양한 음식과 몇 가지 특별 간식을 차려준다.

- 대중매체에서 표현하는 '완벽' 한 몸매의 허상에 대해 자녀와 대화한다.
- 항상 격려한다.

7. 십대 자녀가 우울증이나 섭식장애에 걸렸다면 전문가의 도움을 구하여라. 십대 자녀와 계속 대화를 하여라. 그리고 사랑을 표현하고 격려해 주어라.
8. 십대 자녀의 비폭력 정신을 북돋우기 위해 폭력적인 TV, 영화, 만화, 컴퓨터 게임과 음악에 대한 한계를 정하고 대화를 나누어야 한다.
9. 십대 자녀가 분노를 조절할 수 있도록 다음과 같은 방법으로 도울 수 있다.
   - 반영적 경청 기술과 나-전달법을 사용한다.
   - 십대 자녀가 문제해결 방법을 찾도록 돕는다.
   - 분노를 피하고 발산할 수 있는 방법에 대해 자녀와 대화한다.
10. 십대 자녀가 폭력조직을 피하고 안전한 활동에 참여할 수 있도록 격려한다. 또 자신이 사랑받고 있으며 힘이 있고 필요한 사람이라고 느낄 수 있도록 노력한다.
11. 우리는 십대 자녀의 안전을 보장할 수는 없다. 그러나 우리가 배운 부모 되기 기술과 방식을 사용하여 자녀가 스스로 심각한 문제를 피하고 옳은 선택을 할 능력을 갖추도록 도울 수는 있다.

<표 6b>

문제에 대한 효과적인 접근 방법

접근 방법	누가 문제의 소유자인가?	부모의 목적	바람직한 표현
반영적 경청	십대 자녀	십대 자녀의 문제를 이해한다는 것을 보여준다.	"너는 시험 때문에 무척 걱정이 되나 보구나." "테리가 노래방에 데이브와 함께 가서 네가 마음의 상처를 입었구나."
나-전달법	부모	존중하는 태도로 십대 자녀의 행동이 부모에게 미친 영향에 대해 말한다.	"네가 코와 눈썹을 뚫으면 나는 걱정이 된다. 왜냐하면 세균에 감염될 수도 있으니까." "네가 연장을 빌려가서 돌려주지 않으면 나는 좌절감을 느낀다. 왜냐하면 필요한 때 쓸 수가 없으니까."
대안 탐색	십대 자녀	십대 자녀가 스스로 문제 해결 방법을 결정하도록 돕는다.	"너는 어떤 방법으로 이 문제를 해결하려 하니?" "어떤 아이디어가 가장 마음에 드니?" "이걸 ______까지 시험해 보겠니?"
	부모/부모와 십대	십대 자녀와 합의를 이끌어낸다.	"이 문제를 해결하기 위해 우리는 어떻게 할 수 있을까?" "우리 둘은 이 아이디어에 합의했지?" "우리 중 한 사람이 이 합의 사항을 어긴다면 어떻게 할까?"
결과	십대 자녀	십대 자녀가 스스로 선택하고, 그 선택에 따른 결과를 감수하게 한다.	추운 날 코트를 잊고 입지 않으면 춥다. 연습을 빼먹으면 경기에 출전하지 못한다(부모가 아니라 코치가 세운 규칙이 부과된다).
	부모/부모와 십대	십대 자녀의 문제 행동에 대해 자녀와 함께 선택권과 결과를 정한다.	용돈을 빨리 써버리면 다음 용돈 받을 날까지 너 이상의 돈을 받지 못한다. 정해진 귀가 시간 이후에 귀가하면 다음날은 외출하지 못한다.

Chapter 7

효율적인 부모 역할 행동을 결정하기 : 2부

Chapter 6에서는 십대 자녀의 도전에 어떻게 부모 역할을 수행해야 할지 결정하는 방법을 살펴보았다. 이 장에서도 계속하여 십대 자녀에게 흔히 일어나는 또 다른 도전들에 대처하는 방법을 알아보겠다.

십대 자녀를 돕는 6가지 기술

- **목표 파악하기**는 부모가 어떻게 반응할지를 결정하는 데 도움이 된다.
- **반영적 경청**은 십대 자녀가 문제의 소유자일 때 도움이 된다.
- **나-전달법**은 부모가 문제의 소유자일 때 부모 자신의 느낌을 표현하는 데 도움이 된다.
- **대안 탐색**은 누가 문제의 소유자이든 상관없이 도움이 될 수 있다.
- **선택권 주기**와 **의사결정을 위한 기회 주기**는 누가 문제의 소유자인가에 따라 달라진다.
- **격려하기**는 부모와 십대 자녀 간의 바람직한 관계를 만드는 기반이 된다. 가능한 한 자주 사용하여라.

본 장에서 배울 내용

- 부모는 자녀들끼리 사이좋게 지내고 그들 자신의 문제를 스스로 해결할 것을 기대할 수 있다.
- 십대 자녀와 신뢰를 형성한다. 만일 자녀의 거짓말이나 훔치는 행동이 나타나면 지금까지 배운 기술을 사용할 수 있다.
- 십대 자녀에게 성 문제의 중요성을 말하고, 그 결과의 심각성에 대해 이야기한다.
- 지금까지 배운 기술은 십대 자녀가 약물에 빠지지 않도록 돕는 데도 사용할 수 있다.
- 지금까지 터득한 모든 부모되기 기술을 연습해서 십대 자녀와 바람직한 관계를 형성하는 데 사용할 수 있다.

자녀들의 싸움에는 어떻게 접근해야 하나?

형제자매는 자주 싸운다. 자녀들은 십대에 접어들어도 싸우기를 그만두지 않는 경우가 많다. 많은 부모들이 아이들은 싸우면서 큰다고 생각하면서 형제자매 간의 싸움을 지극히 '당연한' 것으로 받아들이고 있는데, 이런 부모들은 자녀끼리 싸우기를 *기대*하는 것이나 다름없다.

대처 방법 결정하기

누가 문제의 소유자인지 결정한다. 부모 자신의 목적은 무엇인지 생각해 본다. 그리고 어떤 방식이 가장 도움이 될지를 결정한다. 부모 스스로에게 다음의 질문을 던져 본다.

- 십대인 자녀는 어떠한 목표를 추구하고 있는가?
- 나는 자녀의 느낌을 들을 수 있는가?
  나는 나-전달법을 사용할 수 있는가?
- 우리는 대화를 통해 문제를 해결할 수 있는가?
- 나는 자녀에게 선택권을 줄 수 있는가?
- 나는 내 자녀를 어떻게 격려할 수 있을까?

열여섯 살인 동주와 열세 살인 동규는 형제 간이다. 동규는 형이나 형 친구들과 함께 어울리는 것을 좋아해서 그들이 거실에서 TV를 볼 때 끼어서 보기도 하고 학교 헬스장에서 농구할 때에도 따라다닌다.

동주는 자기 친구들과만 놀고 싶은데 자꾸 끼려고 하는 동규가 귀찮아서 "우릴 좀 귀찮게 하지 마! 가서 다른 어린애들과 놀아!"라고 말한다. 그러자 둘 사이에 싸움이 일어난다.

둘은 아빠를 싸움에 끌어들이려 한다. 동규는 "형은 너무 못됐어요. 형은 우리 집 거실의 TV도 못 보게 해요!"라고 고해 바치고 동주는 "동규가 나와 친구들을 귀찮게 굴지 못하게 해줘요."라고 말한다.

아빠는 어떻게 할 수 있을까?

이 문제는 형제 간의 관계에 관한 것이므로 동주와 동규가 이 문제의 소유자이다. 싸움을 말리려는 부모의 노력은 대개 사태를 악화시킨다. 부모가 개입하게 되면 어떤 결과가 되든 반드시 둘 중 한 아이는 부모가 다른 아이의 편을 들고 있다고 생각할 것이다.

십대 자녀와 동생 사이의 싸움은 대체로 이면에 목표가 숨어있다. 그 목표는 부모의 관심을 끌려는 것일 수도 있고 부모에게 자기들 마음대로 할 수 있다는 것을 보여주는 힘 과시하기일 수도 있다. 아니면 부모가 '총애' 하는 아이를 괴롭힘으로써 부모에게 앙갚음하려는 목표일 수도 있다.

둘 사이의 갈등에 개입하지 않는다 : 아빠는 동주와 동규가 우애 있게 지내라고 강요할 수는 없지만 두 아이의 싸움에 개입하기를 거부할 수는 있다. 아빠가 개입하기를 거부하면 처음에는 둘의 싸움이 더 악화될 수도 있고 둘은 고자질을 해서 다시 아빠를 힘겨루기에 끌어들이려 할 수도 있다. 이때 아빠는 "이건 너와 네 동생 둘이서 해결해야 할 문제야. 난 너희들끼리 잘 해결할 수 있다고 본다."라고 말한다. 이렇게 하면 자녀들에게 그들 스스로 잘 지낼 수 있다는 신뢰를 보여줄 수 있다.

결과를 사용한다 : 만일 둘이 다투다 때리거나, 물거나, 발로 차는 경우에는 아빠도 이 문제의 소유자가 되어 결과를 사용할 수 있다. 아빠는 "너희 둘 중 한 명이 다칠 수 있다. 너희들의 문제를 때리지 말고 해결해라. 아니면 좀 더 잘 지낼 수 있을 때까지 너희 둘을 떼어놓겠다."라고 말하고 그래도 때리는 행동이 계속되면 자신이 말한 대로 동주와 동규를 떼어놓는다. 만약 동주의 친구들이 놀러와 있다면 친구들을 자기 집으로 돌려보낸 후 두 자녀를 떼어놓는다.

각각의 자녀가 대안 탐색을 하도록 돕는다 : 동규가 계속 동주를 귀찮게 한다면 동주는 부당하게 피해를 입게 된다. 아빠는 반영적 경청을 사용하여 왜 동규가 자기 친구들과 시간을 보내지 않는지 이유를 파악하거나 동규가 다른 할 일을 생각해 내도록 도울 수도 있다. 또 형을 존중해 주는 방법을 찾도록 도울 수도 있어서 아마 동주는 스스로 동규와 더 많은 시간을 함께 보내려 하게 될 것이다.

거짓말과 훔치는 행동에는 어떻게 접근해야 할까?

청소년들은 가끔 거짓말을 하거나 자기 것이 아닌 물건을 그냥 집어오기도 한다. 그렇다고 해서 이 아이들이 커서 거짓말쟁이나 도둑이 되는 것은 아니다.

1. 어른들도 거짓말을 한다

대부분의 부모들은 십대 자녀의 거짓말이 부모를 신뢰하지 않는다는 신호라고 본다. 그러나 부모들 역시 거짓말을 하는 경우가 많다.

- 통화하기 싫은 때 전화가 오면 십대 자녀에게 "나 찾으면 없다고 말해."라고 말한다.
- 극장 매표소에서 돈을 아끼려고 열세 살인 자녀가 어린이라고 거짓말을 한다.

이런 것들은 사소한 거짓말처럼 보일 수 있으나 거짓말하는 부모를 지켜보면서 자녀는 무엇을 배우게 될까? 자녀는 거짓말은 해도 되는 것이라고 생각하게 될 것이다.

형제자매 간의 싸움에 대해 생각해 보기

자녀들이 말다툼할 때를 생각해 보고 자신에게 다음의 질문을 해 본다.

- 아이들이 싸우면 난 대체로 어떻게 대처하는가? 그게 효과가 있는가?
- 그밖에 다른 방법이 있을까?

다음에 자녀들이 싸울 때는 어떻게 대처할지 결정하고, 그 계획대로 실행한다.

십대 자녀는 어른들의 '악의 없는 사소한 거짓말'을 지켜보고 있다.

2. 거짓말에는 목표가 있다

십대는 부모나 또래 친구들의 관심을 끌기 위해 거짓말을 할 수 있다. 또 처벌을 모면하거나 앙갚음을 추구하기 위해 거짓말을 할 수도 있다. 가끔은 친구들의 주목을 끌기 위해 거짓말을 하기도 한다.

다솔이는 열일곱 살이다. 다솔이 가족은 최근에 서울에서 대전으로 이사를 했다. 다솔이는 스케이트보드 타는 것을 좋아해서 이곳에서는 스케이트보드를 잘 타는 아이들과 사귀고 싶다. 엄마는 우연히 다솔이가 새로 사귄 친구와 전화 통화하는 것을 듣게 된다. 다솔이는 서울에서는 유명한 스케이트보드 선수권대회 챔피언과 친하게 지냈고 뮤직 비디오에 출연해서 스케이트보드 타는 장면을 찍었다고 말한다. 엄마는 다솔이의 이야기가 거짓말인 것을 안다.

엄마는 어떻게 할 수 있을까?

엄마는 다솔이가 거짓말하는 것이 근심스러울 것이다. 그러나 새로 사귄 친구에게 거짓말을 하는 문제는 어디까지나 다솔이가 문제의 소유자이다.

대안 탐색을 통해 십대 자녀의 '머릿속 생각을 입 밖에 내어 말하도록' 할 수 있다.

거짓말을 무시하기로 결정한다 : 시간이 지남에 따라 다솔이는 새로 사귄 친구들에게 거짓말을 한 데 대해 죄책감을 느끼게 될 것이다. 그리고 친구들에게 받아들여지고 인정을 받기 위해 거짓말을 하지 않아도 된다고 느끼는 반면, 친구들은 다솔이를 신뢰하지 못하게 될 수 있다. 다솔이는 친구들에게 거짓말이 발각되어 결과를 경험하게 되면 다음에는 옳은 선택을 하게 될 것이다.

긍정적 관심을 보여준다 : 엄마는 다솔이가 거짓말을 하게 된 원인이 자신감 부족임을 파악한다. 따라서 엄마는 거짓말에 대해서는 언급하지 않고 다솔이에게 긍정적인 관심을 보여줄 방법을 찾아본다. 엄마는 다솔이의 장점 중 친구 사귀는 능력을 지적하여 말해 줄 수 있다. 엄마는 "내가 도서관에서 대출한 책을 반납해 줘서 고맙다. 네가 얼마나 의지가 되는지 몰라. 고마워."라고 말할 수도 있고 "너에게는 사물의 밝은 면을 보는 재능이 있어. 내가 기분이 가라앉아 있을 때 그게 도움이 된단다. 친구들도 너의 그런 면을 틀림없이 좋아할 거야."라고 말해 줄 수 있다.

반영적 경청과 나-전달법을 사용한다 : 엄마는 다솔이가 자신의 느낌을 표현할 기회를 줄 수 있다. 엄마는 딸에게 "오늘 네가 전화 통화하는 소리를 들었다. 새로 사귄 친구들의 관심을 무척 끌고 싶은 모양이구나"라고 말할 수 있다. 만약 다솔이가 말을 하고 싶어한다면 엄마는 "네가 이야기를 지어내는 것을 들으면 걱정이 돼. 왜냐하면 친구들이 사실이 아니라는 것을 알아차리게 되니까. 그러면 어떻게 될지 생각해 봤니?"라고 말함으로써 거짓말로 인해 일어날 수 있는 결과에 대해 생각하도록 도와줄 수 있다.

대안 탐색을 하도록 도와준다 : 대안 탐색을 하면 다솔이의 '마음속 생각을 입 밖으로 내어 말하게' 할 수 있다. 이렇게 하면 엄마는 다솔이에게 거짓말을 하지 않고도 친구를 사귈 수 있는 방법이 있다는 것과 딸이 친구 사귈 능력이 있다는 믿음을 보여줄 수 있다.

3. 거짓말은 신뢰감을 잃게 한다

십대 자녀가 부모에게 거짓말을 하는 행동은 부모의 권리를 무시한 것이다. 이렇게 되면 이 문제의 소유자는 부모가 된다. 그러나 한 번의 거짓말이라면 그 문제를 무시해도 되지만 여러 번 반복되는 거짓말을 무시하면 자녀는 거짓말이 통한다는 바람직하지 못한 신호를 줄 수 있다.

열다섯 살 난 용호는 금요일 밤에는 자주 친구 민제네 집에서 지내곤 한다. 어느 토요일 아침 용호는 술 냄새를 풍기면서 돌아왔다. 아빠는 "술 냄새가 나는데, 너와 민제가 어젯밤 술 마셨니?"라고 물었다. 용호는 "아뇨, 우리는 안 마셨어요. 하지만 민제의 아빠 친구분들이 오셔서 술을 드셨어요. 아마 그 때문에 술 냄새가 날 거예요."라고 말했다. 아빠는 "오, 그래."라고 넘어갔다.

그 다음주에 용호는 피곤하고 불쾌한 기분에다 눈이 충혈된 모습으로 집에 돌아왔다. 엄마는 "용호야, 넌 술이 덜 깬 것처럼 보이는데 참말로 민제와 함께 술을 마시지 않았니?"라고 물었다. 용호는 "엄마! 이미 말했잖아요! 우린 술 안 마셔요!"라고 말했다. 엄마는 "그렇지만 넌 언제나 지친 모습으로 돌아오잖아."라고 말했다. 용호는 "저는 일주일 내내 바쁘게 지내는데다 충분히 자지도 못해요. 토요일이면 피곤한 게 당연하잖아요."라고 말했다. 엄마는 "그렇다면 민제와 함께 이 집에서 자는 게 어때?"라고 말했다. 용호는 "절 믿지 못하시는 건가요?"라고 물었다. 엄마는 "물론 널 믿지. 그렇지만…" 하고 말을 계속하려는데, 용호가 끼어들어 "민제네 집에는 케이블 방송이 나와요. 또 학교 바로 옆에 살기 때문에 경기장에 걸어갈 수 있어요. 거기가 더 나아요!"라고 말했다. 엄마는 한숨을 쉬면서 "좋아, 알았어. 잠이나 좀 자두어라."라고 답했다.

엄마와 아빠는 어떻게 할 수 있을까?

용호의 부모는 속으로는 아들이 술을 마신다는 사실을 알고 있으나 이들은 그 문제에 직면하는 것이 두려워 아들의 거짓말을 받아들인다. 부모의 이런 행동은 용호에게 어떤 신호를 보내게 될까? 용호에게 거짓말을 하면 통한다는 생각을 심어주어 거짓말하는 습관을 부추기게 될 것이다. 또 부모가 용호에 대해 진정으로 관심을 두고 배려하지 않는다는 생각을 품게 할 수도 있다. 게다가 용호가 마음대로 술을 마실 여지를 줄 수 있기 때문에 부모는 아들의 거짓말과 음주에 대해 단호하게 대처해야 한다.

나-전달법과 반영적 경청 기술을 사용한다 : 부모는 아들에게 "우리는 거짓말하는 것을 들으면 걱정이 돼. 왜냐하면 네가 뭔가 떳떳하지 못한 일을 하는 것을 아니까."라고 말할 수 있다. 용호가 "왜 절 믿지 못하는지 이해가 안 돼요!"라고 말한다면 부모는 "우리가 널 믿지 않는 게 부당하다고 느끼는구나. 하지만 네가 정직하지 않으면 우리도 부당한 대우를 받는다고 느끼게 돼. 우리는 널 믿고 싶지만 그럴 수가 없어."라고 답할 수 있다. 이때에는 평온한 태도를 유지해야 한다. 이렇게 하면 금요일 밤에 어떤 일이 있었는지 파악하는 데 도움이 될 것이다.

결과를 제시하거나 협상한다 : 용호는 거짓말에 따른 결과를 경험해야 한다. 부모는 "네가 거짓말하기로 했으니까, 이번 금요일 밤에는 아무 데도 갈 수 없어. 다음 주에 네 계획에 대해 진실을 말할 기회를 한 번 더 주마."라고 말할 수 있다. 또 "우리는 거짓말하는 것을 용납할 수 없어. 우리 사이의 신뢰감을 회복하기 위해 넌 어떻게 할 계획이니?"라고 말할 수도 있다.

선택권을 제시한다 : 앞으로 금요일 밤에는 용호에게 여러 가지 선택권을 제시할 수 있다.

- 민제 아빠가 "너희들이 술을 마시지 않도록 하겠다고 약속한다면 넌 민제네 집에서 잘 수 있어. 그렇지 않으면 둘이서 우리 집에서 자거라."
- "우리는 널 경기장까지 태워다 주고 데리러 갈 수 있어. 원한다면 민제도 태워다 줄게. 그렇지 않으면 집에서 할 일을 찾아보아라. 네가 결정해."
- "술을 마시지 않겠다고 약속한다면 경기가 끝난 후에 친구들을 우리 집에 데려와도 돼."
- "만일 누군가 술을 마시면 네가 전화를 하겠다고 약속할 수 있지, 그렇다면 경기가 끝난 후 파티에 가도 돼. 우린 아무것도 묻지 않고 너를 데리러 갈 테니까."

4. 진실을 말할 발판을 마련해 주자

십대는 자유를 누리고 싶어하면서도 동시에 신뢰받기를 원한다. 신뢰는 까다롭고도 미묘한 문제이다. 십대 자녀가 한 번도 거짓말을 하지 않도록 막을 수는 없다. 그러나 다음의 원칙을 따른다면 십대 자녀는 보다 쉽게 진실을 말하게 될 것이다.

합리적인 한계를 설정하여라 : 기대수준을 비현실적으로 높게 설정하지 마라. "그 영화 보러 가면 안 돼.", "친구 상수와는 같이 차를 탈 수 없어.", "이 집에서는 그 음반을 들으면 안 돼!" 또는 "해리와 어울리지 마라!"와 같이 뭐든지 안 된다고 하는 것은 현실적이지 못하다. '안 된다' 라는 말만 들은 십대 자녀는 거짓말을 하는 것 외에는 길이 없다고 생각할 수 있다.

염탐하지 마라 : "너 어디 갔었니?", "누구랑 함께 있었니?", "뭐 했어?", "왜 그랬니?"와 같은 질문과 지나친 폐쇄형 질문은 십대 자녀가 거짓말을 할 수밖에 없는 처지로 몰아갈 수 있다.

마음 놓고 진실을 말하도록 분위기를 조성해라 : 부모가 처벌하거나 비하한다면 십대 자녀는 마음 놓고 진실을 말할 수 없게 된다. 어떻게 하면

뭐든지 금지하는 것은 비현실적이다.

자녀가 마음 놓고 진실을 말할 수 있다고 생각하게 될까? 답은 자녀에게 존중하는 태도를 보여주고 처벌하기보다는 결과를 체험하게 하는 것이다.

열여덟 살 난 다솜이가 슬픈 표정으로 방에 들어와서 엄마에게 "제가 금요일 학교를 빼먹었는데, 선생님이 아시고 이번 주 수학경시대회에 출전을 금지시켰어요. 나에게 그런 일이 일어나다니 믿을 수가 없어요."라고 말한다. 엄마는 "대회에 나가지 못하게 되서 정말 실망했겠구나."라고 말해 준다.

엄마는 딸이 이미 후회하고 있음을 알기 때문에 "너 어떻게 무단 결석을 했니?"라든지 "날 정말 실망시키는구나!"라고 말하지 않는다. 또 선생님이 이미 다솜이의 잘못된 행동에 대해 결과를 부과했기 때문에 "넌 외출금지야!"라고 말하지도 않는다. 엄마가 다솜이를 존중해 주기 때문에 다솜이는 뭔가 잘못한 때에도 안심하고 진실을 말할 수 있다.

십대 자녀가 정직하다고 기대해라 : 자녀가 거짓말을 하고 있지 않나 의심의 눈초리로 바라보지 마라. 이러한 행동은 부모가 자녀에게 거짓말을 *기대*하고 있으며, 자녀를 신뢰하지 않는다는 생각을 심어줄 수 있다.

진실을 말하면 감사의 뜻을 보여주어라 : "네가 한 행동은 잘못된 것이고, 그 문제는 어떻게 할지 대화를 해야 해. 하지만 네가 솔직하게 말하는 데는 정말 용기가 필요하다는 것을 알아. 네가 나에게 말해줘서 고맙다."라고 말해 준다.

거짓말은 둘 사이의 관계에 문제가 있다는 신호이다. 십대 자녀가 거짓말을 한다면 대화의 창구를 열도록 노력해야 한다.

➲ 십대 자녀가 나에게 거짓말을 했을 때, 어떻게 접근할 수 있을까?

1. 지나치게 예민한 반응을 삼가하여라! 한두 번의 거짓말로 자녀가 나쁜 사람이 되는 것도 아니고 거짓말이 습관화되는 것도 아니다.

또 자녀를 전혀 신뢰하지 못하게 되는 것도 아니다. '행위자와 행위를 구분' 할 것을 유념하여라.

2. 나-전달법을 사용하여라. "네가 진실을 말하지 않으면 나는 정말 실망감이 든다. 왜냐하면 과거에는 항상 네 말을 믿을 수 있었으니까."라고 말해 준다. 자녀에게 자신의 감정을 솔직하게 전달하고 자녀를 여전히 존중하고 있음을 보여줄 수 있다.
3. 이미 일어난 일은 있는 그대로 받아들이고 비난하지 마라. 그냥 특수한 상황으로 인정해라. 만일 필요하다면 논리적인 결과를 사용하여라. "우리가 집을 비운 동안 네가 친구를 데려온 것을 알아. 왜냐하면 담배 냄새가 나니까. 다음에 우리가 외출할 때는 우리와 함께 가든지 아니면 이모네 집에 가 있어야 해."라고 말할 수 있다.

5. 훔치는 행동에도 목표가 있다

청소년들은 가끔 재미와 흥분을 추구하거나 친구들의 주목을 받기 위해 훔치는 경우가 있다. 훔치는 행동의 이면에는 관심 끌기, 힘 과시하기 또는 앙갚음의 목표가 있을 수 있다.

열다섯 살인 혜영이는 친구 민경이와 쇼핑을 하면서 셔츠와 바지를 입어보았다. 민경이는 "혜영아, 그 옷 입으니까 너무 근사하나! 그 옷 꼭 사라!"라고 말했다. 혜영이는 가격표를 보고 합산해서 8만 원임을 알고 "난 살 형편이 안 돼."라고 말했다. 민경이가 "네 엄마가 사주지 않을까?"라고 묻자 혜영이는 "말도 안 돼. 내 용돈에 옷 살 돈도 포함되어 있는 걸."이라고 대답했다. 민경이는 "어쩌면 다음 달 용돈을 당겨주지 않을까?"라고 물었다. 혜영이는 "아니, 절대로 안 그러실 거야."라고 답했다. 민경이가 "혜영아, 그 옷은 네게 정말 잘 어울려."라고 말했지만 혜영이는 아무 답도 하지 않았다. 그러나 속으로는 그 옷에 대한 생각을 멈출 수가 없었다.

그날 밤 혜영이는 부엌 조리대 위에 엄마의 지갑이 놓여져 있는 것을 보았다. 엄마는 목욕 중이었다. 지갑 안을 들여다 본 혜영이의 눈에는 만 원짜리 지폐다

발이 보였다. 혜영이는 재빨리 8만 원을 꺼내 가졌다.

다음날 방과 후 혜영이는 옷가게에 다시 가서 그 옷을 샀다. 엄마는 아침에 지갑에서 8만 원이 없어진 것을 발견했다. 그날 밤 엄마가 혜영이의 방에 들어와 잘 자라는 인사를 했다. 그리고는 혜영이의 새 옷 가격표를 들여다보고 충격과 마음의 상처를 가누기가 힘들었다. 엄마는 혜영이에게 "네가 새 옷을 샀구나."라고 말한다. 혜영이는 "무슨 뜻으로 그런 말을 하는 거죠?"라고 묻는다. 엄마는 "왜? 꼭 무슨 뜻이 있어야 하는 거니?"라고 말한다. 혜영이는 "내가 싫어하는 경찰관 목소리잖아요."라고 말한다. 엄마는 "혜영아, 이 옷 사려고 내 지갑에서 돈을 꺼내갔니?"라고 묻는다. 혜영이는 눈을 부라리면서 "그럼 어떻게 이 옷을 샀겠어요? 엄마가 내게 주는 쥐꼬리만 한 용돈으로는 몇 달을 모아야 하는데! 다른 애들은 다 엄마가 옷을 사줘요!"라고 말한다.

십대 자녀에 대해 보다 수용적이며 격려하고 신뢰할수록 자녀는 거짓말을 할 필요성을 덜 느끼게 된다.

엄마는 어떻게 할 수 있을까?

엄마는 마음의 상처를 입고 "네가 어떻게 감히 엄마 돈을 훔칠 수 있니?"라고 말하든지 속으로 '내가 낳은 딸이 어쩌다 이렇게 버릇없게 되었을까?' 라고 생각할 수 있다. 또 혜영이에게 "더 이상 못 참아! 넌 외출 금지다!"라고 말하고 싶을 것이다.

그러나 이렇게 하면 엄마는 혜영이의 보복전에 말려들게 된다. 엄마는 자신의 목적이 무엇인가 되돌아본다. 엄마의 목적은 혜영이가 자신의 잘못에 책임지도록 돕고 다시는 훔치는 행동을 하지 않도록 격려하는 데 있다.

엄마는 나-전달법을 사용하여 자신의 감정을 표현한다 : 엄마는 "네가 내 돈을 훔치면 난 마음이 상하고 실망스럽다. 난 널 믿고 싶지만 그럴 수 없을 것 같구나."라고 말한다. 혜영이는 "전 항상 아껴 써야 하고 뭘 사야 할지 말아야 할지 고민하는 게 싫어요. 다른 애들은 모두 나보다 용돈을 많이 받아요."라고 말한다. 엄마는 반영적 경청을 사용하여 "친구들이 너보다 옷을 많이 사서 몹시 화난 것 같구나."라고 말한다. 혜영이는 화난 눈초리로 노려보면서 "그래서요?"라고 비꼰다.

엄마는 존중하는 태도를 유지하면서 "그 8만 원을 어떻게 갚겠니?"라고 묻는다. 혜영이는 "제 용돈으로는 평생 걸릴 걸요!"라고 답한다. 엄마는 "네 용돈이면

2달 내로 갚을 수 있어."라고 말한다. 혜영이는 "그러면 전 한 푼도 못 쓰잖아요!"라고 말한다. 엄마는 "네가 용돈을 벌 수 있는 방법이 있을까?"라고 묻는다. 혜영이는 엄마를 노려보면서 "있겠죠. 하지만 내가 싫어하는 설거지를 해야 해요!"라고 말한다.

엄마는 혜영이가 아직도 보복전 하고 싶어하는 것을 안다. 따라서 평온하고 존중하는 태도를 유지하면서 "오늘 밤에 생각해 보는 게 어떻겠니? 내일 밤에 어떻게 돈을 갚을지 말해다오. 네가 방법을 생각해낼 것을 알아."라고 말한다.

6. 십대 자녀가 가게의 물건을 훔쳤을 때

십대 자녀가 가게에서 물건을 훔쳤다는 확신이 들면 그 물건이 어디에서 났는지 물어보아라. 그리고 훔치는 행동에 대한 결과를 경험하게 하여라. "이것은 돌려줘야 한다. 내가 같이 가주길 원하니?"라고 말할 수 있다. 경찰에 넘겨진다면 너무 예민하게 반응하지 않아야 한다. 경찰에 체포되는 것은 많은 청소년에게는 일생이 좌우될 수 있는 중대한 사건이다. 가게 절도 행위에 대하여는 Chapter 5에서도 다루고 있다.

반복되는 거짓말이나 훔치는 행동에 관하여

십대 자녀가 거짓말이나 훔치는 행동을 자주 한다면 문제는 심각하다. 자녀를 위해 도움을 청하여라. 자녀가 다니는 학교의 교장, 상담 선생님 또는 사회복지사에게 문의할 수 있다.

성 문제는 어떻게 접근해야 할까?

많은 부모들이 자녀들과 성(sex)에 관해 이야기하는 것을 꺼리고 어려워한다. 이들은 성에 관한 이야기를 애써 피하며 십대 자녀가 무사히 이 시기를 넘기기만 바란다.

또 다른 부모들은 십대 자녀의 자연스러운 성적 욕구를 억누르고 무시한다. 부모들은 자녀에게 무조건 성은 나쁜 것이며 어른이 될 때까지 기다려야 한다는 말 외에는 아무 말도 해 주지 않는다면 자녀는 성적 감정이 자연스럽고 정상적인 현상이라는 것을 알지 못하게 된다. 또 자신의 신체 변화를 올바르게 받아들일 수 없게 된다.

위의 2가지 접근 방식 중 어느 것도 자녀가 성과 관련하여 올바른 선택을 하는데 도움이 되지 못한다. 성은 피할 수 없는 삶의 일부이다. 부모는 십대가 된 자녀에게 성에 대해 생각하지 말라고 강요할 수도 없고 성적 충동을 무조건 느끼지 말라고 강요할 수도 없다. 나아가 자녀의 성욕을 수도꼭지 잠그듯 막아버릴 수도 없고 TV, 잡지, 대중음악과 광고를 통해 쏟아지는 좋지 않은 영향을 지워버릴 수도 없다. 우리의 십대 자녀가 성과 관련하여 책임 있는 선택을 하도록 도우려면 어떻게 할 수 있을까?

1. 성에 대해 대화를 한다

성에 관한 대화에서 부모의 관점을 자녀에게 어떻게 말할 것인지는 부모 자신의 가치관에 따라 다르다. 그러나 항상 유념해야 할 점은 다음과 같다.

- 십대 자녀의 말, 표정, 몸짓을 통해 잘 듣고 관찰하여라.
- 개방형 질문을 사용하여라.
- 존중하는 태도로 부모 자신의 감정을 표현하여라.
- 자녀 스스로 올바른 선택을 할 수 있다는 신뢰감을 표현하여라.

성에 대해 대화를 나눌 때에는 선택에 대해 이야기하는 것이 중요하다. 십대 자녀에게 줄 수 있는 가장 중요한 메시지는 성과 관련하여 선택*할 수 있다*는 생각을 심어주는 것이라 해도 과언이 아니다. 누구나 성적 충동을 느끼는 것은 사실이지만 그렇다고 해서 모두가 실제로 성관계를 하는 것은 아니다.

1) 선택에 대해 대화하기

청소년들이 성관계를 한 이유는 다양하다. 어떤 청소년들은 성관계에 따른 친밀감과 사랑을 추구하고, 어떤 청소년은 성적 쾌락이나 흥분을 추구한다. 남자 친구나 여자 친구의 압력에 못 이겨 성관계를 하는 경우도 있는데, 이때에는 성관계를 거부하면 상대방이 떠날 것이라는 두려움이 원인이 된다. 어떤 청소년들은 성관계를 관심 끌기, 힘 과시하기 또는 앙갚음의 수단으로 사용하기도 하고, 어떤 청소년들은 아기를 가지려는 목적으로 성관계를 하기도 한다. 이런 청소년들은 극도로 좌절한 상태이어서 임신하는 것이 자신의 사랑받고 싶은 욕구를 충족할 수 있는 유일한 수단이라고 여기거나 현재의 가정을 벗어나 독립할 수 있는 수단이라고 믿기도 한다.

청소년들이 성관계를 하는 이유에는 하나의 공통된 분모가 존재하는데, 성관계가 소속감을 추구하는 수단이라는 점이다. 십대 자녀와 대화를 나눔으로써 성관계를 하고 싶어하는 이유와 소속감을 느끼는데 성관계가 어떤 역할을 하는지 파악할 수 있다. 또 이를 기반으로 자녀가 소속되기 위해 다른 수단을 찾고 책임 있는 선택을 하도록 도와줄 수 있다.

신재는 열여덟 살이다. 요즘 신재의 친구들은 온통 화제가 성과 관련된 것들이다. 신재에게는 보라라는 여자 친구가 있는데, 신재의 친구들은 "대단해! 보라는 정말 화끈해! 넌 보라와 언제 할 거니?"라고 말하면서 신재를 짓궂게 놀린다.

신재의 아빠는 친구들의 짓궂은 말을 우연히 듣고는 신재도 여자 친구와의 육체적 관계를 생각하고 있지 않을까 짐작한다. 아빠는 이 문제에 대해 신재와 대화를 해 보기로 한다.

아빠는 신중하게 말문을 연다. 그는 신재에게 "네 친구들이 여자 친구 문제로 널 심하게 놀리지."라고 말한다. 신재는 창피해 하며 "그 애들은 바보 같아요. 날 좀 내버려 뒀으면 좋겠어요."라고 말한다. 아빠는 "넌 친구들에게 질렸나 보구나."라고 말한다. 신재는 "보라와 나는 그걸 하고 싶지 않아요. 하지만 걔들은 내가 어떤 생각을 하는지 안다면 학교가 떠나가라 놀려댈 거예요"라고 말한다.

이제 아빠는 신재가 보라와 성관계를 하지 않기로 선택한 것을 알 수 있다. 그는 신재에게 현명한 선택을 했다고 말해 주고 싶지만 이대로 대화를 끝내고 싶지는 않아서 "어른이 될 때까지 기다리는 데 대해 여자 친구도 같은 생각을 가진다는 것은 좋은 일이야."라고 말한다. 그러나 신재는 동의하는 것 같지 않다. 그는 잠시 뜸을 들이다가 "보라는 결혼할 때까지 순결을 간직하고 싶대요."라고 말한다. 아빠가 "너는 보라의 생각을 존중하지?"라고 말하자 신재는 "예… 그런 것 같아요."라고 답한다.

어색한 분위기로 아빠는 신재가 자신의 결정에 대해 확신이 없다는 것을 짐작할 수 있다. 아빠는 잠시 생각해 본 후 "신재야, 난 네가 보라의 감정을 존중해 주어 기쁘다. 너에게는 쉽지 않은 일이란 걸 알아."라고 말한다. 신재는 쥐구멍에라도 들어가고 싶은 표정으로 우물무물 "예!"라고 말한다. 아빠가 "네 감정을 해소할 수 있는 활동을 해 보면 어떨까? 운동이나 농구 같은 것 말이야."라고 말하자 신재는 "예, 저도 알아요."라고 답한다. 아빠는 "만일 친구들이나 보라가 괴롭히면 나에게 얘기하렴."이라고 말한다. 신재는 "예, 고마워요."라고 답한다. 아빠는 씩 웃으면서 "농구 한판 할래?"라고 묻는다.

아빠는 이 대화에서 많은 것을 얻을 수 있었다. 아빠는 신재가 성과 관련하여 자신의 선택에 확신이 없음을 알게 되었고, 이는 다른 많은 청소년들도 마찬가지이다. 성에 지대한 관심을 두고 있음에도 불구하고 모든 남·여 청소년들이 성관계를 하고 싶어한다고 생각하는 데는 무리가 있다. 아빠는 신재에게 편안하게 성과 보라에 대한 감정을 말할 기회를 마련해 주고 성적 감정을 느끼는 것은 자연스럽고 정상적이라는 것과 이러한 감정을 발산할 수 있는 방법도 말해 주었다.

여기에서 가장 중요한 것은 성에 대한 대화의 통로를 열어놓았다는 점이다. 아빠는 한꺼번에 많은 것을 이루려 하지 않고 앞으로 수주일 또는 수개월에 걸쳐 지속적으로 대화하기 위한 출발점을 마련하였다.

2) 아빠는 그밖에 또 무엇을 할 수 있을까?

아빠는 위기가 닥쳤을 때뿐 아니라 평상시에도 자녀와 성에 대한 대화를 나눌 수 있다. 아빠는 자녀에게 성적 행동에 따른 결과에 대해 확실히 알려주어야 하며, 또 자녀의 말도 경청하여야 한다. 이들은 다음과 같은 내용에 대해 대화할 수 있다.

성적 행동의 결과 : 아빠는 자녀에게 에이즈(후천성 면역 결핍증)나

헤르페스, 매독, 클라미디아나 임질 등 다른 성병에 걸릴 위험에 대해 말해줄 수 있다. 여자 청소년의 경우 콘돔이나 다른 피임 방법을 사용하더라도 임신할 위험이 얼마나 높은지 또는 임신을 하게 되면 그로 인해 십대의 엄마, 아빠 그리고 가족의 생활이 얼마나 큰 영향을 받게 되는지도 말해 줄 수 있다. 임신을 하게 되면 입양, 낙태와 이른 나이의 결혼과 같은 중대한 문제를 고민해야 한다는 점과 또 아기를 낳게 되면 일어날 수 있는 장래계획의 장애와 아기 양육과 같은 문제에 대해서도 언급할 수 있다.

금욕 : 아빠는 자녀가 육체적 성관계를 하지 않기로 한 선택에 대해 대화를 이어갈 수 있으며 성관계를 하지 않는 것을 금욕(*abstinence*)이라 한다. 금욕을 하면 어떤 결과가 따를까? 우선 전혀 임신할 위험이 없고 성병에 걸릴 위험도 거의 없다. 어떤 청소년들은 금욕을 함으로써 긍정적인 감정과 자긍심을 느끼기도 한다. 많은 청소년들은 성관계를 갖기 전에 정서적으로 충분히 성숙할 때까지 기다리고 싶어한다. 좀 더 나이를 먹고 성숙한 관계를 가질 때까지 기다리는 것이야말로 진정한 책임감이 무엇인지 보여주는 태도이다.

모든 청소년들이 성관계를 원한다고 추정하는 것은 무리가 있다. 남 · 여 청소년을 불문하고 항상 그런 것은 아니다.

음주, 약물 복용과 성관계 : 아빠는 자녀에게 술, 약물, 성관계가 직결되어 있음을 말해 줄 수 있다. 십대에는 술을 조금만 마셔도 의지력을 상실하게 된다. 대마초 등의 불법 약물도 마찬가지이다.

데이트와 성폭력 : 아빠는 데이트와 성폭력에 대해서 자녀와 이야기할 수 있어야 한다. 청소년은 강제 성관계가 곧 성폭력임을 알아야 하고 성폭력을 당한 십대는 부모나 주위 성인들에게 도움 요청을 할 수 있다는 것을 알 필요가 있다.

책임 있는 성관계 : 아빠는 책임 있는 성관계에 대해서도 자녀와 대화를 나누어야 한다. 책임 있는 성관계란 두 사람이 원해서 성관계를 가지며 콘돔과 신뢰할 만한 피임 방법을 사용하고 정기적으로 의사의 검진을 받는 안전한 성관계를 말한다.

어떤 부모들은 책임 있는 성관계를 입에 올리고 싶어하지 않는다. 이들은 십대의 자녀가 자위행위를 비롯한 어떠한 성적 행동도 해서는 안 된다고 믿는다. 아니면 종교적인 신념 때문에 콘돔이나 피임약을 사용하는 것은 잘못이라고 생각할 수도 있다. 다시 말하지만 책임 있는 성관계에 대해 말할 것인가, 아닌가의 문제도 어디까지나 부모의 권한이다.

어떤 청소년들은 부모가 반대하든, 아니든 간에 성관계를 한다. 부모가 책임 있는 성관계에 대해 가르쳐 주기를 원하지 않을 경우에도 자녀가 성관계를 할 경우 이에 따르는 결과에 대해 미리 대비할 필요가 있다.

십대의 임신 : 십대의 임신은 다음과 같은 여러 가지 이유로 발생할 수 있다.

- 정보의 부족
- 아기로부터 사랑과 수용을 받고 싶은 욕구, 즉 사랑하고 사랑받고 싶은 대상을 갖고 싶은 욕구
- 가족의 가치관에 대한 거부
- 부모에 대한 앙갚음의 목표
- 힘든 가족 생활로부터 탈출구를 찾고 싶은 욕구

이러한 문제에 대한 소유자는 아기의 엄마와 아빠이다. 이때에 십대 자녀의 부모는 자신의 감정, 가족관계와 현재의 상황을 점검해 보아야 한다. 아기 엄마의 부모로서 충격을 느끼고 딸을 거부하고 싶을 수도 있고 임신 사실을 받아들일 준비가 되어 있지 않을 수도 있다. 그러나 딸을 거부한다고 해서 임신이 없었던 일이 되지는 않는다. 임신한 딸에게는 이해와 지지가 가장 절실히 필요한 때임을 기억해야 한다.

이 경우 부모는 딸과 함께 의사, 가족 치료사, 성직자, 상담사 또는 사회복지기관의 도움을 구할 수 있다. 혼자서 냉정하게 생각할 수 없을 때에는 외부의 도움이 가족에게 큰 도움이 될 수 있다. 아기의 아빠와 그 부모를 만나는 것도 적절한 방법이다. 임신에 대해 모든 사람들이 개방적으로 솔직하게 대화를 나눌 필요가 있다.

모든 부모들이 일어난 상황을 정확하게 이해하고 받아들여야 한다. 부모의 수용적인 태도는 문제해결에 도움이 되는 분위기를 조성할 수 있다. "이럴 줄 알았어."와 같은 말 그리고 *해야 한다*와 *하지 않으면 안 돼*와 같은 표현을 삼가해야 한다. 부모는 십대 자녀의 임신에 대한 감정을 이해해줌으로써 자녀와 상호존중 관계를 구축하게 된다. 또한 부모는 자녀의 자존감과 자기 가치감을 북돋워 줄 수 있다. 부모와 십대 자녀는 함께 대안 탐색을 통해 자녀와 아기에게 최선의 방법이 무엇인지 찾을 수 있다.

만약 십대 자녀가 아기의 아빠라면 자녀의 감정과 의도를 탐색할 필요가 있고 자녀가 책임 있고 현실적인 대처 방법을 찾도록 함께 대안 탐색을 할 수 있다. 또 아빠의 권리와 관련하여 점점 늘어나고 있는 여러 법적 문제를 파악하여야 한다. 일부 법정에서는 아기의 출생으로부터 한참 경과된 후 십대 미혼부에게 아기의 양육권을 부여한 사례가 있다.

조기 결혼 : 많은 청소년들이 결혼을 현재의 가정에서 독립할 수 있는 탈출구로 여기는 경향이 있다. 이들은 결혼을 통해 가족의 감독과 속박을 벗어나려 할 수 있다. 이른 나이에 결혼하는 문제에 대해서는 부모가 아니라 자녀 자신이 문제의 소유자이다. 부모가 이 생각에 반대해 싸운다면 자녀에게는 이 계획이 더욱 매력적으로 보일 수도 있다.

이때 지금까지 배운 '십대 자녀의 부모 되기'의 모든 기술을 필요로 한다. 이른 결혼이 바람직하지 못하다고 생각하면서 존중하는 태도를 유지하기란 쉽지 않을 것이다. 그럼에도 불구하고 부모는 십대 자녀와 약혼자의 의견을 경청하여야 하며, 이를 통해 부모가 이해한다는 것을 보여주면 자녀가 진정으로 원하는 것이 무엇인지 결정하는데 도움을 줄 수 있다. 또 부모가 자녀의 감정과 신념을 수용해 주면 그만큼 자녀가 책임 있는 결정을 내리는 데 도움이 될 것이다.

십대 자녀와 약혼자가 왜 지금 결혼하고 싶은지 이유를 파악하도록 돕고 함께 대안 탐색을 하여라. 예를 들어 이들이 부모의 감독으로부터 벗어나고 싶어한다면 "둘 다 보다 많은 자유를 원하는 모양이구나. 어떻게 하면 너희들이 자신 삶의 주체라고 느끼는 데 도움이 되겠니?"라고 말해 줄 수 있다. 또 이들에게 결혼 외의 다른 방법이 있음을 가르쳐 줄 수 있다. 자녀의 말을 경청하고 이해하며 대안 탐색을 함으로써 사랑과 애정 어린 분위기를 조성할 수 있다.

순결 회복하기

어떤 청소년들은 성 경험이 있지만 순결상태를 회복하고 싶어 한다. 이런 청소년들 사이에 금욕함으로써 순결을 회복하자는 운동이 일어나고 있다. 이들은 다시 '순결'해지고 싶어한다. 이와 관련하여 아마 두 번째 순결이라는 개념에 대해 들어본 적이 있을 것이다. 십대 자녀가 다니는 학교의 상담 선생님에게 문의하면 순결서약운동이나 순결회복운동을 벌이는 단체에 대한 정보를 구할 수 있을 것이다. 만약 종교 단체에 속해 있다면 단체의 청소년 지도자에게 이 운동에 대해 문의할 수 있다.

2. 더 많은 정보를 알아두자

청소년의 성과 관련하여 부모와 청소년들은 여러 정보를 쉽게 구할 수 있다. 그렇다면 이에 관한 정보를 어디에서 구할 수 있을까?

- 대다수 학교와 지역회관에서 청소년의 성에 관한 소책자, 서적과 정보를 구비해 두고 있으며 병의원과 공중보건부서에서도 이러한 정보를 구할 수 있다. 서점과 도서관에도 부모와 십대 자녀를 위한 서적, 테이프와 비디오가 비치된 코너가 있다. 이러한 서적이나 테이프를 자녀에게 주었다면 나중에 그 내용에 관해 대화를 나누도록 하여라.
- 학교, 교회 기타 단체에서 부모와 청소년들을 위한 토론모임을 주최할 수 있다.
- 성과 관련된 질병, 강간, 임신의 경우 대부분 전화번호부에 긴급 상담 전화번호가 기재되어 있다. 우선 '사회봉사 전화번호'란이나 '긴급 상담 전화번호'란을 찾은 다음 그 안의 '위기 개입', '성 학대 · 폭력', '사회봉사' 또는 '청소년봉사' 부분의 전화번호를 찾아

문의할 수 있다.

음주와 중독성 약물 사용에 대해 어떻게 대처해야 할까?

십대들이 약물 사용에 대한 압력에 시달리고 있다는 것은 공공연한 사실이다. 게다가 다양한 종류의 약물을 손쉽게 구할 수 있어 우려를 자아낸다.

1. 어떻게 하면 십대 자녀가 약물을 멀리할 수 있을까?

십대의 약물 사용은 부모들이 심각하게 우려하는 문제이다. 많은 부모들이 약물의 위험성을 잘 알고 있고 또 십대 자녀들이 약물을 사용할 수 있는 기회가 많다는 점도 인식하고 있다. 이 때문에 부모들은 음주, 약물 복용과 관련하여 예민하게 반응하는 경우가 있어 자녀를 돕는 최선의 방법이 무엇인지 망각하고 개방형 질문 대신 "너 약물을 사용하고 있었지, 그렇지 않니?"와 같은 폐쇄형 질문을 사용하게 된다. 부모는 격려 대신 자녀의 약물 남용을 *기대*하는 모습을 보여주기도 한다. 또 자녀에게 선택권을 주지 않고 대신 명령을 내린다. 부모는 자녀를 적절하게 이끌기보다는 통제하려 하고 결과 대신 처벌을 사용하려 한다.

십대 자녀가 약물과 관련하여 올바른 선택을 하도록 돕는 최선의 방법은 본 책에서 배운 부모 되기 기술을 사용하는 것이다. 이렇게 하면 십대 자녀가 약물을 사용하지 않으리란 보장은 할 수 없지만 다양한 측면에서 자녀가 올바른 선택을 하도록 도울 수는 있다.

약물 복용과 관련하여 『청소년의 부모 STEP』에서 배운 모든 기술과 접근 방법을 다음과 같이 실천할 수 있다.

약물이란 무엇인가?

- 맥주, 포도주와 주류는 모두 약물이다.
- 담배의 몇 가지 성분과 커피와 청량음료에 든 카페인도 약물이다.
- 아스피린, 수면제, 각성제 같은 많은 일반 의약품들은 십대보다 어린아이들도 처방 없이 쉽게 구입할 수 있는 약물이다.
- 의사가 처방한 합법적인 약물도 십대가 쉽게 구할 수 있는 약물이다.
- 대마초, 스피드, 코카인, 합성물질과 같은 불법 마약류는 많은 십대의 파티에서 사용되는 약물이다.
- 흡입제도 십대들이 쉽게 구할 수 있는 약물이다. 어떤 경우에는 환각 효과를 얻기 위해 접착제, 시너, 유기용제 같은 가정에서 사용하는 제품을 흡입하기도 한다.

십대 자녀의 자아존중감을 키워줘라 : 자긍심이 있는 아이는 스스로 생각하고 해결할 수 있는 능력이 뛰어날 가능성이 높다. 이들은 친구들의 약물 사용 유혹에 보다 확실하게 거절할 수 있을 것이다.

십대 자녀에게 의사결정과 문제해결 능력을 지도하여라 : 스스로 결정하고 문제를 해결할 수 있는 아이는 약물 사용이 초래할 수 있는 결과에 대해 보다 신중하고 사려 깊게 생각할 것이다.

건전한 활동을 하도록 격려하여라 : 자녀는 학교 생활에서 스포츠, 음악그룹이나 동아리 활동에 참여할 수 있다. 부모가 다니는 교회, 사찰, 원불교, 성당 등 종교기관에서 운영하는 프로그램에 참가할 수도 있고 또 지역 청소년센터에서 운영하는 프로그램에도 참여할 수 있다. 가능하다면 부모도 이러한 활동에 도우미로 동참하거나 참관하여라.

약물에 관한 지식과 정보를 습득하여라 : 많은 중고교에서 약물을 주제로 학부모를 위한 정보의 밤을 개최하여 청소년 약물 사용에 관한 정보를 제공하고 있다. 또 부모들의 약물 사용 관련 토의 모임을 운영하는

우리 주위에는 다른 부모들과
친해질 수 있는 자원봉사 기회가
많이 있다.

학교들도 있다. 이러한 모임에 참석하여라. 그러면 자녀가 다니는 학교와 지역 사회에서 일어나는 상황을 파악할 수 있을 것이다.

부모와 십대 자녀를 위해 약물 중독에 대한 정보를 안내하고 있는 소책자가 많이 나와 있다. 이 책자들은 자녀의 학교나 지역 사회 관련 부서에서 구할 수 있다. 또한 약물에 관한 상세한 정보는 전국 알코올 및 약물 정보센터에 문의할 수 있다.

자녀와 약물 사용에 대해 대화하여라 : 대화하기 전에 약물에 관한 정보를 숙지하여라. 훈계조의 말은 삼가고 사실만을 전달하며 약물에 관한 자녀의 생각과 우려를 경청하여라. 만약 십대 자녀가 약물 복용이 '큰 문제가 아니라' 는 생각을 품고 있다면 과민하게 반응하지 마라. 개방형 질문을 사용하고 계속 자녀의 말을 경청하여라. 그리고서 자녀에게 자신의 감정을 표현하여라. 자녀의 질문에 솔직하게 답하여라.

약물 사용에 관한 십대 자녀의 생각을 경청하여라 : 자녀의 생각을 파악할 수 있는 기회는 많이 찾아볼 수 있다. 그룹 모임 초대, TV 뉴스 사건 보도, 영화와 TV의 약물 사용 행태 묘사가 이야기하기에 좋은 기회가 될 수 있다. 자녀의 의견을 물어보아라. 부모의 관심사를 표현하는 만큼 십대 자녀의 관심사를 존중하고 경청한다면 큰 효과를 거둘 수 있을 것이다.

자녀 친구의 부모들과 가까운 관계를 유지하여라 : 자녀가 성장해서 활동 반경이 넓어지면서 친구관계도 지역적으로 광범위해져 자녀 친구들의 부모를 만나기가 쉽지 않을 것이다. 그러나 노력한다면 반드시 효과를 볼 수 있을 것이다. 다른 부모들과 연합하여 약물 중독을 멀리할 수 있는 안전하고 재미있는 활동을 계획해 보아라.

집단 모임에 대한 가정 내 규칙을 정하여라 : 한계를 설정해도 좋고 다음과 같은 규칙을 정하는 것도 좋다.

- 집단 모임에는 반드시 성인이 참석하여 감독해야 한다.
- 집단 모임을 주관하는 성인은 주류와 약물을 제공하지 않을 것을 약속한다.

부모 자신의 약물 사용 습관을 되돌아보아라 : 부모가 흡연이나 음주를 하는가? 그렇다면 자녀에게 어떤 영향을 미치겠는가? 담배나 알코올 같은 합법적인 약물과 심지어는 처방 없이 살 수 있는 의약품도 오남용될 수 있다. 부모 자신이 올바르게 행동함으로써 자녀에게 약물에 대한 책임 있는 사용 습관을 보여줄 수 있다.

문제의 원인을 제공하지 마라 : 주말에 십대 자녀를 집에 혼자 두지 않도록 하여라. 자녀가 다니는 학교에 부모가 집을 비웠다는 소식이 금새 퍼질 것이다. 자녀가 스스로 손님을 초대하지 않더라도 친구들이 몰려와 광란의 파티를 벌일 수 있다. 또 집에 맥주, 포도주 등의 주류를 항상 다량 비치해 두는 것도 십대 자녀의 탈선을 유도하는 원인이 될 수 있다.

2. 십대 자녀의 약물 중독 여부를 어떻게 판별할 수 있을까?

십대 자녀에게 급작스러운 행동의 변화가 있는지 살펴보아라. 물론 행동의 변화에는 다양한 이유가 있을 수 있다. 또 초기에는 어떤 증상도 나타나지 않는 약물도 있으나 자녀는 부모가 가장 잘 아는 법이다. 자녀의 중독성 약물 복용 여부를 확신할 수 없다면 계속 관찰하여라.

다음은 약물 중독 시 나타나는 징후들이다.

- 약물 사용에 대한 긍정적인 시각 : 약물 관련 잡지나 포스터를 보거나 맥주 깡통을 모으고 약물에 관한 농담을 자주 한다.

- **건강상의 문제 :** 눈이 충혈되고 식욕이 없어지며 항상 피로감을 느낀다. 평상시와 다른 기분의 변화, 기억력과 집중력에 문제가 있다. 말이 느려지고 콧물이 흐른다.
- **외모의 변화 :** 옷차림과 위생상태가 불량해지고 마약 관련 문구가 새겨진 티셔츠나 옷을 입는 경우도 있다.
- **행동의 변화 :** 성적이 떨어지고 무단결석이 잦아진다. 과외 활동을 빼먹거나 그만둔다. 화를 잘 내고 언쟁이 잦아진다. 거짓말을 하고 물건을 훔치거나 부정행위를 하고 비밀이 많아지며 많은 돈을 갖고 있다.
- **친구관계의 변화 :** 친한 친구와 멀어지고 부모가 모르는 새로운 친구를 사귀며 집에 붙어 있는 시간이 거의 없다.

이러한 경고 증상에도 불구하고 부모들은 십대 자녀의 약물 사용에 대한 가능성을 부인하고 싶어한다. 이런 위험 신호들을 무시해 버린다면 자녀가 위험에 빠지게 될 뿐 아니라 가족에게도 심각한 법적 문제가 야기될 수 있다. 부모들은 자신이 사는 지역에서 십대 자녀가 마약을 복용하거나 거래할 경우 부모에게 어떠한 법적 책임이 있는지를 확인해 보아야 한다.

부모는 다음과 같은 2가지 사항이 발견되면 *지체 없이* 조치를 취해야 한다.

- 자녀가 약물(알코올을 포함한다)을 소지하고 있을 때
- 마약류의 원료나 사용 기구가 발견되었을 때

위험 신호가 발견된다면 즉시 자녀의 방과 물건을 뒤져야 한다. 평상시라면 이러한 행동은 금물이지만 십대 자녀가 약물을 사용한다고 의심할 만한 구체적인 이유가 있을 때에는 샅샅이 조사해 보아야 한다. 십대 자녀에게 직접 대놓고 약물 사용 여부를 묻는 것은 아무런 도움이 되지 못하며 약물을 사용한다면 거짓으로 대답할 것이기 때문이다.

십대 자녀의 흡연 문제

십대들이 흡연을 시작하는 동기는 또래 친구집단의 인정을 받고 소속되기 위해서 또는 부모에게 힘 과시하기를 추구하기 위한 경우도 있다. 흡연은 중독성을 가지므로 습관이 되면 끊기 어렵다.

- 대개의 경우 청소년들은 담배를 피워보기는 했지만 상습 흡연자는 아니다. 자녀와 흡연에 따르는 결과에 대해 대화를 한다. 집안에서 절대 금연이라는 명확한 입장을 밝혀라.
- 중독이 된 십대 자녀가 금연하도록 도와라. 의사나 공중보건부서를 통해 금연 프로그램을 찾아볼 수 있다. 의사는 자녀에게 니코틴 껌이나 니코틴 패치와 같은 금연 보조 방법을 권고해 줄 수 있다.
- 무엇보다도 먼저 부모가 금연해야 한다. 현재 담배를 피우고 있나면 자녀와 함께 금연할 것을 고려해 보아라.

3. 십대 자녀의 약물 중독이 의심된다면 어떻게 해야 할까?

십대의 자녀가 이미 약물을 실험해 보았다면 이를 대화의 계기로 삼아라. 자녀에게 약물은 비록 단 한번 소량을 사용하더라도 얼마나 *치명적*일 수 있는지 이해가 되게끔 명확하게 설명해 주어야 한다.

알코올이나 다른 약물의 상습적인 사용을 *약물 남용(drug abuse)*이라 한다. 십대 자녀가 이미 약물을 남용하고 있다면 조속히 대책을 강구해야 한다. 이때 부모 혼자 해결하려 하지 말고 의사, 학교의 상담 선생님이나 종교기관의 지도자를 찾아 도움을 구해야 한다. 이들은 적절하게 치료받을 수 있는 전문 상담자, 병 · 의원이나 치료센터와 연결시켜 줄 수 있다. 아니면 전국 약물 및 알코올 치료 소개 서비스에 전화로 문의하거나 지역별 전화번호부에서 약물 중독 전문치료기관을 찾아볼 수 있다. 기관의 전화번호는 '알코올', '약물' 또는 '화학물질 중독' 란에 수록되어 있다.

4. 특별한 도움이 필요한 경우

지금까지 배운 십대 자녀에 대한 STEP 기술을 모두 써보았는데도 자녀와의 관계에 문제가 여전히 해결되지 않은 채 그대로인 경우라면 가족상담이 도움이 될 수 있다. 가족상담에는 전 가족이 참여하는 것이 가장 바람직하지만, 자녀를 포함해 다른 구성원들이 상담을 원하지 않는다면 혼자라도 상담을 받으면 자녀에게 도움이 될 수 있다.

본 장에서 배운 내용

Chapter 7에서는 지금까지 배운 『청소년의 부모 STEP』 기술과 접근 방법들을 다양하게 활용하는 방법을 살펴보았다. 우리는 본 책 전반에 걸쳐 십대 자녀의 독립성과 책임감을 기르는 데 도움이 되는 다음의 다양한 방법들을 습득하였다.

- 십대 자녀와 부모 자신을 존중하는 태도를 보여준다.
- 십대 자녀의 행동 목표를 이해한다.
- 부모 자신이 반응하는 방법을 변화시킨다.
- 십대 자녀의 협력을 기대한다.
- 십대 자녀를 격려한다.
- 십대 자녀의 감정을 잘 듣고 이에 관해 대화한다.
- 십대 자녀에게 의사결정의 기회를 준다.
- 한계를 정하고, 그 안에서 선택권을 제시한다.
- 문제해결을 위해 십대 자녀와 협력한다.

이 모든 기술과 접근 방법을 습득하려면 끊임없는 노력과 연습이 필요하므로 부모 자신과 자녀에 대해 인내심을 갖고 좌절하지 마라. 만일 문제에 부딪히면 부모 역할 과업에 대해 다시 한번 되새겨본다.

- 십대 자녀가 건강하며 자신감, 협동심 그리고 독립심을 갖도록 격려한다.
- 십대 자녀와 평생에 걸친 굳건한 유대관계를 만들어 나간다.
- 십대 자녀가 책임감 있는 어른으로 성장하도록 돕는다.

항상 격려하어라

부모 자신과 십대 자녀를 변화시키기 위해서 끊임없는 격려가 필요하다. 격려를 받지 않고서는 아무도 변화할 수 없다. 격려의 기본원칙은 다음과 같다.

- 십대 자녀의 말과 감정에 집중하여라. 자녀가 부모의 말에 귀 기울이기를 바란다면 우선 자녀의 말을 경청하여라.
- 십대 자녀의 장점(자랑거리)이 무엇인지 파악하여라. 자녀의 강점과 장점을 잘 알아야 이를 북돋워 줄 수 있다.

마약 사용 기구

동상직으로 마약 사용과 관련하여 사용되는 기구들은 다음과 같다.

- 궐련지
- 핀셋 또는 클립
- 수도관(보통 유리제)
- 저울
- 정맥주사 비늘(주시기)
- 소형 스푼
- 작은 병
- 식물 조각, 씨, 잎
- 소형 비닐봉지
- 면도날
- 담배, 라이터
- 접착제 또는 휘발성 유기용제 캔

- 문제에 대해 균형 잡힌 시각으로 바라보고 유머감각을 갖고 대처하여라.
- 자녀의 노력에 집중하여라. 완벽해질 때까지 기다리지 마라(평생을 기다려야 할 수도 있다!).
- 부모 자신을 격려하여라. 자신에 대한 격려가 십대 자녀를 격려해 나가는 과정의 출발점이 된다.

효율적인 부모 역할 행동은 어떻게 실천해 갈까?

효율적 부모 역할 하기를 실천하는 단계는 부모 자신에게 달려 있다. 십대 자녀는 어른이 되어가지만 이 과정은 하루아침에 일어나지는 않는다. 부모들은 처음에는 십대 자녀에 대한 STEP 기술을 사용하여 십대 자녀를 변화시킬 수 있다고 생각했을 수도 있다. 그러나 이제 자신이 변하지 않고서는 남을 변화시킬 수 없다는 사실을 인식하게 되었다. 인내심과 유머감각을 가지면 희망이 없어 보이는 어려운 상황에서도 계속 노력할 수 있다.

십대 자녀와의 관계 개선을 위해서는 현실적인 목표를 설정해야 한다. 우선 불완전함을 받아들이는 용기를 길러라. 부모는 부모 자신과 자녀가 완벽해야 한다고 밀어붙이는 경우가 많지만 그 결과는 기대와 어긋나기 일쑤이다. 한걸음 물러서서 실수에서 배운다는 시각을 가진다면 자신과 십대 자녀에게 부당한 압력을 가하지 않게 될 것이다. 이렇게 함으로써 부모 자신은 스스로에게 보다 만족하게 되며 십대 자녀는 보다 협력하고 자주적인 태도를 보이게 될 것이다.

십대 자녀뿐 아니라 부모 자신을 위한 격려의 목표를 설정하여라. 자신이 얼마나 존중받고 가치 있게 여겨지게 되었는지 생각해 보고 또 십대 자녀와 보다 만족스러운 관계에 다가가고 있음을 생각하여라.

청소년기는 갖가지 도전과 문제가 도사리고 있는 시기이다. 이 시기의 자녀는 새로운 행동을 시도하면서 자아정체성을 만들어가고 있다. 자녀가 독립성을 추구하는 시도를 반항으로 보지 말고 자신만의 정체성을 형성해 가는 수단이라는 시각으로 바라보아라. 부모와의 관계에 따라 자녀가 이 시기를 성공적으로 보낼 수 있을지 여부가 좌우될 수 있다. 용기와 희망을 갖고 창의적으로 대처하고 아낌없이 격려하고 협력한다면 모든 관계는 개선될 수 있다.

자신을 위해 이렇게 해 봅시다

여러분이 이룩한 성취에 찬사를 보냅니다!

한 권의 부모교육서 또는 강좌를 마친다는 것은 대단한 성취이다. 이는 우리가 새로운 생각을 받아들여 스스로 성장해 나갈 의욕이 있음을 보여준다.

- 지금 이 순간 우리 가족에게 지금까지와는 다른 새롭고 좋은 방식은 무엇일까?
- 십대 자녀가 앞으로 1년 후, 5년 후 그리고 10년 후 어떤 모습으로 성장했으면 좋겠다고 생각하는가?
- 본 책에서 배운 아이디어와 능력을 앞으로 부모로서 자신과 자녀를 위해 어떻게 활용할 것인가?

아직 성취하지 못한 것을 아쉬워하며 모든 관심을 거기에 쏟기 쉬운데, 이는 도움이 되지 못한다. 보다 중요한 것은 지금까지 많은 것을 *성취했음*을 인식하는 것이다.

격려 STEP

자녀의 느낌에 집중하여라. 가능한 한 자녀의 감정을 전부 이해하려 노력하고 자녀에게 이해하고 있음을 보여주어라. 이를 위해 다음과 같이 할 수 있다.

- 자녀의 언어표현, 어조와 행동을 주의 깊게 관찰한다.
- 자녀의 느낌과 신념에 대해 생각해 본다.
- 반영적 경청을 사용한다.
- 자녀가 말하고자 하는 화제에서 벗어나지 않는다. 자녀의 말에 대해서만 반응을 보인다.
- 문제되는 상황을 십대 자녀의 입장에서 바라본다.

시간을 내어 십대 자녀의 말을 경청하여라. 이렇게 하면 십대 자녀는 부모가 자신을 배려하고 이해하려 한다고 받아들이게 될 것이다.

기억해야 할 핵심 사항

1. 부모가 십대 자녀에 대해 사용하는 접근 방법은 상황에 따라 달라져야 한다.

2. 사용할 접근 방법을 결정하기 위해 누가 문제의 소유자인지, 자녀의 목표는 무엇이고, 부모 자신의 목적은 무엇인지 그리고 어떤 방식이 가장 도움이 될지를 스스로에게 물어본다.

3. 십대를 포함한 모든 자녀들이 서로 잘 지내고 형제자매 간의 문제는 스스로 해결할 것을 기대하여라.

4. 십대 자녀가 거짓말이나 훔치는 행동을 한다면 결과를 적용하여라.

5. 성 문제와 관련된 선택과 결과에 대해 십대 자녀와 개방된 대화를 하여라.

6. 알코올, 담배, 약국에서 판매되는 일반 의약품, 처방약, 흡입제와 불법 화학물질은 모두 약물이다.

7. 십대 자녀가 약물과 관련하여 올바른 선택을 하도록 다음과 같이 돕는다.
   - 십대 자녀의 자아존중감을 키워준다.
   - 십대 자녀에게 의사결정과 문제해결 능력을 가르친다.
   - 건전한 활동을 하도록 격려한다.

가족을 위해 이렇게 해 봅시다

정규적인 가족회의를 계속 운영한다. 다음 가족회의에서는 아래와 같이 실행해 본다.

- 지난번 가족회의에서 합의된 사항에 관해 논의한다.
- 문제해결 방법을 함께 생각해 본다.
- 함께 계획을 짜본다.
- 십대 자녀와 어린 자녀에게 주로 말할 기회를 주고 경청한다. 부모 자신은 자녀의 발언에 대해 자신의 생각을 한 번에 조금씩 덧붙이는 데 국한한다.
- 즐거운 시간 보내세요!

모든 가족 구성원으로 하여금 자신의 의견이 중요시된다고 느끼도록 특별히 유의한다.

- 약물에 관한 지식과 정보를 습득한다.
- 자녀와 약물 사용에 관해 대화한다.
- 약물 사용에 관한 십대 자녀의 생각을 경청한다.
- 자녀 친구의 부모들과 가까운 관계를 유지한다.
- 집단 모임에 대한 가정 내 규칙을 정한다.
- 부모 자신의 약물 사용 습관을 되돌아본다.
- 문제의 원인을 제공하지 않는다.

8. 우리는 완벽하게 안전한 세상을 만들 수는 없다. 그러나 부모 역할 하기 기술을 사용하여 십대 자녀가 스스로 심각한 문제를 피하고 옳은 선택을 하도록 도울 수는 있다.

<표 7>

효율적인 부모 역할 행동의 결정 단계

1. 잘못된 행동의 목표를 파악한다.

다음의 3가지를 관찰하여라.

- 부모 자신의 느낌
- 부모 자신의 행동
- 십대 자녀의 반응

2. 누가 문제의 소유자인지 파악한다.

스스로에게 다음의 질문을 해 본다.

- 나의 권리가 무시되고 있는가?
- 누군가 다칠 우려가 있는가?
- 누군가의 소유물에 손해를 입힐 수 있는가?
- 십대 자녀가 이 문제에 대한 책임을 질 수 없는가?

3. 부모 자신의 목적을 파악한다.

스스로에게 다음의 질문을 해 본다.

- 십대 자녀에게 관심을 주고 싶은가, 아니면 자녀가 자립심을 키우도록 돕고 싶은가?
- 누가 대장인지 보여주고 싶은가, 아니면 십대 자녀의 독립성과 책임감을 기르고 싶은가?
- 앙갚음을 하고 싶은가, 아니면 내가 이해한다는 것을 보여주고 싶은가?
- 그냥 포기하고 싶은가, 아니면 십대 자녀의 자신감을 키우고 싶은가?

4. 접근 방식을 선택한다.

다음 중 한 가지 방법 또는 여러 방법을 결합해서 사용한다.

- 십대 자녀가 협력하는 데 도움이 된다면 잘못된 행동을 무시한다.
- 반영적 경청을 사용한다.
- 부모 자신의 느낌을 표현하기 위해 나-전달법을 사용한다.
- 처벌 대신 선택권을 제시해서 자녀가 그 결과로부터 배우도록 한다.
- 대안을 탐색한다.

5. 자녀와 부모 자신을 항상 격려한다.

자녀에게는 다음과 같이 격려한다.

- 칭찬이 아니라 격려를 사용한다.
- 자녀를 사랑하고 있는 그대로 수용한다.
- 자녀를 신뢰한다.
- 자녀에게 감사의 표현을 한다.
- 자녀의 노력이나 발전을 인정해 준다.

부모 자신은 다음과 같이 격려한다.

- 자신에게 인내심을 가진다.
- 자녀는 부모 자신이 아님을 기억한다.
- 현실적인 목표를 설정한다.
- 긍정적인 혼잣말을 사용한다.
- 가능한 한 자신의 건강을 돌본다.
- 유머감각을 기른다.
- 자신의 불완전함을 받아들이는 용기를 가진다.

가족 구성원들에게는 다음과 같이 격려한다.

- 서로 존중하는 태도로 대한다.
- 협력을 기대한다.
- 가족회의를 통해 문제를 해결하고 즐거운 시간을 보낸다.

옮긴이 소개

황옥자(黃玉子)

현재 : 동국대학교 불교문화대학 불교아동학과 명예교수
숙명여자 대학교 가정관리학과 졸업(학사)
숙명여자 대학교 아동복지학과 졸업(석사)
중앙대학교 대학원 유아교육학과 졸업(문학박사)
한국명상치료학회 이사, 명상상담원 영남 지부장
한국종교교육학회 이사, 한국STEP 부모교육센터 소장
(전) 동국대학교 부속유치원장
주요 저서 : 취학 전 아동을 위한 지능검사와 훈련(공역)
유아교사와 부모를 위한 동요와 손유희
부모와 함께하는 내 아이 마음 키우기
불교아동교육론 등과 다수 논문이 있다.

이지연(李知娟)

현재 : 주한 호주대사관 경제과 선임연구관
이화여자대학교 사범대학 교육학과 졸업(유아교육 부전공)
미국 U.C. San Diego IR/PS 국제관계학 석사
미국 U.C. Riverside TESOL 이수
(전) 미국 위싱턴 소재 한미경제연구소,
한국대외경제정책연구원 연구원
주한 말레이시아 대사관 투자과 통역 및 번역담당

저자소개

Don Dinkmeyer(Sr.), Ph. D.

상담심리학자, 미국 심리전문가 자격심사위원회 위원, 미국 가족 심리전문가, 미국 결혼 및 가족치료 협회 임상회원, 미국 플로리다주 의사소통 및 동기유발 훈련 연구소 소장

저서 : 효율적인 부모, 책임 있는 자녀양육법, 부모 역할의 기초, 격려 기술 외 다수

Gary McKay, Ph. D.

심리학자, 미국 결혼 및 가족치료 협회 임상회원, Alder 심리학 자격증 소지 상담전문가, 미국 아리조나 대학의 상담 및 지도자

저서 : 효율적인 부모, 책임 있는 자녀양육법, 거친 세상에서 훌륭한 아이로 키우는 법 외 다수

Joyce McKay, Ph. D.

상담전문가

저서 : 효율적인 부모 외 다수

Don Dinkmeyer(Jr.), Ph. D.

웨스턴 켄터키 대학교 교수, 부부상담 및 가족치료 전문가,

저서 : 효율적인 부모, 상담과 심리치료 외 다수

청소년의 부모 STEP

초판 1쇄 인쇄 2012년 8월 27일
초판 1쇄 발행 2012년 8월 31일

지은이 | Don Dinkmeyer(Sr), Gary McKay, Joyce McKay, Don Dinkmeyer(Jr)
옮긴이 | 황옥자 · 이지연
펴낸이 | 김기섭
편집인 | 박연순
펴낸곳 | 창지사 www.changjisa.com
153-802 서울시 금천구 가산동 345-13
파트너스타워 1차 9층
전화 (02) 719-2211~3
팩스 (02) 701-9386
등 록 | 1977년 4월 28일 · 제1-421호

ISBN 978-89-426-1102-7 (93370)

값 11,000원